Dr. Sabine Voigtländer

# Spanisch im klinischen Alltag

## Kitteltaschenbuch für den Auslandsaufenthalt

LOB.de Lehmanns Media

Anschrift der Autorin:
Dr. Sabine Voigtländer
Clemensstr. 67
80796 München

Umschlaggestaltung:
Barbara Keuper, Berlin
Druck: WB-Druck, Rieden

CIP-Titelaufnahme
der Deutschen Bibliothek:

Voigtländer, Sabine: Spanisch im klinischen Alltag : Kitteltaschenbuch für den Auslandsaufenthalt. / Sabine Voigtländer - Berlin : LOB.de - Lehmanns Media, 2002
ISBN 3-936427-14-3

Wichtiger Hinweis:
Die Medizin als Wissenschaft unterliegt einem ständigen Wandel und Wissenszuwachs. Autoren und Verlag haben größte Sorgfalt darauf verwandt, dass die Angaben - vor allem zu Medikamenten und Dosierungen - dem aktuellen Wissensstand entsprechen. Da jedoch menschliche Irrtümer und Druckfehler nie völlig auszuschließen sind, übernimmt der Verlag für derartige Angaben keine Gewähr. Jede/r ist aufgefordert, alle Angaben in eigener Verantwortung auf ihre Richtigkeit zu überprüfen.
Die Wiedergabe von Gebrauchsnamen, Warenbezeichnungen oder Handelsnamen in diesem Werk berechtigt auch ohne besondere Kennzeichnung nicht zu der Annahme, dass solche Namen im Sinne der Warenzeichen-Markenschutz-Gesetzgebung als frei zu betrachten wären und daher von jedermann benutzt werden dürfen.

## VORWORT / PRÓLOGO

Im Frühjahr 1995 habe ich im Universitätskrankenhaus von La Paz, in Bolivien famuliert. Meine sprachlichen Vorbereitungen wiesen damals deutliche Lücken auf: Mir fehlten wichtige medizinische Grundbegriffe und einfache Standardsätze, um mich mit Patienten und Kollegen zu verständigen. Lange, und vergeblich, hatte ich in Deutschland nach einem entsprechenden Werk zur Vorbereitung des Auslandsaufenthaltes gesucht.

So schrieb ich viele kleine Notizbüchlein voll, protokollierte Patientenklagen und Fachgespräche, studierte Krankenblätter und Arztbriefe. Es folgten mehrere Gastaufenthalte an spanischen Krankenhäusern und ich sammelte weiter. Inzwischen konnte ich nun endlich dank moderner Datenverarbeitung und Mutterschutz das reiche Material ordnen und in die vorliegende Form bringen.

"Spanisch im klinischen Alltag" eignet sich vor allem für Studenten und junge Ärzte, die sich auf eine Tätigkeit im spanischsprachigen Ausland vorbereiten wollen und die bereits über ordentliche umgangssprachliche Kenntnisse verfügen. Das Büchlein passt noch in die Kitteltasche und es erlaubt eine rasche Orientierung. Wir finden in ihm die wichtigsten Begriffe und Redewendungen für die Arbeit im Krankenhaus. Es soll uns in beruflich vertrauter, jedoch sprachfremder Umgebung ein hilfreicher Begleiter sein: Bei der Anamneseerhebung und Befunddokumentation, in ärztlichen Notfallsituationen und beim kollegialen Gespräch.

Spanien und die lateinamerikanischen Länder liegen im Trend, auch für Ärzte, angehende und fortgeschrittene. Ich wünsche diesem Sprachführer einen festen Platz in deren Reisegepäck und hoffe sehr, dass er seine Bewährungsprobe in Klinik und Praxis bestehen wird. Für Anregungen, Ergänzungen oder kritische Anmerkungen bin ich stets dankbar.

München, im September 2002 — Sabine Voigtländer

DANKSAGUNG

Die Anregung für das vorliegende Buch verdanke ich meinen Praktika im spanischsprachigen Ausland. Die Mitarbeiter des Hospital de las Clinicas (La Paz, Bolivien) sowie der Krankenhäuser Virgen de Macarena und Virgen del Rocio (Sevilla, Spanien) haben mir mit viel Geduld und Kompetenz bei der Übersetzung der Stichwörter und Phrasen geholfen.

Mein spezieller Dank gilt:

Steffi Bartels für die grandiosen Zeichnungen, vor allem für meine Lieblingszeichnung des Badezimmers.
Ulrike Schürhoff für Ihren „Korrektur - Marathon".
Eva Garcia Carrasco und Vicente Serrano Castro für die gründliche Überarbeitung des Manuskriptes sowie wichtige Anregungen für das Kapitel Neurologie.
Constanze Voigtländer für die Ordnung dermatologischer Fachbegriffe.
Christoph Mahnke für die inhaltliche Überarbeitung des Kapitels HNO.
Natalia Hallo González del Real für das Korrekturlesen der spanischen Vokabeln und Grammatik. Sie hat, im wahrsten Sinne des Wortes, Akzente gesetzt.
Oliver Krauß für die juristischen Ratschläge.
Sebastian Hoess für seine kompetente EDV-Beratung.

Meinem Vater für die „literarische" Beratung.

Und natürlich meinen Liebsten, Bernhard und Clara für Ihre Geduld.

München, im September 2002

# INHALTSVERZEICHNIS

Anmerkung: US: Umgangssprachlich
SA: Der Begriff wird hauptsächlich in Südamerika verwendet

# ÍNDICE

# GRUNDREGELN DER SPANISCHEN AUSSPRACHE

## Betonung

Jedes auf einen Vokal, auf n oder s (Pluralendung) endende Wort hat den natürlichen Ton (ohne Bezeichnung) auf der vorletzten Silbe

*Beispiele:* *Cerebro, Huesos*

Jedes auf einen Konsonanten (außer n oder s) oder halbvokalisches y endende Wort ist auf der letzten Silbe betont

*Beispiele:* *Amor, Cavidad*

Jede Abweichung von den obigen Regeln muss mit dem Akzent auf der zu betonenden Silbe bezeichnet werden

*Beispiele:* *Glándula, Pulmón*

## Aussprache

### b und v

**Deutsch b in Biene** — Im absoluten Anlaut (Am Anfang des Satzes, in Interjektionen usw.)

*Beispiele:* *¿Vomita el niño? ¡Vaya!*

Nach m oder n

*Beispiele:* *También, cambia, invisible, enviar*

**Als bilabialer stimmhafter Reibelaut zwischen b und v** — In sonstigen Fällen, vor allem zwischen Vokalen

*Beispiele:* *Habana, pobre, boca, valvula*

## c

| | |
|---|---|
| **Wie k in krank** | Vor a, o, u, vor einem Konsonant und im Auslaut |
| *Beispiele:* | *Corazón, capazidad, Acné* |
| **Wie englisches th** | In sonstigen Fällen |
| *Beispiele:* | *Encía, Intersticio* |

## ch

| | |
|---|---|
| **Einheitlich etwa wie deutsches tsch** | |
| *Beispiele:* | *Leche, Pecho* |

## d

| | |
|---|---|
| **Wie deutsches d** | Im absoluten Anlaut und nach n und e (nicht im Auslaut) |
| *Beispiele:* | *Domingo, Endocardio, Dedo* |
| **Reibelaut ähnlich dem englischen th** | In sonstigen Fällen |
| *Beispiele:* | *Pared, Codo* |
| **Fast oder gänzlich unhörbar** | Im Wortauslaut (vor allem in der Umgangssprache) |

## g

**Deutsches g wie gar** — Im absoluten Satzanlaut, vor Konsonanten oder nach n

*Beispiele:* *Gracias, Tango, Diafragma*

Vor ue und ui

*Beispiele:* *Guerra, Dengue (Soll das u gesprochen werden, so wird es mit einem trema versehen, z.B. vergüenza)*

**Norddeutsches g wie in zutage** — Vor a, o und u

*Beispiele:* *Lago, Garganta*

**Wie deutsches ch in Bach** — Vor e und I

*Beispiele:* *Faringe, Digestivo, Genital, Región*

## h

**bleibt stets stumm**

*Beispiele:* *Hombro, Hueso*

## j

**wie deutsches ch in Bach**

*Beispiele:* *Ojo, Oreja*

## ll

**Wie die Verschmelzung von e und j**

*Beispiele:* *Costilla, Cuello, Rodilla*

## p

**stumm** Vor s und t

*Beispiele:* *Psicosis, Psiquiatría*

**Wie deutsches p** In sonstigen Fällen

*Beispiele:* *Pelo, Pleura*

## qu

**Wie deutsches k** steht nur vor e und I

*Beispiele:* *Esqueleto, Bronquio*

## ABKÜRZUNGEN / ABREVIATURAS

| | | |
|---|---|---|
| A | Años | Jahre / Alter |
| a.c. | Antes de la Comida | Vor dem Essen |
| AA | Aminoácido | Aminosäure |
| AAS | Acido Acetilsalicilico | Acetylsalizylsäure |
| AB | Antibiótico | Antibiotikum |
| Ac | Anticuerpo | Antikörper |
| AC | Auscultación Cardíaca | Auskultation des Herzens |
| ACTH | Corticotropina u Hormona Corticotropa | Adrenocorticotropes Hormon |
| ACV/AVC | Accidente cerebral vascular | Schlaganfall |
| AD | Aurícula Derecha | Rechtes Herzohr |
| ADH | Hormona Antidiuretica | Antidiuretisches Hormon |
| AEM | Autoexploración de Mamas | Selbstuntersuchung der weiblichen Brust |
| AG | Anestesia General | Vollnarkose |
| AI | Aurícula Izquierda | Linkes Herzohr |
| AINE | Antiinflamatorios no Esteroideos | Nichtsteroidale Entzündungshemmer |
| AIT | Accidente Isquémico Transitorio | Transitorische Ischämische Attacke |
| AL | Anestésico Local | Lokalanästhesie |
| AP | Antecedentes Personales | Persönliche Anamnese |
| APUD | Células de Descarboxilación de Precursores de Aminas | Amin Precursor Uptake and Decarboxylation |
| AR | Anestésico Regional | Regionalanästhesie |
| AR | Artritis Reumatoide | Rheumatoide Arthritis |
| AR | Auscultación Respiratoria | Auskultation der Atemwege |
| ASC | Area de Superficie Corporal | Körperoberfläche |
| ASD | Angiografía de Sustracción Digital | Digitale Subtraktionsangiographie |
| ATP | Angioplastia Transluminal Percutánea | Transluminale Perkutane Angioplastie |
| AVM | Ácido Vanililmandélico | Vanillinmandelsäure |
| BAV | Bloqueo Atrio-Ventricular | Attrioventrikulärer Block |
| BEG | Buen Estado General | Guter Allgemeinzustand |
| BHE | Barrera Hemato Encefálica | Bluthirnschranke |
| BK | Bacilo de Koch | Tuberkelbakterium |
| BMV | Buen Murmullo Vesicular | Vesikuläratmen |

| | | |
|---|---|---|
| BNCO | Bronconeumopatía crónica obstructiva | Bronchopneumonie |
| BQ | Bioquímica | Biochemie/Labor |
| CEA | Antígeno Carcino-Embrionario | Karzinoembryonales Antigen |
| CHCM | Concentración de Hemoglobina Corpuscular Media | Mean Corpuscular Haemoglobin Concentration |
| CI | Cardiopatía Isquémica | Ischämische Kardiopathie |
| CIA | Comunicación Intraauricular | Vorhofseptumdefekt |
| CIV | Comunicación Intraventricular | Ventrikelseptumdefekt |
| CK/CPK | Creatininquinase/Creatinfosforquinase | Creatininkinase/Creatin phosphorkinase |
| cn | Condiciones Normales | Normale Bedingungen |
| CoHb | Carboxihemoglobina | Carboxyhämoglobin |
| COT | Cirurgia Ortopedia y Traumatologia | Chirurgie, Orthopädie und Traumatologie |
| CPAP | Continua Presión Positiva en la Via Area | Kontinuierlich positiver Atemwegsdruck |
| CPN | Control Prenatal | Schwangerschaftsvorsorge |
| CPRE | Colangiopancreatografía Retrógrada Endoscópia | Endoskopische Retrograde Cholangiopankreatographie (ERCP) |
| CTHP | Colangiografía Transhepática Percutánea | Perkutane Transhepatische Cholangiographie (PTC) |
| CV | Capacidad Vital | Vitalkapazität (VK) |
| Dcha | Derecha | Rechts |
| DI | Diabetes Insipida | Diabetes Insipidus |
| DIU | Dispositivo Intrauterino | Spirale |
| DM | Diabetes Mellitus | Diabetes Mellitus |
| DPC | Duodeno-pancreatectomía | Duodenopankreatektomie |
| DPQA | Departamento de Pacientes Quirúrgicos Ambulatorios | Chirurgische Ambulanz |
| DTDVI | Diámetro Transverso Diastólico Ventrículo Izquierdo | Diastolischer Durchmesser des linken Ventrikels |
| Dx/Dc | Diagnóstico | Diagnose |
| E | Eritrocitos | Erythrozyten |
| EAo | Estenosis Aórtica | Aortenstenose |
| EC | Exploración Clínica | Klinische Untersuchung |
| ECG | Electrocardiograma | Elektrokardiographie |
| ECO | Ecografía | Echokardiographie |

| | | |
|---|---|---|
| EEG | Electroencefalograma | Elektroenzephalogramm |
| EEII | Extremidades Inferiores | Untere Extremitäten |
| EESS | Extremidades Superiores | Obere Extremitäten |
| EET | Estimulación Eléctrica Transcutánea | Transkutane Elektrostimulation |
| EHTP/TPHA | Ensayo de Hemaglutinación de Treponema Pallidum | Treponema Pallidum Hämagglutinationstest (TPHA) |
| EM | Esclerosis Multiple | Multiple Sklerose |
| EM | Estenosis Mitral | Mitralstenose |
| EMG | Electromiografía | Elektromyographie |
| EPOC | Enfermedad Pulmonar Obstructiva Crónica | Chronisch obstruktive Lungenerkrankung |
| ETS | Enfermedad de Transmisión Sexual | Geschlechtskrankheit |
| FA | Fibrilación Auricular | Vorhofflimmern |
| FA | Fosfatasa alcalina | Alkalische Phosphatase |
| FC | Frecuencia Cardíaca | Herzfrequenz |
| FE | Fracción de Eyección | Ejektionsfraktion |
| FG | Filtración Glomerular | Glomeruläre Filtration |
| FID/FII | Fossa Iliaca Derecha/ Izquierda | Rechte/Linke Fossa Iliaca |
| FIP/PIF | Factor Inhibidor de la Liberación de Prolactina | Prolactin Inhibiting Factor |
| FMO | Fallo Multiorgánico | Multiorganversagen |
| FO | Fondo de Ojo | Augenhintergrund |
| FOD | Fiebre de Orígen Desconocido | Fieber unbekannter Ursache |
| FPP | Fecha Probable del Parto | Erwarteter Geburtstermin |
| FR | Factor Reumatoide | Rheumafaktor |
| FR | Frecuencia Respiratoria | Atemfrequenz |
| FSH | Hormona Estimuladora del Folículo | Follikelstimulierendes Hormon |
| FUR | Fecha de la Última Regla | Datum der letzten Regel |
| FV | Fibrilacíon Ventricular | Kammerflimmern |
| (H)GH | Hormona del Crecimiento Humano | Wachstumshormon |
| GI | Gastrointestinal | Gastrointestinal |
| GUI | Glucemia, Urea, Iones | Zucker, Harnstoff und Ionen (Für Laboranforderungen) |
| HB | Hemoglobina | Hämoglobin |

| | | |
|---|---|---|
| HC | Hoja de Consulta | Konsilschein |
| HC/HHCC | Historia Clínica | Anamnese |
| HCG | Gonadotropina Coriónica Humana | Human Chorionic Gonadotropine |
| HCM | Hemoglobina Corpuscular Media | Mean Corpuscular Haemoglobin (MCH) |
| Hcto. | Hematocrito, m. | Hämatokrit, m. |
| HDA | Hemorrágia Digestiva Alta | Obere gastrointestinale Blutung |
| (H)GH | Hormona del Crecimiento Humano | Wachstumshormon |
| HPV | Hiperventilación | Hyperventilation |
| HSA | Hemorrágia Subaracnoidea | Subarachnoidalblutung |
| IAM | Infarto Agudo de Miocárdio | Herzinfarkt |
| IAo | Insuficiencia Aórtica | Aorteninsuffizienz |
| IC | Insuficiencia Cardiáca | Herzinsuffizienz |
| ICT | Índice cardiotorácico | Herz/Lungen-Quotient |
| IG | Inmunoglobulina, f. | Immunglobulin, m. |
| IM | Intramuscular | Intramuskulär |
| INR | Índice de Quick | Quickwert |
| IRA/C | Insuficiencia Renal Crónica/Aguda | Niereninsuffizienz, chronisch/akut |
| ITU | Infección del Tracto Urinario | Harnwegsinfekt |
| IV | Intravenosa | Intravenös |
| Izqdo | Izquierdo | Links |
| JC | Juicio Clínico | Klinische Beurteilung |
| LCR | Líquido Cefalorráquideo | Liquor |
| LES | Lupus Eritematoso Sistémico | Lupus erithematodes |
| LH | Hormona Luteinizante | Progesteron |
| LID/LII | Lóbulo Inferior Derecho/Izquierdo | Unterer Rechter/Linker Lappen |
| LLA/LLC | Leucemia Linfoide Aguda/Crónica | Akute/Chronische Lymphatische Leukämie |
| LMA/C | Leucemia Mieloide Aguda/Crónica | Akute/Chronische Myeloische Leukämie |
| LMM | Léntigo Maligno Melanoma | Bösartiges Melanom |
| LSD/LSI | Lóbulo Superior Derecho/Izquierdo | Oberer Rechter/Linker Lappen |
| MEG | Mal Estado General | Schlechter Allgemeinzustand |
| MG | Médico General | Allgemeinarzt |

| | | |
|---|---|---|
| MI | Medicina Interna | Innere Medizin |
| MII/D | Miembro Inferior Izquierdo/Derecho | Untere linke/rechte Extremität |
| MN | Melanoma Nodular | Noduläres Melanom |
| MOMM | Muestra de Orina Recogida a Mitad de la Micción | Mittelstrahlurin |
| MSI/D | Miembro Superior Izquierdo/Derecho | Obere linke/rechte Extremität |
| NEM/MEN | Neoplasias Endocrinas Multiples | Multiple endokrine Neoplasien |
| NPT | Nutrición Parenteral Total | Parenterale Ernährung |
| OMS | Organización Mundial de la Salud | Weltgesundheitsorganisation |
| ORL | Otorinolaringología | Hals-Nasen-Ohren-Heilkunde |
| PAAF | Biopsia Por Punción Aspiradora con Aguja Fina | Feinnadelaspiration |
| PCP | Presión Capilar Pulmonar | Pulmonaler Kapillardruck |
| PCR | Proteína c-reactiva | C-reaktives Protein |
| PFH | Pruebas de Función Hepática | Leberfunktionsprüfung |
| PFR | Pruebas Funcionales Respiratorias | Funktionsprüfung der Atemwege |
| PIC | Presión Intracraneal | Schädelinnendruck |
| PITP | Prueba de Inmovilización de Treponema Pallidum | Treponema Pallidum Immobilisationstest |
| PIV | Péptido Inhibidor Vasoactivo | Vasoaktives intestinales Polypeptid (VIP) |
| PL | Puncíon Lumbar | Lumbalpunktion |
| PP | Polipeptidos | Polypeptide |
| PTH | Hormona Paratiroida | Parathormon |
| PVC | Presión Venosa Central | Zentraler Venendruck |
| RAO | Retención Aguda de Orina | Akuter Harnverhalt |
| RCP | Reanimación Cardiopulmonar | Kardiopulmonale Reanimierung |
| RCP | Reflejo Cutáneo – Plantar | Plantarer Greifreflex / Babinsky |
| Rfx | Reflolux | Kapilläre Blutzuckerbestimmung |
| RHC | Recuento Hemático Completo/Hémograma | Blutbild |

| | | |
|---|---|---|
| RM(N) | Resonáncia Magnética (Nuclear) | Magnetresonanztomographie |
| Rx | Rayos X [1] | Röntgen |
| SA | Sino-Auricular | Sino-auricular |
| sc | Subcutanea | subkutan |
| SCV | Sistema Cardiovascular | Kreislaufsystem |
| SIDA | Sindrome de Inmunodeficiencia Adquirida | AIDS |
| SNC/SNP | Sistema Nervioso Central/Periférico | Zentrales/Peripheres Nervensystem |
| SNG | Sonda Nasogástrica | Nasogastralsonde |
| SOH | Sangre Oculta en Heces | Okkultes Blut im Stuhl |
| SS | Seguridad Social | Sozialversicherung |
| TAS/D | Tensión Arterial Sistólica/Diastólica | Systolischer/Diastolischer Blutdruck |
| TBC | Tuberculosis | Tuberkulose |
| TC | Tomografía Computerizada | Computertomogramm |
| TEP | Tromboembolísmo Pulmonar | Lungenembolie |
| TPSV | Taquicardía Paroxística Supraventricular | Paroxysmale supraventrikuläre Tachykardie |
| TPTA | Tiempo de tromboplastina, m. | Thromboplastinzeit, f. |
| TSH | Hormona Estimuladora del Tiroides | Schilddrüsenstimulierendes Hormon |
| TTO | Tratamiento | Behandlung |
| TTP | Tiempo de Tromplastina Parcial | Partielle Thromboplastinzeit (PTT) |
| TVP | Trombosis Venosa Profunda | Tiefe Venenthrombose |
| U y E | Urea y Electrólitos | Harnstoff und Elektrolyte |
| UCI | Unidad Cuidado Intensiva | Intensivstation |
| UIV | Urografia Intra-Venosa | I.V.-Urogramm |
| UMI | Unidad de Medicina Intensiva | Intensivstation |
| URP | Unidad de Reanimación Postoperativa | Postoperativer Aufwachraum |
| VCI | Vena Caca Inferior | Vena Cava Inferior |
| VCM | Volumen Corpuscular Medio | Mean Corpuscular Volume (MCV) |

[1] gesprochen: „Equis"

| | | |
|---|---|---|
| VD/I | Ventrículo Derecho / Izquierdo | Rechter/Linker Ventrikel |
| VH A/B/C | Virus De La Hepatitis Tipo A/B/C | Virushepatitis A/B/C |
| VIH | Virus De Inmuno-deficiencia Humana | HI-Virus |
| VO | Via Oral | Per Os |
| VSG | Velocidad de Sedimentación Globular | Blutkörperchensenkungs-geschwindigkeit |

# El hospital

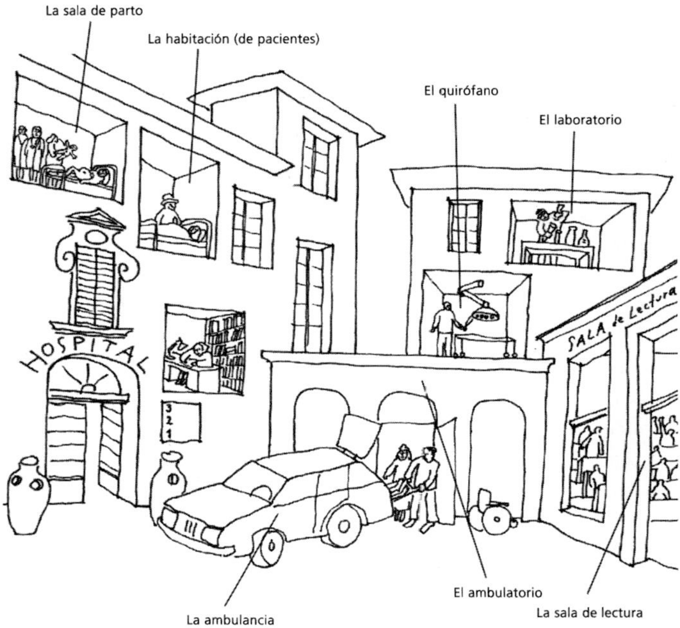
La sala de parto
La habitación (de pacientes)
El quirófano
El laboratorio
HOSPITAL
SALA de Lectura
3
2
1
La ambulancia
El ambulatorio
La sala de lectura

# TEIL I: INHALTLICH GEORDNET
# PARTE I: ÍNDICE TEMÁTICO

## I.1. Im Krankenhaus-Al hospital

### I.1.1. Das Krankenhaus-El hospital

| Das Krankenhaus | El hospital |
|---|---|
| **Räumlichkeiten** | **Localidades** |
| Abteilung für.., f. | Departamento de ..., m. |
| Ambulanz, f. | Ambulatorio, m. |
| Blutbank, f. | Banco de sangre, m. |
| Dienstzimmer, n. | Despacho médico, m. |
| Gang, m. | Pasillo, m. |
| Hörsaal, m. | Sala de lectura, f. |
| Intensivstation, f. | Unidad de vigilancia intensiva, f. |
| Kantine, f. | Comedor, m. |
| Krankenwagen, m. | Ambulancia, f. |
| Kreißsaal, m. | Sala de parto, f. |
| Labor, n. | Laboratorio, m. |
| Notfallhilfe, f. | Cura de urgencia, f./Primera cura, f. |
| Patientenzimmer, n. | Habitación de pacientes, f. |
| Praxis, f. | Consultorio, m. |
| Schwesternzimmer, n. | Control de enfermería, m. |
| Station, f. | Sala, f. |
| Stelle der Erstversorgung, f. | Centro de asistencia primaria, m. |
| Stockwerk, n. | Planta, f. |
| **Personal** | **Personal** |
| Anästhesist, m. | Anestesista, m. |
| Arzt, m. | Médico, m. |
| Assistenzarzt, m. | Residente, m. |
| Chefarzt, m. | Jefe, m. |
| Hausarzt, m. | Médico de cabecera, m. |
| Hebamme, f. | Comadrona, f.(E)/Partera, f.(SA) |
| Kardiologe, m. | Cardiólogo, m. |
| Krankenpflege, f. | Cuidado de/Asistencia a (los) enfermos |

| | |
|---|---|
| Krankenpflegepersonal, n. | Personal de enfermería, m. |
| Krankenschwester, f. | Enfermera, f. |
| Laborant, m. | Ayudante de laboratorio, m. |
| Oberarzt, m. | Adjunto, m. |
| Angehörige, mpl. | Parientes, mpl., Familia, f. |
| Besucher, m. | Visitante, m. |
| Patient, m. | Enfermo, m./Paciente, m. |
| Student, m. | Estudiante, m. |

# El despacho médico

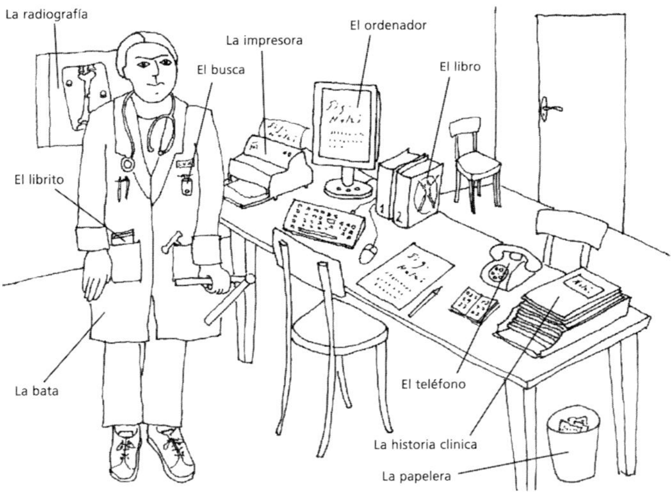

I.1.2. Das Dienstzimmer-El despacho médico

| Das Dienstzimmer | El despacho médico |
|---|---|
| | |
| | |
| Akte, f. | Historia clínica, f. |
| (Kranken)Bericht, m. | Informe, m./Boletín médico, m. |
| Arztbrief, m. | Carta de alta, f. |
| Computer, m. | Ordenador, m. |
| Drucker, m. | Impresora, f. |
| Krankenblatt, n. | Hoja clínica, f. |
| Krankenschein, m. | Volante de asistencia médica, m. |
| Krankmeldung, f. | Declaración de enfermedad, f. |
| Lehrbuch, n. | Libro, m. |
| Notfallwagen, m. | Carro de parada, m. |
| Telefon, n. | Teléfono, m. |
| Telefonnummer, f. | Número de Teléfono, m. |
| Untersuchungsformular, n. | Vale, m. |

# La habitación (de pacientes)

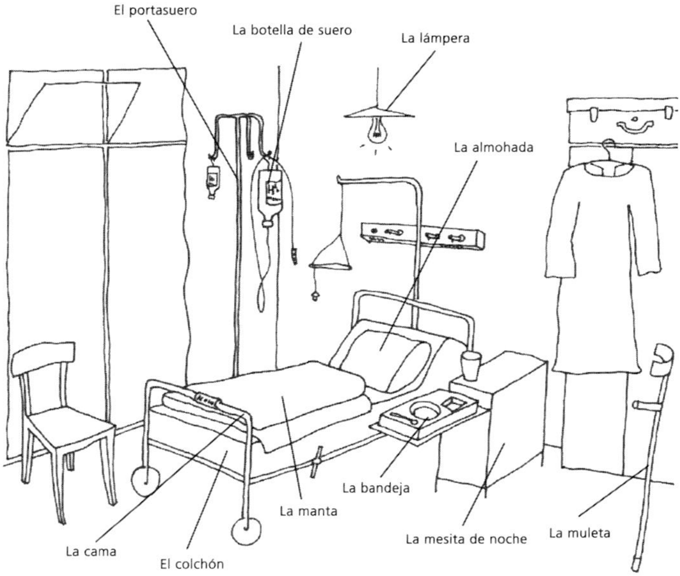

I.1.3. Das Patientenzimmer-La habitación

| Das Patientenzimmer | La habitación |
|---|---|
| | |
| | |
| Bett, n. | Cama, f. |
| Bettdecke, f. | Manta, f. |
| Bettlaken, n. | Sábana, f. |
| Bettzeug, n. | Ropa de cama, f. |
| Essenstablett, n. | Bandeja, f. |
| Fernseher, m. | Televisor, m. |
| Gefäß, n. | Envase, m. |
| Gehgestell, n. | Andador, m. |
| Infusionsflasche, f. | Botella de suero, f. |
| Infusionsständer, m. | Portasuero, m. |
| Kleiderbügel, m. | Percha, f./Perchero, m. |
| Kopfkissen, n. | Almohada, f. |
| Krücke, f. | Muleta, f. |
| Lampe, f. | Lámpara, f. |
| Lichtschalter, m. | Interruptor de luz, m. |
| Matratze, f. | Colchón, m. |
| Nachthemd, n. | Camisa, f. |
| Nachtkästchen, n. | Mesita de noche, f. |
| Papierkorb, m. | Papelera, f. |
| Rollstuhl, m. | Silla de ruedas, f. |
| Sauerstoffgerät, n. | Bombona de oxígeno, f. |
| Schrank, m. | Armario, m./Guardarropa, m. |
| Sessel, m. | Sillón, m. |
| Steckdose, f. | Enchufe, m. |
| Stuhl, m. | Silla, f. |
| Tisch, m. | Mesa, f. |
| Tür, f. | Puerta, f. |
| | |
| Badezimmer | Cuarto de baño |
| Bettschüssel, f. | Orinal de cama, m. |
| Dusche, f. | Ducha, f. |
| Handtuch, n. | Toalla, f. |

# El cuarto de baño

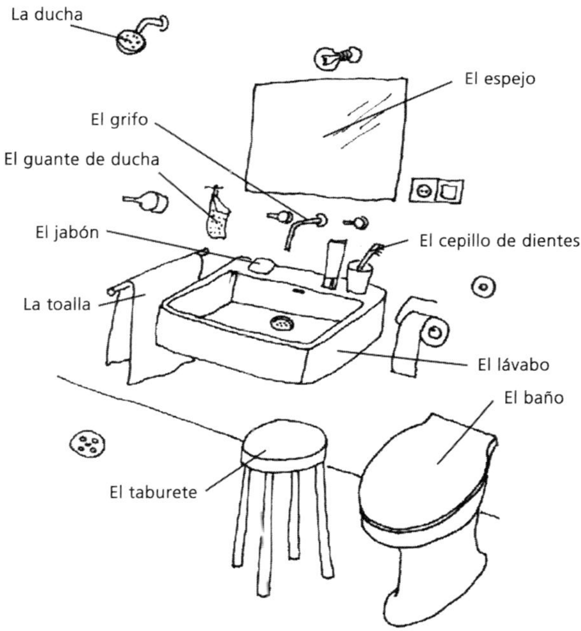

| | |
|---|---|
| Hocker, m. | Taburete, m. |
| Kamm, m. | Peine, m. |
| Seife, f. | Jabón, m. |
| Spiegel, m. | Espejo, m. |
| Toilette, f. | Baño, m. |
| Urinflasche, f. | Orinal, m./Botella de orina, f. |
| Waage, f. | Báscula, f./Peso, m. |
| Waschbecken, n. | Lávabo, m. |
| Waschlappen, m. | Guante de ducha, m. |
| Wasserhahn, m. | Grifo, m. |
| Windel, f. | Faja, f./Pañal, f.(Kind) |
| Zahnbürste, f. | Cepillo de dientes, m. |
| Zahnpasta, f. | Pasta dentífrica, f. |

## I.1.4. Der Operationssaal-El quirófano

| Der Operationssaal | El quirófano |
|---|---|
| **Die OP-Instrumente** | **Los Instrumentos quirúrgicos** |
| Haken, m. | Separador, m./Valva, f. |
| Katheter, m. | Catéter, m. |
| Klammer, f. | Grapa, f. |
| Klemme, f. | Pinza hemostática, f. |
| Nadel, f. | Aguja, f. |
| Nadelhalter, m. | Porta-agujas, m. |
| Naht, f. | Sutura, f. |
| OP-Tuch, n. | Pañuelo, m. |
| Seide, f. | Seda, f. |
| Skalpell, n. | Bisturí, m. |
| **Die OP-Kleidung** | **La ropa quirúrgica** |
| Maske, f. | Mascarilla, f. |
| OP-Haube, f. | Gorro, m. |
| OP-Kittel, m. | Pijama, m. |
| Überschuh, m. | Patucos, mpl. |
| | |
| Anästhesie, f. | Anestesia, f. |
| Intubation, f. | Intubación, f. |
| Vollnarkose, f. | Anestesia general, f. |
| Bahre, f./Trage, f. | Camilla, f./Parihuela(SA), f. |
| Schleuse, f. | Esclusa(SA), f. |
| Operation, f. | Intervención, f. |
| Operationsfeld, n. | Campo, m. |
| Operationsplan, m. | Parte del quirófano, m. |
| Operationsschwester, f. | Enfermera del quirófano, f. / Instrumentista |
| Operationstisch, m. | Mesa del quirófano, f. |
| Schnitt, m. | Corte, m./Incisión, f. |

I.1.5. Das Labor und die Laborparameter - El laboratorio y los parámetros del laboratorio

| Das Labor und die Laborparameter | El laboratorio y los parámetros del laboratorio |
|---|---|
| | |
| Pipette, f. | Pipetta, f. |
| | |
| Die Körperflüssigkeiten | Los líquidos del cuerpo |
| Blut, n. | Sangre, f. |
| Blutkonserve, f. | Bolsa de sangre, f. |
| Blutserum, n. | Suero sanguíneo, m. |
| Eiter, m. | Pus, m. |
| Erguss, m. | Derrame, m. |
| Gallensäure, f. | Bilis, m. |
| Kathetherurin, m. | Orina obtenida por sondaje, f. |
| Lymphe, f. | Linfa, f. |
| Magensaft, m. | Jugo gástrico, m. |
| Magensäure, f. | Ácido gástrico, m. |
| Mittelstrahlurin, m. | Prueba, obtenida de la parte media de la micción, f. |
| Punktionsurin, m. | Orina obtenida por punción, f |
| Sammelurin, m. | Orina de 24 horas, f. |
| Schweiß, m. | Sudor, m. |
| Sperma, n. | Esperma, m. |
| Liquor, m. | Líquido cefalorraquídeo, m. |
| | |
| **Laborparameter** | **Parámetros de laboratorio** |
| | |
| Leberwerte | Parámetros de función hepática |
| Albumin, n. | Albúmina, f. |
| Alkalische Phosphatase, f. | Fosfatasa alcalina, f. |
| Bilirubin, n. | Bilirrubina, f. |
| Cholesterin, n. | Colesterol, m. |
| Gamma GT, f. | Gamma-GT, m. |
| Transaminase, f. | Transaminasa, f. |
| Triglyceride, fpl. | Triglicéridos, m. |

| Blutbild | Hemograma / Cuadro sanguíneo |
|---|---|
| Blutkörperchen, n. | Glóbulo sanguíneo, m. |
| Rotes Blutkörperchen, n.; Erythrozyt, m. | Glóbulo rojo, m.; Eritrocito, m.; Hematíes, m. |
| Retikulozyt, m. | Reticulocito, m. |
| Leukozyt, m. | Leucocito, m. |
| Granulozyt, m. | Granulocito, m. |
| Lymphozyt, m. | Linfocito, m. |
| Monozyt, m. | Monocito, m. |
| Thrombozyt, m. | Plaqueta, f. |
| Hämatokrit, m. | Hematocrito, m. |
| Hämoglobin, n. | Hemoglobina, f. |
| Blutgruppe, f. | Grupo sanguíneo, m. |

| Säure-Basen-Status | Equilibrio ácido-base |
|---|---|
| Bikarbonat, n. | Anhídrido carbónico, m. |
| $PCO^2$, n. | Presión parcial de anhídrido carbónico, f. |
| PH, m. | PH sanguíneo, m. |
| $PO^2$, n. | Presión parcial de oxígeno, f. |
| Elektrolyte | Electrólitos, m. |
| Natrium, n. | Sodio, m. |
| Kalium, n. | Potasio, m. |
| Chlorid, n. | Cloro, m. |
| Calcium, n. | Calcio, m. |
| Harnstoff, m. | Urea, f./Nitrogénico ureico, m. |

| Blutgerinnung | Coagulación |
|---|---|
| Fibrinogen, n. | Fibrinogeno, m. |
| Gerinnungsfaktor, m. | Factores de coagulación, mpl. |
| Quick-Wert, m. | Tiempo de protrombina, m./Índice de Quick, m. |
| Thromboplastinzeit, f. | Tiempo de tromboplastina, m. |

| | |
|---|---|
| Immunreaktion, f. | Respuesta inmune, f. |
| Allergen, n. | Alergeno, m. |
| Antigen, n. | Antígeno, m. |
| Antikörper, m. | Anticuerpo, m. |

| | |
|---|---|
| Immunglobulin, m. | Inmunoglobulina, f. |
| C-reaktives Protein, n. | Proteína c-reactiva, f. |
| Immunkomplex, m. | Inmunocomplejo, m. |
| | |
| **Nierenwerte, mpl.** | **Parámetros de función renal, mpl.** |
| Harnsäure, f. | Ácido úrico, m. |
| Kreatinin, n. | Creatinina, f. |
| | |
| | |
| Aminosäure, f. | Aminoácido, m. |
| Amylase, f. | Amilasa, f. |
| Creatininkinase/ Creatinphosphorkinase | Creatininquinase/ Creatinfosforquinase |
| Eisen, n. | Hierro, m. |
| Eiweiß, n. | Proteína, f. |
| Enzym, n. | Encima, f. |
| Glucose, f. | Glucosa, f. |
| Marker, m. | Marcador, m. |
| Rheumafaktor, m. | Factor reumatoide, m. |
| Schilddrüsenhormon, n. | Hormonas tiroideas, fpl. |
| Tuberkulin, n. | Tuberculina, f. |
| Vitamin, n. | Vitamina, f. |
| Troponin, n. | Troponina, f. |
| | |
| **Labortest / Laboruntersuchung** | **Ensayo de laboratorio / Examen del laboratorio** |
| Blutausstrich, m. | Frotis, m. |
| Blutgasanalyse, f. | Gasometría, f. |
| Blutgerinnungsanalyse, f. | Estudios de coagulación, mpl. |
| Blutgruppenbestimmung, f. | Determinación del grupo sanguíneo, f. |
| Blutkultur, f. | Hemocultivo, m. |
| Blutsenkungsgeschwindigkeit, f. | Velocidad de sedimentación globular, f. |
| Blutungszeit, f. | Tiempo de hemorrágia, m. |
| Blutzucker, m. | Glucosa sanguínea, f.; Glucemia, f. |
| Coombstest, m. | Test de Coombs, m. |
| Differentialblutbild, n. | Fórmula, f.; Recuento linfocitario / eritracitario, m. |

| | |
|---|---|
| Eisensättigung, f. | Saturación de hierro, f. |
| Färbung, f. | Tinción, f. |
| Haemocculttest, m. | Hemocultivo, m. |
| Kreuzprobe, f. | Pruebas cruzadas, fpl. |
| Schwangerschaftstest, m. | Test de embarazo, m.; Prueba de embarazo, f. |
| Spezifisches Gewicht, n. | Densidad de la orina, f. |
| Stuhluntersuchung, f. | Examen coprológico, m. |
| Teststreifen, m. | Tira de .., f. |
| Urinkultur, f. | Urocultivo, m. |
| Urinstix, m. | Tira de papel reactivo, f. |
| Vaginalabstrich, m. | Frotis vaginal, m. |
| Zellzählung, f. | Recuento, m. |

| Laborergebnis, n. | Resultado laboratorio, m. |
|---|---|
| Blutalkoholspiegel, m. | Nivel de alcohól en la sangre, m.; Alcoholemia, f. |
| Grenzwert, m. | Valor límite, m. |
| Kreatinin-Clearance, f. | Aclaramiento de creatinina, m. |
| Leukopenie, f. | Leucopenia, f. |
| Leukozytose, f. | Leucocitosis, f. |
| Normalwert, m. | Valor normal, m. |
| Nüchternwert, m. | Valor (obtenido) en ayunas, m. |
| Probe, f. | Prueba, f./Estudio, m. |
| Prozentsatz, m. | Porcentaje, f. |
| Zylinder, m. | Cilindro, m. |
| Blutprobe, f. | Prueba hematológica, f./Muestra de sangre, f. |
| Tagesschwankung, f. | Variación cíclica, f. |
| Sediment, n. | Sedimento, m. |
| Alkalose, f. | Alcalosis, f. |
| Azidose, f. | Acidosis, f. |
| Hyperkaliämie, f. | Hiperpotasemia, f. |
| Hyperlipidämie, f. | Hiperlipidemia, f. |
| Hypokaliämie, f. | Hipopotasemia, f. |

# El equipo del médico

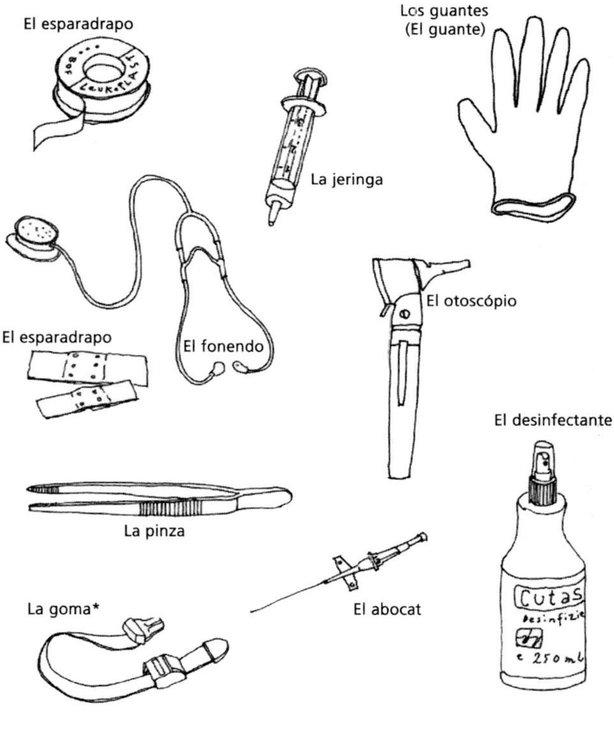


* In Spanien und Südamerika wird meistens ein Gummischlauch verwendet

## I.2. Der Arzt / El médico

I.2.1. Die ärztliche Ausrüstung / El equipo del médico

| Die ärztliche Ausrüstung | El equipo del médico |
|---|---|
| | |
| Desinfektionsmittel, n. | Desinfectante, m. |
| Handschuhe, mpl. | Guantes, m. |
| Kittel, m. | Bata, f./Pijama (UA), f. |
| Notizbuch, n. | Librito, m. |
| Piepser, m. | Busca, m. |
| Pinzette, f. | Pinza, f. |
| Schere, f. | Tijeras, f. |
| Schreibstift, m. | Bolígrafo, m. |
| Stauschlauch, m. | Goma, m. [2] |
| Tupfer, m. | Gasa, f./Compresa, f. |
| Verband, m. | Vendaje, f. |
| Zirkel, m. | Compás, m. |
| Therapeutisch | Terapéutico |
| Butterfly, m. | Abocat, m. |
| Drainage, f. | Drenaje, f. |
| Faden, m. | Hilo, m. |
| Gips, m. | Yeso, m. |
| Herz-Lungenmaschine, f. | Corazón-pulmón artificial, m. |
| Herzschrittmacher, m. | Marcapasos, m./Dispositivo cardíaco, m.(SA) |
| Magensonde, f. | Sonda nasogástrica, f. |
| Nadel, f. | Aguja, f. |
| Pflaster, n. | Esparadrapo, m. |
| Sauerstoffmaske, f. | Mascarilla de oxígeno, f. |
| Spritze, f. | Jeringa, f. |
| Zugang, m./Braunüle, f. | Vía venosa,f./Abocat, m. |
| Diagnostik | Diagnóstico |
| Augenspiegel, m. | Oftalmoscopio, m. |
| Bandmaß, n. | Cinta métrica, f. |

[2] In Spanien und Südamerika wird meist ein Gummischlauch verwendet

| | |
|---|---|
| Blutdruckmessgerät, n. | Tenómetro, m.(SA)/Esfigmomanómetro, m. |
| Fieberthermometer, n. | Termómetro, m. |
| Gleitmittel, n. | Vaselina, f. |
| Herzkatheter, m. | Catéter cardíaco, m. |
| Katheter, m. | Catéter, m. |
| Lampe, f. | Lámpara, f. |
| Lineal, n. | Regla, f. |
| Mundspiegel, m. | Espéculo bucal, m.(SA) |
| Ohrspiegel, m. | Otoscópio, m. |
| Reflexhammer, m. | Martillo, m. |
| Stethoskop, n. | Fonendo, m./Estetoscopio, m. |
| Stimmgabel, f. | Diapasón, m. |

| | |
|---|---|
| (Nacht)dienst, m. | Guardia, f. |
| Fortbildung, f. | Sesión clínica, f. |
| Konsil, n. | Petición de consulta, f. |
| Untersuchungskurs, m. | Curso clínico, m. |
| Visite, f. | Visita, f. |

| | |
|---|---|
| Krankengeld, n. | Subsidio de enfermedad, m. |
| Krankenhauskosten | Gastos de hospital, mpl. |
| Krankenkasse, f. | Caja de (seguro contra la) enfermedad, f. |
| Krankenversicherung, f. | Seguro contra la enfermedad, m. |

I.2.2. Die Untersuchungen-Los exámenes

| Die Untersuchungen | Los exámenes |
|---|---|
| **Allgemeine Untersuchungen** | **Estudios generales** |
| Allgemeine psychiatrische Untersuchung, f. | Examen psiquiátrico general, m. |
| Ärztliche Allgemeinuntersuchung, f. | Examen médico rutinario, m./ Chequeo, m. |
| Gesundheitsvorsorgeuntersuchung, f. | Control de salud rutinario, m. |
| Handgriff, m. | Maniobra, m.(SA) |
| Nachuntersuchung, f. | Examen de seguimiento, m./ Control, m. |
| Screening, n. | Búsqueda, f./Cribaje, f./ Screening, m. |
| Ausstellung einer ärztlichen Bescheinigung, f. | Expedición de un certificado médico, f. |
| Beobachtung bei Verdacht auf Krankheit, f. | Observación por sospecha de una enfermedad, f. |
| **Röntgenuntersuchung** | **Examen radiológico** |
| Abdomenleeraufnahme, f. | Radiografía simple de abdomen, f. |
| Apfelbutzenzeichen, n. | Signo, m./Corazón, m. de la manzana |
| Angiographie, f. | Angiografía, f. |
| Computertomographie, f. | Tomografía computerizada, f. |
| Gammographie, f. | Prueba de medicina nuclear, f. |
| Magen-Darm-Passage, f. | Tránsito intestinal, m. |
| MRT, n. | Resonancia magnética (nuclear), f. |
| Röntgen, n. | Rayos X, mpl. |
| Röntgenbild, n. | Radiografía, f./Placa (US), f. |
| Echographie, f. | Ecografía, f. |
| Ejektionsfraktion, f. | Fracción de eyecíon, f. |
| Sonographie, f. | Sonografía, f./Ecografía, f. |
| Schallschatten, m. | Sombra sonográfica, f. |
| **Spezielle Untersuchungen** | **Estudios especiales** |
| Allergietestung, f. | Pruebas diagnósticas de piel y sensibilización, fpl. |

| | |
|---|---|
| Blutdruckmessung, f. | Tomar la presión/tensión arterial |
| EEG/Electroencephalogramm, n. | Electroencefalograma, f. |
| EKG, n. | Electrocardiografía, f. |
| Gynäkologische Untersuchung, f. | Examen ginecológico, m. |
| Rektale Untersuchung, f. | Tacto rectal, m. |
| Tuberkulose-Hauttest, m. | Test de la Tuberculina, m. |
| Vaginale Untersuchung, f. | Tacto vaginal, m. |
| Vitalkapazität, f. | Capacidad vital, f. |
| | |
| **Funktionsprüfungen** | **Estudios de función** |
| Funktionsprüfung des Zentralnervensystems, f. | Exploración del cerebro/ sistema nervioso central, f. |
| Hörprüfung und Untersuchung der Ohren, f. | Examen de oído y audición, m. |
| Kardiovaskuläre Funktionsprüfung, f. | Estudios de función cardiovascular, mpl. |
| Leberfunktionsprüfung, f. | Estudios de función tiroidea, mpl. |
| Lungenfunktionsprüfung, f. | Estudios de función pulmonar, mpl. |
| Nierenfunktionsprüfung, f. | Estudios de función renal, mpl. |
| Schilddrüsenfunktionsprüfung, f. | Estudios de función del hígado, mpl. |
| Visusprüfung und Untersuchung der Augen, f. | Examen de ojos y vista, m. |
| | |
| **Endoskopie** | **Endoscopia** |
| Gastroskopie, f. | Gastroscopia, f. |
| Koloskopie, f. | Colonoscopia, f. |
| Kontrasteinlauf, m. | Enema opaco, m. |
| Laparoskopie, f. | Laparoscopia, f. |
| Rektoskopie, f. | Rectoscopia, f. |
| Zystoskopie, f. | Cistoscopia, f. |

I.2.3. Die Eingriffe-Las intervenciones

| Die Eingriffe | Las intervenciones |
|---|---|
| **Diagnostik** | **Diagnóstico** |
| Blasenkatheterisation, f. | Cateterismo, m. |
| Herzkatheter, m. | Cateterismo del corazón, m. |
| Knochenmarkpunktion, f. | Punción medular, f. |
| Lumbalpunktion, f. | Punción lumbar, f. |
| Venenpunktion, f. | Punción venosa, f. |
| Biopsie, f. | Biopsia, f. |
| Blutentnahme, f. | Extracción, f./Toma, f. de sangre |
| Magenspülung, f. | Lavado gástrico, m. |
| **Therapeutisch** | **Terapéutico** |
| Aderlass, m. | Sangría, f. |
| Bluttransfusion, f. | Transfusión (de la sangre), f. |
| Blutwäsche, f. | Depuración de la sangre, f. / Diálisis, f. |
| Bypass, m. | Bypass, m. |
| Chemotherapie-Sitzung, f. | Sesión de quimioterapia, f. |
| Dialyse, f. | Diálisis, f. |
| Diät-Beratung und -Überwachung, f. | Control y consejo dietéticos/ Normas dietéticas, fpl. |
| Drainage, f. | Drenaje, m. |
| Exstirpation, f. | Extirpación, f. |
| Hysterektomie, f. | Histerectomía, f. |
| Infusion, f. | Suero, m. |
| Injektion, f. | Inyección, f. |
| Zentralvenöser Zugang, m. | Vía venosa central, f. |
| Intravenöser Zugang, m. | Cánula intravenosa, f./ Vía venosa permanente, f. |
| Krankengymnastik, f. | Fisioterapia, f./Rehabilitación, f. |
| Künstliche Herzklappe, f. | Transplante, m./Sustitución, f. de Válvula cardíaca |
| Nierentransplantation, f. | Transplante renal, m. |
| Palliativbehandlung, f. | Tratamiento palliativo, m. |
| Parenterale Ernährung, f. | Nutrición parenteral, f. |
| Physiotherapie, f. | Terapia física, f. |
| Plastische Chirurgie, f. | Cirugía plástica, f. |

| | |
|---|---|
| Polypenentfernung, f. | Polipectomía, f. |
| Reanimation, f. | Reanimación, f. |
| Rehabilitationsmaßnahme, f. | Rehabilitación, f. |
| Resektion, f. | Resección, f. |
| Rheumabad, n. | Balneario antirreumático, m. |
| Strahlentherapie, f. | Radioterapia, f. |
| Strahlentherapie-Sitzung, f. | Sesión de radioterapia, f. |
| Tracheostomie, f. | Traqueotomía, f. |
| Whipple-OP, f. | DPC de Whipple, f. |
| Zirkumzision als Routinemaßnahme/ Aus rituellen Gründen, f. | Circuncisión rutinaria/ritual, f. |
| In-Vitro-Fertilisation, f. | Fecundación in vitro, f. |
| Tabaksbeutelnaht, f. | Sutura de bolsa de tabaco, f. |
| Sterilisierung, f. | Esterilización, f. |
| Fadenentfernung, f. | Retirar los puntos |
| Künstliche Befruchtung, f. | Inseminación artificial, f. |

I.2.4. Die Medikamente-Los medicamentos

| Die Medikamente | Los medicamentos |
|---|---|
| | |
| (Behandlungs-)Schema, n. | Pauta, f./Régimen, m. |
| Abdeckung, f. | Cobertura, f. |
| Ampulle, f. | Ampolla, f. |
| Blut-Hirn-Schranke, f. | Barrera hematocefálica, f. |
| Chemotherapie, f. | Quimoterapia, f. |
| Erregerspektrum, n. | Espectro, m. |
| Halbwertzeit, f. | Vida media, f. |
| Insulindosierung, f. | Pauta de insulina, f. |
| Kontraindikation, f. | Contraindicación, f. |
| Mittel der Wahl, n. | Fármaco de elección, m. |
| Mittel, n. | Medida, f. |
| Nebenwirkung, f. | Efecto secundario, m. |
| Standard, m. | Estándar, m. |
| Darreichungsform | Presentación del fármaco |
| Creme, f. | Crema, f. |
| Kapsel, f. | Cápsula, f. |
| Lösung, f. | Solución, f. |
| Lotion, f. | Locción, f. |
| Pille, f. | Píldora, f. |
| Puder, n. | Polvos, mpl. |
| Pulver, n. | Polvo, m. |
| Salbe, f. | Pomada, f. |
| Salbe, f. | Ungüento, m. |
| Tablette, f. | Comprimido, m. |
| Tropfen, m. | Gota, f. |
| Substanzen | Sustancias |
| Acetysalicylsäure, f. | Ácido acetilsalicico, m. |
| Amphotericin B, n. | Anfotericina B, m. |
| Antihistaminikum, n. | Antihistamínico, m. |
| Betaisodonna, n. | Betadine, m. |
| Breitspektrumantibiotikum, n. | Antibiótico de amplio espectro, m. |
| Clavulansäure, f. | Ácido clavulánico, m. |

| | |
|---|---|
| Insulin, n. | Insulina, f. |
| Iod, n. | Iodo, m. |
| Lokales Anästhetikum, n. | Anestésico local, m. |
| ß-Blocker, m. | ß-bloqueante, m. |
| Steroid, n. | Corticoides, mpl. |
| Tuberkulostatikum, n. | Tuberculostática, f. |

## I.3. Der menschliche Körper-El cuerpo humano

### I.3.1. Die Anatomie-La anatomía

| Die Anatomie | La anatomía |
|---|---|
| **Der Schädel** | **El cráneo** |
| Schädelbasis, f. | Base del cráneo, m. |
| Schädelbein, n. | Hueso craneal, m. |
| Schädeldecke, f. | Calota, f. |
| Schädelhöhle, f. | Cavidad craneal, f. |
| Scheitel, m. | Vertex, m. |
| Schläfenbein, n. | Hueso temporal, m. |
| Stirnbein, n. | Hueso frontal, m. |
| Tränenbein, n. | Hueso lacrimal, m. |
| Wangenbein, n. | Pómulo, m. |
| Hinterkopf, m. | Occipucio, m. |
| Mastoid, n. | Mastoide, m. |
| Oberkiefer, m. | Maxilar, m./Hueso maxilar superior, m. |
| Unterkiefer, m. | Mandíbula, f./Hueso maxilar inferior, m. |
| **Der Kopf** | **La cabeza** |
| Gesicht, n. | Cara, f./Rostro, m. |
| Schläfe, f. | Sien, f. |
| Schläfengegend, f. | Región temporal, f. |
| Stirn, f. | Frente, f. |
| Stirnbeinhöhle, f. | Seno frontal, m. |
| Wange, f. | Mejilla, f./Carillo, m. |
| Kieferhöhle, f. | Seno maxilar, m. |
| Kauapparat, m. | Aparato masticador, m. |
| Kaumuskel, m. | Masticador, m. |
| Oberlippenbart, m. | Bigote, m./Mostacho, m. |
| Vollbart, m. | Barba, f. |
| Kinn, n. | Barbilla, f./Mentón, m. |
| **Das Auge** | **El ojo** |
| Augenabstand, m. | Distancia interocular, f. |
| Oberes/Unteres Augenlid, n. | Párpado, m. |

| | |
|---|---|
| Augenlidspalte, f. | Hendidura palpebral, f. |
| Augenbraue, f. | Ceja, f. |
| Wimper, f. | Pestañas, fpl. |
| Tränensack, m. | Saco lagrimal, m. |
| Tränendrüse, f. | Glándula lacrimal, f. |
| Augenlicht, n. | Vista, f. |
| Bindehaut, f. | Conjuntiva, f. |
| Hornhaut, f. | Córnea, f. |
| Linse, f. | Cristalino, m. |
| Pupille, f. | Pupila, f. |
| Regenbogenhaut, f. | Iris, f. |
| Augenkammer, f. | Cámara del ojo, f. |
| Vorderkammer, f. | Cámara anterior, f. |
| Augapfel, m. | Globo ocular, m. |
| Glaskörper, m. | Cuerpo vítreo, m. |
| Augenhöhle, f. | Cuenca del ojo (U), f., Órbita, f. |
| Augenhintergrund, m. | Fondo del ojo, m. |
| Netzhaut, f. | Retina, f. |
| Sehnerv, m. | Nervio óptico, m. |
| Chiasma opticum, n. | Quiasma óptico, m. |

| Das Ohr | La oreja |
|---|---|
| Ohrläppchen, n. | Lóbulo de la oreja, m./Perilla, f.(SA) |
| Ohrmuschel, f. | Pabellón del oído, m. |
| Gehör, n. | Oído, m. |
| Ohrloch, n. | Orificio externo del conducto auditivo, m. |
| Äußerer Gehörgang, m. | Oído, m. |
| Ohrenschmalz, m. | Cerumen, m./Cerilla de los oídos, f.(SA) |
| Mittelohr, n. | Oído medio, m. |
| Trommelfell, n. | Membrana timpánica, f./ Tímpano, m. |
| Innenohr, n. | Oído, m. |
| Gehörknöchelchen, n. | Huesecillo, m. |
| Ohrschnecke, f. | Cóclea, f. |
| Tuba auditiva, f. | Trompa de Eustaquio, f. |

| Die Nase | La nariz |
|---|---|
| Nasenwurzel, f. | Base de la nariz, f. |
| Nasenrücken, m. | Dorso de la nariz, m. |
| Nasenflügel, m. | Aleta nasal, f. |
| Nasenspitze, f. | Punta de la nariz, f. |
| Nasenloch, n. | Orificio nasal, m. |
| Nasenhöhle, f. | Fosa nasal, f./Cavidad nasal, f. |
| Nasenscheidewand, f. | Septo nasal, m./Tabique nasal, m. |
| Nasenschleimhaut, f. | Mucosa nasal, f. |
| Nasenknorpel, m. | Cartilago de la nariz, m. |
| Nasennebenhöhlen, fpl. | Senos paranasales, mpl. |

| Der Mund | La boca |
|---|---|
| Lippe, f. | Labio, m. |
| Mundhöhle, f. | Cavidad oral/bucal, f. |
| Mundschleimhaut, f. | Mucosa bucal, f. |
| Speichel, m. | Saliva, f. |
| Speicheldrüse, f. | Glándula salivar/parótida, f. |
| Zäpfchen, n. | Uvula, f. |
| Zunge, f. | Lengua, f. |
| Gaumen (hart), m. | Paladar (duro), m. |
| Gaumenbogen, m. | Cavidad amigdalina, f. |
| Gaumenmandel, f. | Amígdala palatina, f. |
| Gaumensegel, n. | Velo palatino, m. |
| Zahn, m. | Diente, m. |
| Milchzahn, m. | Diente de leche, m. |
| Zahnreihe, f. | Hilera de dientes, f. |
| Zahnzwischenraum, m. | Intersticio dental, m. |
| Backenzahn, m. | Muela, f. |
| Eckzahn, m. | Colmillo, m. |
| Schneidezahn, m. | Diente incisivo, m. |
| (Zahn)krone, f. | Corona, f. |
| Zahnfleisch, n. | Encía, f. |
| Zahnhals, m. | Cuello del diente, m. |
| Zahnmark, n. | Pulpa dental, f. |
| Zahnschmelz, m. | Esmalte de dientes, m. |
| Zahnwurzel, f. | Raíz del diente, f. |
| Bleibendes Gebiss, n. | Dentadura, f. |

| | |
|---|---|
| Künstliches Gebiss, n. | Postiza, f. |
| | |
| **Der Hals** | **El cuello** |
| Zungenbein, n. | Hueso hioides, m. |
| Rachen, m. | Faringe, f./Garganta, f. |
| Kehle, f. | Garganta, f. |
| Kehlkopf, m. | Laringe, f. |
| Kehlkopfdeckel, m. | Epiglotis, f. |
| Stimmband, n. | Cuerda vocal, f. |
| Stimmritze, f. | Glotis, f. |
| Adamsapfel, m. | Nuez (de Adán), f. |
| Schilddrüse, f. | Tiroides, m./Glándula tiroides, f. |
| Schilddrüsenlappen, m. | Lóbulo tiroide, m. |
| Schildknorpel, m. | Cartílago tiroideo, m. |
| Epithelkörperchen, n. | Glándulas paratiroides, fpl. |
| Speiseröhre, f. | Esófago, m. |
| Luftröhre, f. | Tráquea, f. |
| Thymus, m. | Timo, m. |
| Nacken, m. | Nuca, f. |
| | |
| **Der Brustraum** | **La caja torácica** |
| Herz, n. | Corazón, m. |
| Herzgegend, f. | Región cardiaca, f. |
| Herzbeutel, m. | Pericardio, m. |
| Herzmuskel, m./Myokard, n. | Músculo cardíaco, m./Miocardio, m. |
| Herzinnenhaut, f./Endokard, n. | Endocardio, m. |
| Herzkranzgefäß, n. | Coronaria, f. |
| Herzvorhof, m. | Aurícula, f. |
| Herzkammer, f. | Ventrículo (del corazón), m. |
| Herzohr, n. | Orejuela del corazón, f. |
| Herzspitze, f. | Punta del corazón, f. |
| Herzklappe, f. | Válvula, f. |
| Aortenklappe, f. | Válvula aortica, f. |
| Mitralklappe, f. | Válvula mitral, f. |
| AV-Klappe, f. | Válvula atrioventricular, f. |
| Sinus/AV-Knoten, m. | Nódulo sinusal/auriculo-ventricular, m. |

| Die Lunge | El pulmón / Los pulmones |
|---|---|
| Lungenflügel, -lappen, m. | Lóbulo del pulmón/pulmonares, m. |
| Lungenspalte, f. | Cisura pulmonar, f. |
| Lungenspitze, f. | Vértice del pulmón, m. |
| Bronchus, m. | Bronquio, m. |
| Alveole, f. | Alvéolo pulmonal, m./ Vesícula pulmonal, f. |
| Lungenbläschen, n. | Vesícula, f./Alvéolo, f. pulmonar |
| Brustfell, n. | Pleura, f. |
| Lungenkapillare, f. | Capilares pulmonares, mpl. |

| Brust | Pecho |
|---|---|
| Brustkorb, m./Brustraum, m. | Tórax, m. |
| Brustumfang, m. | Perímetro torácico, m. |
| Brustbein, n. | Esternón, m. |
| Brustwirbel, m. | Vértebra dorsal, f. |
| Brustdrüse, f. | Glándula mamaria, f. |
| Busen, m. | Mama, f./Seno, m./Tetas (U), f. |
| Brustwarze (männlich), f. | Mamila, f. |
| Brustwarze (weibliche), f. | Pezón, m. |
| Rippe, f. | Costilla, f. |
| Rippenbogen, m. | Arco costal, m. |
| Zwerchfell, n. | Diafragma, m. |

| Die obere Extremität | La extremidad superior |
|---|---|
| Arm, m. | Brazo, m. |
| Achselhöhle, f. | Axila, f. |
| Oberarm, m. | Brazo, m. |
| Oberarmknochen, m. | Húmero, m. |
| Unterarm, m. | Antebrazo, m. |
| Ellbogen, m. | Codo, m. |
| Ellenbeuge, f. | Flexura del codo, f. |
| Elle, f. | Cúbito, m. |
| Speiche, f. | Radio, m. |
| Hand, f. | Mano, f. |
| Handgelenk, n. | Muñeca, f. |
| Handballen, m. | Pulpejo, m. |
| Handfläche, f. | Palma, f. |
| Handlinie, f. | Raya de la mano, f. |

## La extremidad superior

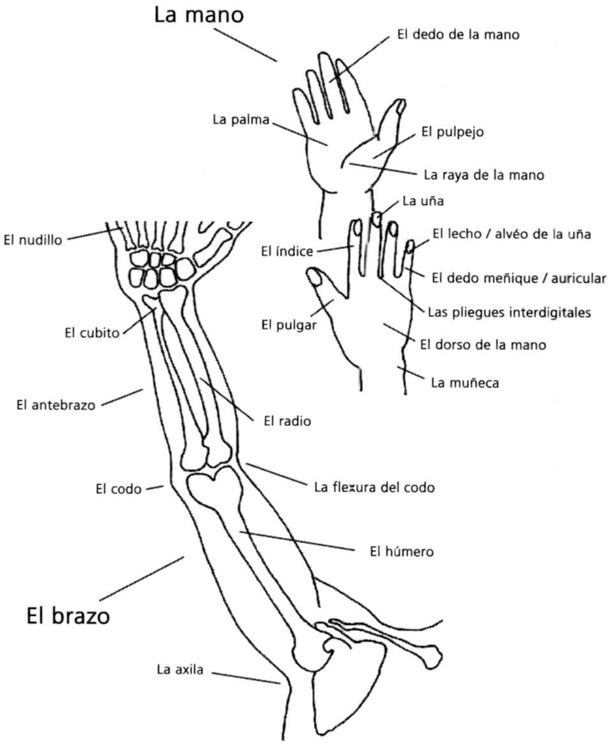

| | |
|---|---|
| Handrücken, m. | Dorso de la mano, m. |
| Finger, m. | Dedo de la mano, m. |
| Fingerknöchel, m. | Nudillo, m. |
| Fingernagel, m. | Uña, f. |
| Fingerzwischenraum, m. | Pliegues interdigitales, mpl. |
| Nagelbett, n. | Lecho, m./Alvéo, m. de la uña |
| Daumen, m. | Pulgar, m. |
| Kleiner Finger, m. | Dedo meñique / auricular, m. |
| Zeigefinger, m. | Índice, m. |

| Der Bauch | El abdomen |
|---|---|
| Der Bauch | Vientre, m./Barriga, f./Panza, f. (US) |
| Bauchdecke, f. | Pared abdominal, f. |
| Bauchfell, n. | Peritoneo, m. |
| Bauchhöhle, f. | Cavidad abdominal, f. |
| Bauchnabel, m. | Ombligo, m. |
| Rumpf, m. | Tronco, m. |
| Becken, n. | Pelvis, f. |
| Beckenboden, m. | Suelo de la pelvis, m. |
| Flanke, f. | Flanco, m. |
| Gesäß, n. | Nalgas, f. |
| Leiste, f. | Ingle, f. |

| Eingeweide | Asa/Intestino/Tripa (US) |
|---|---|
| Verdauungstrakt, m. | Tracto digestivo, m./Tubo digestivo, m. |
| Magen, m. | Estómago, m. |
| Magenkurvatur, f. | Curvatura del estómago, f. |
| Pylorus, m. | Píloro, m. |
| Dünndarm, m. | Intestino delgado, m. |
| Dünndarmschlinge, f. | Asa del intestino delgado, f. |
| Zwölffingerdarm, m. | Duodeno, m. |
| Jejunum, n. | Yeyuno, m. |
| Ileum, n. | Íleon, m. |
| Blinddarm, m. | Apéndice, m./Ciego (SA), m. |
| Dickdarm, m. | Intestino grueso, m. |
| Kolon, n. | Colon, m. |
| Rektum, n. | Recto, m. |

| | |
|---|---|
| Sigma, n. | Sigma, m. |
| Anus, m. | Ano, m. |
| Sphinkter, m. | Esfínter, m. |
| Leber, f. | Hígado, m. |
| Leberlappen, m. | Lóbulo hepático, m. |
| Gallenblase, f. | Vesícula biliar, f. |
| Gallenblasengang, m. | Conducto cístico, m. |
| Gallengang, m. | Colédoco, m./Conducto biliar, m. |
| Gallenwege, mpl. | Vías biliares, fpl. |
| Ductus Choledochus, m. | Colédoco, m. |
| Bauchspeicheldrüse, f. | Páncreas, m. |
| Inselzellen, fpl. | Islote de celulas beta, f. |
| Pankreasschwanz, m. | Cola del páncreas, f. |
| Milz, f. | Bazo, m. |
| Mesenterium, n. | Mesenterio, m. |
| Kleines/Großes Netz, n. | Epiplón menor/mayor, m. |
| Truncus coeliacus, m. | Tronco celíaco, m. |
| | |
| **Ableitende Harnwege** | **Vías urinarias** |
| Niere, f. | Riñón, m. |
| Nierenbecken, n. | Pelvis renal, f. |
| Nierenkapsel, f. | Cápsula renal, f. |
| Nebenniere, f. | Glándula suprarrenal, f. |
| Harnleiter, m. | Uréter, m. |
| Harnblase, f. | Vejiga (urinaria), f |
| Harnröhre, f. | Uretra, f. |
| Vorsteherdrüse, f. | Próstata, f. |
| | |
| **Die Geschlechtsorgane** | **Los órganos genitales** |
| | |
| **Weibliche Geschlechtsorgane** | **Aparato reproductivo femenino** |
| Adnexe, f. | Anejo, m./Anexo, m.(SA) |
| Ei (Keimzelle), n. | Óvulo, m. |
| Eierstock, m. | Ovario, m. |
| Eileiter, m. | Trompa, f.(de Falopio) |
| Corpus luteum, n. | Cuerpo luteo, m. |
| Gebärmutter, f. | Útero, m./Matriz, f. |
| Gebärmutterhals, m. | Cuello uterino, m. |

| | |
|---|---|
| Gebärmutterschleimhaut, f. | Mucosa uterina, f. |
| Äußerer Gebärmuttermund, m. | Orificio del útero, m. |
| Zervix, f. | Cervix, f. |
| Scheide, f. | Vagina, f. |
| Jungfernhäutchen, n. | Himen, m./Membrana virginal, f. |
| Große Schamlippen, fpl. | Labios mayores, mpl. |
| Kleine Schamlippen, fpl. | Labios menores, mpl. |
| Schamlippen, fpl. | Labios (de la vulva), mpl. |

## Männliche Geschlechtsorgane / Aparato reproductivo masculino

| | |
|---|---|
| Samenblase, f. | Vesícula seminal, f. |
| Samenleiter, m. | Conducto espermático/ deferente, m. |
| Hoden, m. | Testículo, m. |
| Hodensack, m. | Bolsa testicular, f./Escroto, m. |
| Penis, m. | Pene, m./Miembro (viril), m. |
| Eichel, f. | Glande, f. |

## Die untere Extremität / La extremidad inferior

| | |
|---|---|
| Bein, n. | Pierna, f. |
| Leistenband, n. | Ligamento inguinal, m. |
| Leistenbeuge, f. | Pliegue inguinal, m. |
| Leistengegend, f. | Región inguinal, f. |
| Femur, m. | Fémur, m. |
| Hüftgelenk, n. | Articulación de la cadera, f. |
| Oberschenkel, m. | Muslo, m. |
| Knie, n. | Rodilla, f. |
| Kniegelenk, n. | Articulación de la rodilla, f. |
| Kniescheibe, f. | Rótula, f./Choquezuela, f.(SA) |
| Kniekehle, f. | Corva, f./Hueco poplíteo, m. |
| Unterschenkel, m. | Pierna, f. |
| Wadenbein, n. | Peroné, m./Pantorrilla, f. |
| Schienbein, n. | Tibia, f./Espina tibial, f./Espinilla, f. |
| Wade, f. | Pantorrilla, f. |
| Fessel, f. | Empeine, m. |
| Sprunggelenk, n. | Tobillo, m./Articulación tibiotarsiana, f. |
| Achillessehne, f. | Tendón de Aquiles, m. |
| Fuß, m. | Pie, m. |

## La extremidad inferior

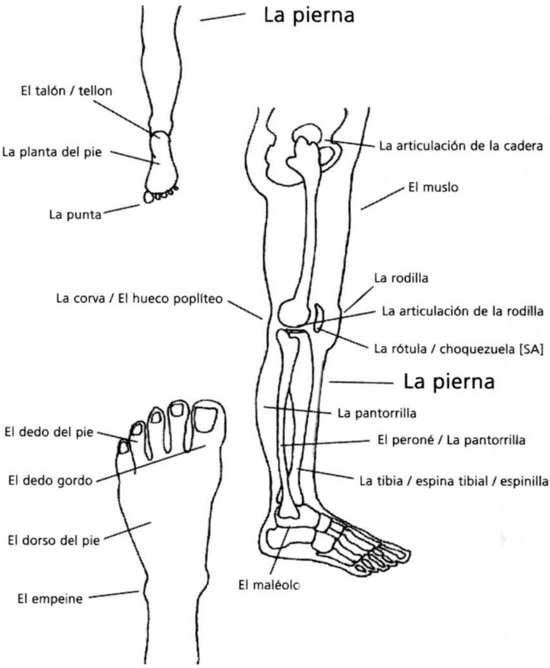

| | |
|---|---|
| Fußknöchel, m. | Maléolo, m. |
| Fußsohle, f. | Planta del pie, f. |
| Ferse, f. | Talón, m./Tellon, m. |
| Fußrücken, m. | Dorso del pie, m. |
| Fußspitze, f. | Punta, f. |
| Zeh, m. | Dedo del pie, m. |
| Großzehe, f. | Dedo gordo, m. |

| Das Skelett | El esqueleto |
|---|---|
| Knochen, m. | Hueso, m. |
| Knochenbau, m. | Densidad ósea, f. |
| Knochenhaut, f. | Periostio, m. |
| Knochenmark, n. | Médula ósea, f. |
| Gelenk, n. | Articulación, f. |
| Gelenkhöhle, f. | Cavidad articular, f. |
| Gelenkkapsel, f. | Cápsula articular, f. |
| Gelenkknorpel, m. | Cartílago articular, m. |
| Schleimbeutel, m. | Bolsa sinovial, f. |
| Knorpel, m. | Cartílago, m. |
| Knorpelhaut, f. | Pericondrio, m. |
| Muskel, m. | Músculo, m. |
| Muskelansatz, m. | Inserción muscular, f. |
| Glatte Muskulatur, f. | Músculo liso u involuntario |
| Quergestreifte Muskulatur, f. | Músculo estriado o voluntario o esquelético |
| Sehne, f. | Tendón, m. |
| Sehnenscheide, f. | Vaina sinovial, f. |
| Band, n. | Ligamento, m. |
| Bandscheibe, f. | Disco intervertebral, m. |
| Dornfortsatz, m. | Espina, f. |
| Rippe, f. | Costilla, f. |
| Rippenbogen, m. | Arco costal, m. |
| Rückgrat, n. | Espina dorsal, f. |
| Wirbel, m. | Vertrebra, f. |
| Wirbelbogen, m. | Arco vertebral, m. |
| Wirbelgelenk, n. | Articulación vertebral, f. |
| Wirbelkanal, m. | Canal vertebral / raquídeo, m. |
| Wirbelkörper, m. | Cuerpo vertebral, m. |

| | |
|---|---|
| Wirbelsäule, f. | Columna vertebral, f. |
| Hüfte, f. | Cadera, f. |
| Rücken, m. | Dorso, m./Espalda, f. |
| Beckenknochen (paarige), m. | Huesos innominados, mpl. |
| Brustkorb, m. | Tórax, m. |
| Brustwirbel, m. | Vértebra dorsal, f. |
| Schambein, n. | Hueso pubis, m. |
| Schlüsselbein, n. | Clavícula, f. |
| Schulter, f. | Hombro, m. |
| Schulterblatt, n. | Escápula, f./Omóplato, m. |
| Sakroiliakalgelenk, n. | Articulación sacroiliaca, f. |
| Schultergelenk, n. | Articulación del húmero, f. |

| | |
|---|---|
| Kopfhaar, n. | Cabello, m. |
| Körperbehaarung, f. | Vello, m. |
| Kopfhaut, f. | Cuero cabelludo, m./<br>Piel del cráneo, f.(SA) |
| Leberfleck, m. | Lunar, m./Mancha hepática, f.(SA) |
| Drüse, f. | Glándula, f. |
| Gewebe, n. | Tejido, m. |
| Knoten, m. | Nódulo, m./Nudosidad, f.(SA) |
| Lymphknoten, m. | Ganglio linfático, m. |
| Membran, f. | Membrana, f. |
| Organ, n. | Órgano, m. |
| Schleimhaut, f. | Mucosa, f. |
| Tasche, f./Sack, m. | Bolsa, f. |
| Gliedmaße, f. | Miembro, m. |
| Körperhöhle, f. | Cavidad, f. |
| Fett, n. | Grasa, f. |
| Fleisch, n. | Carne, m. |
| Hohlraum, m. | Hueco, m. |

| Das Nervensystem | El sistema nervioso |
|---|---|
| Zentrales Nervensystem | Sistema nervioso central |
| Gehirn, n. | Cerebro, m. |
| Basalganglien, npl. | Los ganglios de la base, mpl. |
| Frontallappen, m. | Lóbulo frontal, m. |
| Ventrikel, m. | Ventrículo, m. |

| | |
|---|---|
| Kleinhirn, n. | Cerebelo, m. |
| Hirnstamm, m. | Tronco cerebral, m. |
| Hirnnerv, m. | Nervio craneal, m. |
| Hirnnerven, mpl. | Pares craneales, mpl. |
| Hirnwindung, f. | Circunvolución cerebral, f. |
| Hypophyse, f. | Hipófisis, f. |
| Rückenmarksflüssigkeit, f. | Líquido cefalorraquídeo, m. |
| Rückenmark, n. | Médula espinal, f. |
| Spinalganglion, n. | Ganglio espinal, m. |
| Äußere Hirnhaut, f. | Duramadre, f. |
| Innere Hirnhaut, f. | Píamadre, f. |
| Weiche Hirnhaut, f. | Meninge, f. |
| Peripheres Nervensystem | Sistema nervioso periférico |
| Nerv, m. | Nervio, m. |
| Nervenbahn, f. | Vía nerviosa, f. |
| Nervensystem, n. | Sistema nervioso, m. |
| Ast, m. | Rama, f. |
| Plexus, m. | Plexo, m. |

| Das Herz-Kreislaufsystem | El sistema cardiocirculatorio |
|---|---|
| Kreislauf, m. | Circulación, f. |
| Gefäß, n. | Vaso, m. |
| Arterie, f. | Arteria, f. |
| Vene, f. | Vena, f. |
| Kapillare, f. | Capilares, mpl. |
| Lymphgefäß, n. | Vaso linfático, m./Vía linfática, f. |
| Isthmus, m./Enge, f. | Istmo, m. |
| Halsschlagader, f. | Carótida, f./Arteria carótida, f. |
| Jugularisvene, f. | Vena yugular, f. |
| Koronararterie, f. | Coronaria, f. |
| Lungenkapillaren, fpl. | Capilares pulmonares, mpl. |

I.3.2. Die Erkrankungen-Las patologías

| Die Erkrankungen | Las patologías |
|---|---|
| | |
| **Der Krankheitsverlauf** | **El curso de la enfermedad** |
| Krankheitsverhütung, f. | Profilaxis, f. / Prevención, f. |
| Prophylaxe, f. | Profilaxis, f. |
| Prävention, f. | Prevención, f. |
| Risiko, n. | Riesgo, m. |
| Risikofaktor, m. | Factor de riesgo, m. |
| Krankheitsentwicklung, f. | Patogénesis, f. |
| Entwicklung, f. | Evolución, f. |
| Ursprung, m. | Focalidad, f. |
| Ätiologie, f. | Etiología, f. |
| Grund, m. / Ursache, f. | Causa, f. / Razón, f. |
| Verdacht, m. | Sospecha, f. |
| Symptom, n. | Síntoma, m. |
| Krankheitszeichen, n. | Marcador de una enfermedad, m. |
| Krankheitsbild, n. | Sintomatología, f. / Cuadro morboso, m.(SA) |
| Fall, m. | Caso, m. |
| Krankenhauseinweisung, f. | Hospitalización, f. |
| Aufnahme, f. | Ingreso, m. |
| Krankenhausaufenthalt, m. | Estancia hospitalaria, f. |
| Behandlung, f. | Tratamiento, m. |
| Komplikation, f. | Complicación, f. |
| Morbidität, f. | Morbilidad, f. |
| Mortalität, f. | Mortalitad, f. |
| Heilung, f. | Alivio, m./Curación, f. |
| Vollremission, f. | Respuesta completa clínica, f. |
| Entlassung, f. | Alta, m. |
| Entlassung gegen ärztlichen Rat, f. | Alta voluntario, m. |
| Verlaufskontrolle, f. | Evolución, f. |
| Beobachtung, f. | Observación, f. |
| Prognose, f. | Prognosis, f. |
| Überlebensrate, f. | Supervivencia, f. |
| Folgeerscheinung, f. | Secuela, f. |
| Rezidiv, n. | Rebote, m. |
| Rückfall, m. | Recaída, f. |

| | |
|---|---|
| Tod, m. | Muerte, m./Fallecimiento, m. |
| Leiche, f. | Cadaver, m. |

## Endokrinologie | Endocrinología

| Erkrankungen der Schilddrüse | Enfermedad de la glándula tiroides |
|---|---|
| Exophtalmus, m. | Exoftalmos, m. |
| Greggsche Trias, f. | Triada de Gregg, f. |
| Hyperthyreose, f. | Hipertireoidismo, m. |
| Morbus Basedow, m. | Enfermedad de Graves/Basedow, f. |
| Struma, f. | Bocio, m. |
| Myxödem, n. | Mixedema, m. |
| Thyreoiditis, f. | Tiroiditis, f. |

| Diabetes mellitus und Erkrankungen des Pankreas | Diabetes mellitus y enfermedades del pancreas |
|---|---|
| Diabetes mellitus, m. | Diabetes, f. |
| Typ I/II Diabetes, m. | Diabetes de Tipo I/II, f. |
| Hypoglykämie, f. | Hipoglucemia, f. |
| Zucker im Urin, m. | Glucosuria, f. |
| Erhöhter Blutzucker, m. | Hiperglucemia, f. |
| Gangrän, f. | Ectima gangrenoso, m. |

| Störungen der Glandula Parathyreoidea | Trastornos de las glándulas paratiroides |
|---|---|
| Hypoparathyreoidismus, m. | Hipoparatiroidismo, m. |
| Hyperparathyreoidismus, m. | Hiperparatiroidismo, m. |
| Erkrankungen des Thymus | Enfermedades del Timo |

| Störungen der Nebennierenrinden | Trastornos de las glándulas suprarenales |
|---|---|
| Nebenniereninsuffizienz, f. | Insuficiencia corticoadrenal, f. |
| Morbus Cushing, m. | Enfermedad de Cushing, f. |
| Cushing-Syndrom, n. | Síndrome de Cushing, m. |
| Stammfettsucht, f. | Obesidad truncal, f. |
| Striae, f. | Rasgos cushingoides, m./ Estrias violaceas, f. |
| Vollmondgesicht, n. | Cara de luna llena, f. |
| Stiernacken, m. | Cuello de bufalo, m. |

| | |
|---|---|
| Hyperaldosteronismus, m. | Hiperaldosteronismo, m. |
| Addison-Krise, f. | Crisis addisonianas, f. |
| Funktionsstörungen des Ovars, fpl. | Disfunción ovárica, f. |
| Störungen der Hypophyse und der Hypothalamus-Regulation, fpl. | Trastornos de la hipofisis y de la regulación hipotalámica, mpl. |
| | |
| **Mangelhafte Ernährung** | **Deficiencia de la nutrición** |
| Vitaminmangel, m. | Carencia de Vitamina, f. |
| Eisenmangel, m. | Ferropenia, f. |
| | |
| **Andere metabolische Erkrankungen und Störungen des Immunsystems** | **Otras enfermedades metabólicas y trastornos de la inmunidad** |
| Abmagerung, f./Kachexie, f. | Caquexia, f. |
| Adipositas, f. | Obesidad, f. |
| Akromegalie, f. | Acromegalia, f. |
| Diabetes insipidus, m. | Diabetes insípida, f. |
| Ermüdbarkeit, f./Schwäche, f. | Postración, f. |
| Gicht, f. | Gota, f. |
| Gichtkranker, m. | Gotoso, m. |
| Glatze, f. | Calva, f./Calvicie, f. |
| Haarausfall, m. | Caída del pelo, f. |
| Hautblässe, f. | Palidez, f. |
| Hypophyseninsuffizienz, f. | Hipopituitarismo, f. |
| Ketoazidose, f. | Cetoacidosis, f. |
| Laktoseintoleranz, f. | Intolerancia a la Lactosa, f. |
| Muskelschwund, m. | Atrofia muscular, f. |
| Phaeochromozytom, n. | Feocromocitoma, m. |
| Polydipsie, f. | Polidipsia, f. |
| Polyphagie, f. | Polifagia, f. |
| Pubertät, f. | Pubertad, f. |
| Riesenwuchs, m. | Gigantismo, m. |
| Scorbut, m. | Escorbuto, m. |
| Zwergwuchs, m. | Enanismo, m. |
| | |
| **Gastroenterologie** | **Gastroenterologia** |
| | |
| **Erkrankungen des Ösophagus und des Magens** | **Enfermedades del Esófago y del estómago** |
| Ösophagitis, f. | Esofagítis, f. |

| | |
|---|---|
| Ösophagusvarizen, fpl. | Varices esofágicas, fpl. |
| Gastroösophageale Refluxkrankheit, f. | Reflujo esofágico, m. |
| Achalasie der Kardia, f. | Acalasia de esófago, f. |
| Mallory-Weiss-Syndrom, n. | Sindrome de laceración, m. |
| Magendilatation, f. | Dilatación del estómago, f. |
| Magendivertikel, m. | Divertículo gástrico, m. |
| Magenverstimmung, f. | Indigestión, f. |
| Gastritis, f. | Gastritis, f. |
| Alkoholgastritis, f. | Gastritis alcohólica, f. |
| Ulcus ventriculi, n. | Ulcera gástrica, f. |
| Ulcus duodeni, n. | Ulcera duodenal, f. |
| Ulcus pepticum, n. | Ulcera péptica, f. |

| Erkrankungen des Darmes | Enfermedades del intestino |
|---|---|
| Duodenitis, f. | Duodenitis, f. |
| Appendizitis, f. | Apendicitis, f. |
| Peritonitis, f. | Peritonitis, f. |
| Verwachsung, f. | Brida, f./Adhesión, f./Adherencia, f. |
| Invagination, f. | Intususpección intestinal, f. |
| Volvulus, m. | Vólvulo intestinal, m. |
| Ileus, m. | Obstrucción intestinal f. |
| Duodenalverschluss, m. | Obstrucción duodenal, f. |
| Gallensteinileus, m. | Ileo biliar, m. |
| Paralytischer Ileus, m. | Ileo paralítico, m. |
| Megakolon, n. | Megacolon, m. |
| Malabsorption, f. | Malabsorción intestinal, f. |
| Tropische Sprue, f. | Esprue tropical, f. |
| Zöliakie, f. | Enfermedad celiaca, f. (Intolerancia al gluten) |
| Colon irritabile, n. | Colon irritable, m. |
| Crohn-Krankheit, f. | Enteritis regional, f. |
| Colitis ulcerosa, f. | Enterocolitis ulcerosa, f. |
| Zyste, f. | Quiste, m. |
| Pseudozyste, f. | Seudoquiste, m. |
| Polyp, m. | Pólipo, m. |
| Divertikulose, f. | Diverticulosis, f. |
| Divertikulitis, f. | Diverticulitis, f. |
| Hernie, f. | Hernia, f. |

| | |
|---|---|
| Hernie-reponierbar/ nicht reponierbar, f. | Hernia reductible/irreductible, f. |
| Hernie-stranguliert, f. | Hernia estrangulada, f. |
| Hernie-inkarzeriert, f. | Hernia incarcerada, f. |
| Hernie-angeboren, f. | Hernia congénita, f. |
| Hernia inguinalis, f. | Hernia inguinal, f. |
| Ösophagushernie, f. | Hernia esofágica, f. |
| Hiatushernie, f. | Hernia hiatal, f. |
| Zwerchfellhernie, f. | Hernia diafragmática, f. |
| Leistenhernie, f. | Hernia inguinal, f. |
| Femoralishernie, f. | Hernia femoral, f. |
| Nabelhernie, f. | Hernia paraumbilical, f. |
| Narbenbruch, m. | Hernia por cicatriz, f. |
| Analfissur, f. | Fisura anal, f. |
| Analfistel, f. | Fístula anal, f. |
| Analabszess, m. | Absceso anal, m. |
| Rektalabszess, m. | Absceso rectal, m. |
| Analprolaps, m. | Prolapso anal, m. |
| Rektumprolaps, m. | Prolapso rectal, m. |
| Darmfistel, f. | Fístula intestinal, f. |
| Hämorrhoiden, fpl. | Hemorroides, fpl./ Almorranas, fpl.(U/SA) |
| Hämorrhoidalknoten, m. | Nódulo hemorroidal, m. |
| | |
| **Erkrankungen der Gallenblase und der Gallenwege** | **Enfermedades de la vesícula biliar y de las vías biliares** |
| Cholezystitis, f. | Colecistitis, f. |
| Cholezystitis - akut, f. | Colecistitis aguda, f. |
| Cholezystitis - nicht durch Steine bedingt, f. | Colecistitis alitiásica, f. |
| Cholangitis, f. | Colangitis, f. |
| Cholangitis - sklerosierend, f. | Colangitis esclerosante, f. |
| Gallengrieß, m. | Arenillas biliares, fpl./Barro biliar, m. |
| Cholelithiasis, f. | Colelitiasis, f. |
| Gallenblasenstein, m. | Cálculo de vesícula biliar, m. |
| Gallengangsstein, m. | Cálculo (del conducto) biliar, m. |
| Gallensteinkolik, f. | Cólico hepático, m. |

| Erkrankungen der Leber | Enfermedades del higado |
|---|---|
| Leberfibrose, f. | Fibrosis del higado, f. |
| Leberzirrhose, f. | Cirrosis hepática, f. |
| Alkoholische Fettleber, f. | Higado adiposo alcohólico, m. |
| Alkoholische Hepatitis, f. | Hepatitis alcohólica aguda, f. |
| Alkoholische Leberzirrhose, f. | Cirrosis hepática alcohólica, f. |
| Chronische Stauungsleber, f. | Congestión pasiva hepática crónica, f. |
| Leberversagen, n. | Necrosis hepática, f. |
| Leberabszess, m. | Absceso hepático, m. |
| Leberinfarkt, m. | Infarto hepático, m. |
| Portale Hypertonie, f. | Hipertensión portal, f. |
| Hepatorenales Syndrom, n. | Síndrome hepatorenal, m. |

| Erkrankungen des Pankreas | Enfermedades del pancreas |
|---|---|
| Pankreatitis, f. | Pancreatitis, f. |

| Symptome | Síntomas |
|---|---|
| Blähungen, f. | Flatulencia, f./Meteorismo, m. |
| Akutes Abdomen, n. | Abdomen agudo, m. |
| Melena, f. | Rectorragia, f. |
| Ikterus, m. | Ictericia, f. |

| Hämatologie | Hematología |
|---|---|
| Leukämie, f. | Leucemia, f. |
| Lymphatische Leukämie, f. | Leucemia linfoide, f. |
| Myeloische Leukämie, f. | Leucemia mieloide, f. |
| B-Zell-Lymphom, n. | Linfoma de célula B, f. |
| Non-Hodgkin-Lymphom, n. | Linfosarcoma, f. |
| Hodgkin-Krankheit, f. | Enfermedad de Hodgkin, f. |
| Plasmozytom, n. | Mieloma multiple, f. |
| T-Zell-Lymphom, n. | Linfoma de célula T, f. |
| Polycythaemia vera, f. | Policitemia vera, f. |
| AB0/RH-Unverträglichkeitsreaktion, f. | Reacción de incompatibilidad ABO/RH, f. |
| Anämie, f. | Anemia, f. |
| Eisenmangelanämie, f. | Anemia por carencia de hierro, f. |
| Sichelzellenkrankheit, f. | Anemia Depranocítica, f. |

| | |
|---|---|
| Koagulopathie, f. | Defectos de la Coagulación, mpl. |
| Thrombozytopenie, f. | Trombocitopenia, f. |
| Agranulozytose, f. | Agranulocitosis, f. |
| Sarkoidose, f. | Sarcoidosis, f. |
| Amyloidose, f. | Amiloidosis, f. |

## Infektiologie | Infecciologia

| Bakterielle und virale Erkrankungen | Enfermedades Infecciosas intestinales |
|---|---|
| Abszess, m. | Absceso, m. |
| AIDS | SIDA= Síndrome de la Inmunodeficiencia Adquirida, m. |
| Aktinomykose, f. | Actinomicosis, f. |
| Akut sklerosierende Panenzephalitis, f. | Panencefalitis esclerósate aguda, f. |
| Amöbeninfektion, f. | Infección por amebas, f. |
| Amöbenruhr, f. | Disentería amebia, f. |
| Bakteriämie, f. | Bacteriemia, f. |
| Borreliose, f. | Boreliosis, f. |
| Botulismus, m. | Botulismo, m. |
| Brucellose, f. | Brucelosis, f. |
| Brustfellentzündung, f. | Pleuresía, f. (SA) / Pleuritis, f. |
| Candidiasis, f. | Candidiasis, f. |
| Cholera, f. | Cólera, f. |
| Creutzfeldt-Jakob Krankheit, f. | Enfermedad Jacob-Creutzfeldt, f. |
| Cytomegalie, f. | Citomegália, f. |
| Darmmilzbrand, m. | Ántrax gastrointestinal, m. |
| Dengue-Fieber, f. | Dengue, f. |
| Diphterie, f. | Difteria, f. |
| Empyem, n. | Empiema, f. |
| Enzephalitis, f. | Encefalitis, f. |
| Epidemie, f. | Epidemia, f. |
| Epiglotitis, f. | Epiglotitis, f. |
| Erysipel, n. | Erisipel, m. |
| Fieber unbekannter Ursache, n. | Fiebre sin foco, f. |
| Gelbfieber, n. | Fiebre amarilla, f. |
| Gonorrhoe, f. | Gonorrea, f. |
| Grippe, f. | Gripe, f. |

| | |
|---|---|
| Hautmilzbrand, m. | Ántrax cutáneo, m. |
| Hepatitis, f. | Hepatitis, f. |
| Herpes simplex Typ I und II , m. | Herpes-simple tipo I y II |
| Herpes, m. | Herpes, m. |
| Herpes-chronisch perianal, m. | Herpes-perianal crónico, m. |
| Herpes zoster, m. | Herpes zoster, m. |
| Hirnabszess, m. | Absceso cerebral, m. |
| Immunität, f. | Inmunidad, f. |
| Immunsuppression, f. | Inmunosupresión, f. |
| Impetigo, m. | Impetigo, m. |
| Infektiöse Mononukleose, f. | Mononucleosis infecciosa, f. |
| Keuchhusten, m. | Tos ferina, f. |
| Kiefersperre, f. | Trismus mandibular, m. |
| Kinderlähmung, f. | Parálisis infantil, f./Poliomielitis, f. |
| Konjunktivitis, f. | Conjuntivitis, f. |
| Krankheitsherd, m. | Foco infeccioso, m. |
| Krätze, f./Scabies, f. | Sarna costrosa, f./Escabicidas, f.(SA) |
| Kryptokokkose, f. | Critpococosis, f. |
| Lebensmittelvergiftung, f. | Intoxicación alimentaría, f. |
| Legionellose, f. | Legionelosis, f. |
| Leishmaniose, f. | Leismaniasis, f. |
| Lepra, f. | Lepra, f. |
| Leprakranker, m. | Leproso, m. |
| Leptospirose, f. | Leptospirosis, f. |
| Listeriose, f. | Listeriosis, f. |
| Lungenentzündung, f. | Neumonía, f. |
| Lungenmilzbrand, m. | Ántrax pumonar, m. |
| Lyme-Krankheit, f. | Enfermedad de Lyme, f. |
| Malaria, f. | Paludismo, m. |
| Masern, f. | Sarampión, m. |
| Meningitis, f. | Meningitis, f. |
| Meningokokkeninfektion, f. | Meningocócica, f. |
| Milzabszess, m. | Absceso esplénico, m. |
| Mumps, m. | Parotiditis, f./Paperas, f. |
| Mundsoor, m. | Candidiasis oral, f. |
| Mundsperre, f. | Trismo, m. |
| Mykobakterien, npl. | Micobacterias, f. |
| Mykose, f. | Micosis, f. |

| | |
|---|---|
| Nekrotisierende Faszitis, f. | Fascitis necrotizante, f. |
| Osteomyelitis, f. | Osteomielitis, f. |
| Otitis, f. | Otitis, f. |
| Parathyphus, m. | Paratifo, m. |
| Peitschenwurm, m. | Triocéfalo, m./Lombiz de letigo, f. |
| Pest, f. | Peste, f. |
| Pneumonie, f. | Neumonía, f. |
| Pneumonie - gekammert, f. | Neumonía cavitada, f. |
| Pneumonie - interstitiell, f. | Neumonía intersticial, f. |
| Poliomyelitis, f. | Poliomielitis, f. |
| Rheumatisches Fieber, n. | Fiebre reumática, f. |
| Rhinitis, f. | Rinitis, f. |
| Röteln, f. | Rubéola, f. |
| Ruhr, f. | Disentería, f. |
| Salmonellose, f. | Salmonelosis, f. |
| Scabies, f. | Ascariasis, f. |
| Scharlach, m. | Escarlatina, f. |
| Schlafkrankheit, f. | Enfermedad del sueño, f. |
| Sepsis, f. | Septicemia, f. |
| Sinusitis, f. | Sinusitis, f. |
| Streptokokkensepsis, f. | Septicemia estreptocócica, f. |
| Syphillis, f. | Sifilis, f. |
| Tetanus, m. | Tétanos, m. |
| Tinea pedis, f. | Dermatofitosis del pie, f. |
| Tollwut, f. | Rabia, f. |
| Toxoplasmose, f. | Toxoplasmosis, f. |
| Tuberkulom, n. | Tuberculoma, m. |
| Tuberkulose, f. | Tuberculosis, f. |
| Typhus, m. | Fiebre tifoidea, f. |
| Viruswarze, f. | Verruga viral, f. |
| Waterhouse-Friedrichsen-Syndrom, n. | Síndrome de Waterhouse-Friedrichsen, m. |
| Yersiniose, f. | Yersiniosis, f. |
| Zytomegalie, f. | Citomegalivirus, m. |
| | |
| **Geschlechtskrankheiten** | **Enfermedades venéreas** |
| Mykosen, fpl. | Micosis, f. |

| Erreger | Germen |
|---|---|
| **Bakterien** | **Bacterias** |
| Chlamydien | Clamidia, f. |
| Clostridium perfringens | Clostridium perfringens, m. |
| Haemophilus influenza | Haemofilus influenza, f. |
| Klebsiella | Bacilo de Freidlander, m. |
| Pneomocystis carinii | Neumocistis carinii, m. |
| Proteus mirabilis | Proteus mirabilis, m. |
| Pseudomonas aeruginosa | Pseudomonas, m. |
| Staphylokokken | Estafilococo, m. |
| Streptokokken | Estreptococo, m. |
| **Viren** | **Viruses** |
| Adenoviren | Adenovirus, m. |
| Ebstein-Barr-Virus | Virus de Ebstein-Barr, m. |
| Enteroviren | Enterovirus, m. |
| HIV | VIH= Virus de la Inmuno-deficiencia Humana, m. |
| Pocken, fpl. | Viruela, f. |
| Windpocken, fpl. | Varicela, f. |
| **Krankheitsüberträger** | **Transmisor de una enfermedad** |
| Keimträger von ...., m. | Portador de..., m. |
| Floh, m. | Pulga, f. |
| Laus, f. | Piojo, m. |
| Made, f. | Cresa, f. |
| Pilz, m. | Hongo, m. |
| Zecke, f. | Garrapata, f. |
| **Würmer** | **Lombrices** |
| Bandwurm, m. | Solitaria, f. |
| Hakenwurm, m. | Uncinaria, f./Lombriz de gancho, f. |
| Hundebandwurmkrankheit/ Echinococcose | Infección hepática por Equinococo granulosus, f. |
| Madenwurm, m. | Oxiuros, m. |
| Spulwurm, m. | Áscaris, f. |
| Hyphen | Hifas, f. |
| Darmparasit, m. | Parásito intestinal, m. |

| Kardiologie | Cardiología |
|---|---|
| | |
| Ischämische Erkrankungen des Herzens | Enfermedad isquémica del corazón |
| Stenose, f. | Estenosis, f. |
| Ischämische Kardiopathie, f. | Cardiopatía isquémica, f. |
| Chronische ischämische Herzkrankheit, f. | Cardiopatía isquémica crónica, f. |
| Angina pectoris, f. | Angina de pecho, f. |
| Stabile Angina, f. | Angina estable, f. |
| Herzinfarkt, m. | Infarto cardíaco, m. |
| Myokardinfarkt, m. | Infarto miocardio, m. |
| | |
| Herzvitien | Valvulopatias |
| Aortenisthmusstenose, f. | Coartación aórtica, f. |
| Aortenklappeninsuffizienz, f. | Insuficiencia aórtica f. |
| Aortenklappenstenose, f. | Estenosis aórtica, f. |
| Mitralklappeninsuffizienz, f. | Insuficiencia mitral, f. |
| Mitralklappenprolaps, m. | Prolapso mitral, m. |
| Mitralklappenstenose, f. | Estenosis mitral, f. |
| Pulmonalklappeninsuffizienz, f. | Insuficiencia pulmonal, f. |
| Pulmonalklappenstenose, f. | Estenosis pulmonal, f. |
| Trikuspidalklappeninsuffizienz, f. | Insuficiencia tricuspidea, f. |
| Trikuspidalklappenstenose, f. | Insuficiencia tricuspidea, f. |
| Ventrikelseptumdefekt, m. | Comunicación intraventricular, f. |
| Vorhoffseptumdefekt, m. | Comunicación intraauricular, f. |
| | |
| Entzündliche Erkrankungen des Herzens | Enfermedades infecciosas del corazón |
| Endokarditis, f. | Endocarditis, f. |
| Myokarditis, f. | Miocarditis, f. |
| Perikarditis, f. | Pericarditis, f. |
| | |
| Herzrhythmusstörung | Disrritmia/Arritmia cardiaca |
| Vorhofflattern, n. | Aleteo/Flúter auricular, m. |
| Kammerflattern, n. | Aleteo/Flúter ventricular, m. |
| Vorhofflimmern, n. | Fibrilación auricular, f. |
| Kammerflimmern, n. | Fibrilación ventricular, f. |
| Tachykardie, f. | Taquicardia, f. |

| | |
|---|---|
| Bradykardie, f. | Bradicardia, f. |
| Paroxysmale Tachykardie, f. | Taquicardia paroxística, f. |
| Ventrikuläre Tachykardie, f. | Taquicardia ventricular f. |
| Extrasystolie, f. | Extrasístoles, fpl. |
| Palpitationen, fpl. | Palpitaciones, fpl. |

| Reizleitungsstörung | Anomalia de la conducción cardíaca |
|---|---|
| Atrioventrikulärer Block, m. | Bloqueo aurículo-ventricular, m. |
| Bifaszikulärer Block, m. | Bloqueo bilateral de las Ramas del Fascículo, m. |
| Budd-Chiari-Syndrom, n. | Sindrome de Budd-Chiari, m. |
| Linksschenkelblock, m. | Bloqueo rama izquierda (Fascículo), m. |
| Präexzitations-Syndrom, n. | Excitación auriculoventricular anómala, f. |
| Rechtsfaszikulärer Block, m. | Bloqueo Rama derecha del Fascículo, m. |
| Sick-Sinus-Syndrom, n. | Enfermedad del seno, f. |
| Trifaszikulärer Block, m. | Bloqueo trifascicular, f. |

| Weitere kardiologische Erkrankungen | Otras enfermedades cardiológicas |
|---|---|
| Alkoholische Kardiomyopathie, f. | Miocardiopatia alcohólica, f. |
| Herzbeklemmung, f. | Opresión cardíaca, f. |
| Herzbeutelerguss, m. | Derramen pericárdico, m. |
| Herzbeuteltamponade, f. | Taponamiento pericárdico, m. |
| Herzinsuffizienz, f. | Insuficiencia cardíaca, f. |
| Links-/Rechtsherzinsuffizienz, f. | Insuficiencia cardíaca de lado izquierdo/derecho, f. |
| Herzneurose, f. | Neurosis cardíaca, f. |
| Herzstillstand, m. | Fallo cardíaco, m. |
| Herzverfettung, f. | Degeneración adiposa del corazón, f. |
| Herzversagen, n. | Fallo cardíaco, m. |
| Kardiomegalie, f. | Cardiomegalia, f. |
| Kardiomyopathie, f. | Miocardiopatía, f. |
| Pleuraerguss, m. | Derrame pleural, m. |
| Plötzlicher Herztod, m. | Paro cardíaco, m./Muerte súbita, f. |
| Hämoperikard, n. | Hemopericardio, m. |

| Erkrankungen des Kreislaufs | Enfermedad del sistema cardiocirculatorio |
|---|---|
| Bluthochdruck, m. | Hipertensión arterial, f. |
| Essentielle Hypertonie, f. | Hipertensión esencial, f. |
| Hypertensive Enzephalopathie, f. | Encefalopatia hipertensiva, f. |
| Hypotonie, f. | Hipotensión, f. |
| Kollaps, m. | Colapso, m. |
| Kreislaufkollaps, m. | Colapso cardiocirculatorio, m. |
| Synkope, f. | Síncope, f. |
| Schock, m. | Shock, m./Choque, m. |
| Anaphylaktischer Schock, m. | Shock anafiláctico, m. |
| Hypovolämischer Schock, m. | Shock hipovolémico, m. |
| Kardiogener Schock, m. | Shock cardiogénico, m. |
| | |
| **Erkrankungen des pulmonalen Kreislaufes** | **Enfermedad de la circulación pulmonar** |
| Lungenembolie, f. | Embolia pulmonar, f. |
| Pulmonale Hypertonie, f. | Hipertensión pulmonar, f. |
| Schlafapnoe, f. | Apnea del sueño, f. |
| | |
| **Cererbrovaskuläre Erkrankungen** | **Enfermedad cerbrovascular** |
| Hirninfarkt, m. | Oclusión, f./Estenosis, f. arterias precerebrales(SA) |
| Intrazerebrale Blutung, f. | Hemorragia intracerebral, f. |
| Schlaganfall, m. | Ataque apoplético, m.(SA)/de apoplejia, m./Ictus, m. |
| Subarachnoidalblutung, f. | Hemorragia subaracnoidea, f. |
| | |
| **Erkrankungen der Gefäße** | **Enfermedades de los vasos** |
| Atherosklerose, f. | Aterosclerosis, f. |
| Stenose, f. | Estenosis, f. |
| Thrombose, f. | Trombosis, f. |
| Thrombembolischer Verschluss, m. | Tromboembolismo, m. |
| Postthrombotisches Syndrom, n. | Síndrome postflebítico, m. |
| Blutgerinnsel, n. | Coágulo, m. |
| Embolie, f. | Embolia, f. |
| Arteriitis, f. | Arteritis, f. |
| Phlebitis, f. | Flebitis, f. |
| Thrombophlebitis, f | Tromboflebitis, f. |

| | |
|---|---|
| Varize, f. | Variz, f./Vena varicosa, f. |
| Aneurysma, n. | Aneurisma, m. |
| Aortenaneurysma, n. | Aneurisma aórtico, m. |
| Dissektion der Aorta, f. | Disección aórtica, f. |
| Raynaud-Syndrom, n. | Síndrome de Raynaud, m. |
| Thrombangiitis obliterans, f. | Tromboangeitis obliterante, f. |
| Pfortaderthrombose, f. | Trombosis de vena porta, f. |

| Neoplasien | Neoplasia |
|---|---|
| Adenom, m. | Adenoma, m. |
| Karzinom, n. | Carcinoma, m. |
| Lymphom, n. | Linfoma, m. |
| Tumor, m. | Tumor, m. |
| Gallenblasenkarzinom, n. | Npl. de tracto biliar, f. |
| Harnblasenkarzinom, n. | Npl. de vejiga, f. |
| Dickdarmkrebs, m. | Npl. de colon, f. |
| Dünndarmkrebs, m. | Npl. de intestino delgado, f. |
| Magenkarzinom, n. | Npl. de estómago, f. |
| Mundbodenkarzinom, n. | Npl. del suelo de la boca, f. |
| Ösophaguskarzinom, n. | Npl. del esófago, f. |
| Pankreaskarzinom, n. | Npl. de pancreas, f. |
| Rektumkarzinom, n. | Npl. de recto, f. |
| Leberzellkarzinom, n. | Npl. de higado, f. |
| Mammakarzinom, n. | Carcinoma/Npl. De mama, f. |
| Cervixkarzinom, n. | Npl. de cervix uterino, f. |
| Ovarialkarzinom, n. | Npl. de ovario, f. |
| Prostatakarzinom, n. | Npl. de prostata, f. |
| Hodenkrebs, m. | Npl. de testículo, f. |
| Bronchialkarzinom, n. | Npl. de bronqios, f. |
| Mesotheliom, n. | Npl. de pleura, f. |
| Hirntumor, m. | Npl. de cerebro, f. |
| Schilddrüsenkarzinom, n. | Npl. de tiroides, f. |
| Bösartiges Melanom der Haut, n. | Melanoma maligna de piel, f. |
| Kaposi-Sarkom der Haut, n. | Sarcoma de Kaposi, f. |

| Pulmonologie | Pulmonologia |
|---|---|
| **Erkrankungen der oberen Luftwege** | **Enfermedades de las vías respiratorias superiores** |
| Tonsillitis, f. | Amigdalitis, f. |
| Schnupfen, m. | Catarro, m. |
| Halsschmerzen, f. | Dolor en la garganta, m. |
| Epiglottitis, f. | Epiglotitis, f. |
| Epistaxis, f. | Epistaxis, f. |
| Laryngospasmus, m. | Espasmo laringeo, m. |
| Niesen, n. | Estornudo, m. |
| Stridor, m. | Estridor, m. |
| Pharyngitis, f. | Faringitis, f. |
| Grippe, f. | Gripe, f./Influenza, f. |
| Hämoptoe, f. | Hemoptisis, f. |
| Laryngitis, f. | Laringitis, f. |
| Nasenpolyp, m. | Polipo de cavidad nasal, f. |
| Erkältungsschnupfen, m. | Resfriado, m./Enfriamiento, m. |
| Chronische Rhinitis, f. | Rinitis crónica, f. |
| Singultus, m./Schluckauf, m. | Singulto, m.(SA)/Hipo, m. |
| Stirnhöhlenentzündung, f. | Sinusitis frontal, f. |
| Kiefernhöhlenentzündung, f. | Sinusitis maxilar, f. |
| Sinusitis, f. | Sinusitis, f. |
| Nasenseptumdeviation, f. | Tabique nasal desviado, m. |
| | |
| **Respiratorische Infektionen** | **Infecciones respiratorias** |
| Abszess der Lunge, m. | Absceso de pulmon, m. |
| Eosinophiles Lungeninfiltrat, n. | Eosinofilia pulmonar, f. |
| Viruspneumonie, f. | Neumonía viral/vírica, f. |
| Pneumonie, f. | Neumonía, f. |
| Vogelzüchterlunge, f. | Pulmón de criadores de pájaros, m. |
| Farmerlunge, f. | Pulmón de los granjeros, m. |
| Lobärpneumonie, f. | Neumonía lobar, f. |
| | |
| **Obstruktive Erkrankungen der Lunge** | **Enfermedades obstructivas del pumón** |
| Asthma bronchiale, n. | Asma, f. (extrinseca u intrinseca) |
| Bronchiektase, f. | Bronquiectasia, f. |
| Bronchitis, f. | Bronquitis, f. |

| | |
|---|---|
| Chronisch obstruktive Lungenerkrankung, f. | Enfermedad pulmonar obstructiva crónica, f. |
| Emphysem, n. | Enfisema, m. |
| Lungenstauung, f. | Congestión, f./Hipostasis, f.(SA) pulmonar |
| Status asthmaticus, m. | Estatus asmático, m. |

| Weitere pulmonale Erkrankungen | Otras enfermedades pulmonales |
|---|---|
| Asphyxie, f. | Asfixia, f. |
| Aspiration, f. | Broncoaspiración, f. |
| Atemnotsyndrom, n. | Insuficiencia pulmonar, f. |
| Atemstillstand, m. | Parada respiratoria, f. |
| Bronchiolitis, f. | Bronquiolitis, f. |
| Hämatothorax, m. | Hemotorax, m. |
| Hyperventilation, f. | Hiperventilación, f. |
| Larynxödem, n. | Edema laringeo, m. |
| Lungenödem, n. | Edema pulmonar, m. |
| Pleuraerguss, m. | Derrame pleural, m. |
| Pleuritis, f. | Pleuritis, f. |
| Pneumothorax, m. | Neumotórax (espontáneo), m. |
| Respiratorische Insuffizienz, f. | Insuficiencia respiratoria, f. |
| Sequester, m. | Secuestro, m. |
| Siderose, f. | Siderosis, f. |
| Spontaner Spannungspneumothorax, m. | Neumotórax espontáneo por tensión, m. |

## Rheumatologie / Reumatología

| Krankheiten des Skeletts, der Muskel und des Bindegewebes | Enfermedades del sistema osteomioarticular y del tejido conjunctivo |
|---|---|
| (Kypho-)Skoliose, f. | (Cifo-)Escoliosis, f. |
| Hallux rigidus, m. | Dedo gordo del pie varo, m. |
| Hallux valgus m. | Juanete, m. |
| Ischialgie, f. | Ciática, f. |
| Koxarthrose, f. | Coxartrosis, f. |
| Muskelatrophie, f. | Atrofia del músculo, f. |
| Muskelschwund, m. | Debilidad del músculo, f. |
| Myalgie, f. | Mialgia, f. |
| Neuralgie, f. | Neuralgia, f. |

| | |
|---|---|
| Osteomalazie , f. | Osteomalacia, f. |
| Osteoporose, f. | Osteoporosis, f. |
| Tortikollis, m. | Torticolis, f. |
| Rachitis, f. | Raquitismo, m. |
| Eosinophile Fasziitis, f. | Fascitis, f. |
| Myositis, f. | Miositis, f. |
| Neuritis, f. | Neuritis, f. |
| Osteomyelitis, f. | Osteomielitis, f. |
| | |
| **Arthropathien** | **Artropatia** |
| Ankylose eines Gelenkes, f. | Anquilosis articular, f. |
| Bursitis, f. | Bursitis, f. |
| Ganglion, n. | Ganglión, m. |
| Gelenkerguss, m. | Derrame articular, m. |
| Gelenkkontraktur, f. | Contractura articular, f. |
| Gelenkschmerz, m. | Dolor articular, m. |
| Gelenksteife, f. | Rigidez articular, f. |
| Hämarthros, n. | Hemartrosis, f. |
| Polyarthrose, f. | Poliartrosis, f. |
| Rhizarthrose, f. | Rizartrosis, f. |
| Schlottergelenk, n. | Articulación flotante, f.(SA) |
| Arthrose, f. | Osteoartrosis, f. |
| Eitrige Arthritis, f. | Artritis piógena, f. |
| Entzündliche Polyarthropathie, f. | Poliartropatia inflamatoria, f. |
| Panarteriitis nodosa, f. | Poliarteritis nodosa, f. |
| Gicht, f. | Gota, f. |
| Gonarthrose, f. | Gonartrosis, f. |
| Habituelle Luxation, f. | Luxación recurrente, f. |
| | |
| **Dorsopathien** | **Dorsopatia** |
| Bandscheibendegeneration, f. | Degeneración disco intervertebral, f. |
| Bandscheibenschaden, m. | Trastorno de disco, m. |
| Bandscheibenvorfall, m. | Hernia discal, f. |
| Kyphose, f. | Cifosis, f. |
| Lordose, f. | Lordosis, f. |
| Osteochondrose der Wirbelsäule, f. | Osteocondrosis vertebral, f. |

| Rheumatische Erkrankungen | Reumatismo |
|---|---|
| Behçet-Krankheit, f. | Síndrome de Behçet, m. |
| Fibromatose, f. | Fibromatosis, f. |
| Heberden-Knoten, m. | Nódulo de Heberden, m. |
| Juvenile Spondylitis ankylosans, f. | Poliartritis crónica juvenil, f. |
| Spondylitis ankylosans, f. | Espondilitis anquilosante, f. |
| Polymyalgia rheumatica, f. | Polimialgia reumática, f. |
| Reiter-Krankheit, f. | Enfermedad Reitter, f. |
| Rheumatismus, m. | Reumatismo, m. |
| Rheumaknoten, m. | Nódulo reumatoideo, m. |
| Riesenzellarteriitis, f. | Arteritis de células gigantes, f. |
| Schmorl-Knötchen, n. | Nódulo Schmorl, m. |
| Schnellender Finger, m. | Dedo en gatillo, m. |
| Sicca/Sjögren-Syndrom, n. | Síndrome seco/de Sjögren, m. |
| Spondylolisthesis, f. | Espondilolistesis, f. |
| Spondylolyse, f. | Espondilolisis, f. |
| Spondylose, f. | Espondilosis, f. |
| Systemische Sklerose, f. | Esclerosis sistémica, f. |
| Wegener-Granulomatose, f. | Granulomatosis de Wegener, f. |

| Osteopathien, Chondropathie und erworbene Deformitäten | Osteopatias, Condropatias y Deformaciones adquiridas |
|---|---|
| Chondromalazie, f. | Condromalacia, f. |

## Dermatologie / Dermatología

| Befunde und Symptome | Hallazgos y síntomas |
|---|---|
| Effloreszenz, f. | Lesión fundamental, f. |
| Makula, f. | Mancha, f./Mácula, f. |
| Papel, f. | Pápula, f. |
| Pustel, f. | Pústula, f. |
| Quaddel, f. | Roncha, f. |
| Blase, f./Bläschen, n. | Ampolla, f./Bulla, f./Vesícula, f. |
| Erosion, f. | Erosión, f. |
| Schuppe, f. | Caspa, f./Escama, f. |
| Abschuppung, f. | Descamación, f. |
| Kruste, f. | Costra, f. |
| Atrophie der Haut, f. | Atrofia de la piel, f. |
| Petechien, f. | Petequias, f. |

| | |
|---|---|
| Purpura, f. | Púrpura, f. |
| Thrombozytopenische Purpura, f. | Púrpura trombicitopenica, f. |
| Ekzem, n. | Eccema, m. |
| Erythem, n. | Eritema, m. |
| Exanthem, n. | Exantema, m. |
| Ausschlag, m. | Erupción cutanea, f. |
| Angioneurotisches Ödem, n. | Edema angioneurótico, m. |
| Muttermal, n. | Peca, f. |
| Café-au-lait-Fleck, m. | Mancha de cafe con leche, f. |
| Chloasma, n. | Cloasma, m. |
| Hämatom, n. | Hematoma, f./Cardenal, m. |
| Keloid, n. | Cicatriz queloide, f. |
| Pickel, m. | Grano, m. |
| Warze, f. | Verruga, f. |
| Koplicksche Flecken , mpl. | Signo de Köplick, m. |
| Erythema nodosum, n. | Eritema nodoso, m. |
| Gänsehaut, f. | Piel de gallina, f. |
| Lymphödem, n. | Linfedema, f. |
| Darie´sche Krankheit, f. | Enfermedad de Darier, f. |
| | |
| **Dermatosen und andere Erkrankungen der Haut** | **Dermatosis y otras enfermedades de piel** |
| Ulcus cruris, n. | Úlcera varicosa, f. |
| Chronische Ulcera, npl. | Úlcera crónica, f. |
| Dekubitalgeschwür, n. | Úlcera de decúbito, f. |
| Gangrän, f. | Gangrena, f. |
| Systemischer Lupus erythematodes, m. | Lupus Eritematoso Sistémico, m. |
| Pemphigus (vulgaris), n. | Pénfigo, m. |
| Lichen ruber planus, m. | Liquen plano, m. |
| Psoriasis vulgaris, f. | Psoriasis, f. |
| Urtikaria,f./Nesselfieber, n. | Urticaria, f. |
| Vitiligo, m. | Vitíligo, m. |
| Sonnenbrand, m. | Quemadura solar, f. |
| Seborrhoisches Ekzem, n. | Dermatitis seborreica, f. |
| Hämangiom, n. | Hemangioma, f. |
| Kaposi Sarkom, n. | Sarcoma de Kaposi, n. |
| Lymphangiom, n. | Linfangioma, m. |
| Basaliom, n. | Basalioma, f. |

| | |
|---|---|
| Pilonidalzyste, f. | Quiste piloso, f. |
| Rhinophym, n. | Rosacea, f. |
| Akne, f. | Acné, f. |
| **Infektionen der Haut und des subkutanen Gewebes** | **Infecciones de la piel y del tejido celular subcutaneo** |
| Impetigo contagiosa, f. | Impetigo contagioso, m. |
| Lymphadenitis, f. | Linfadenitis, f. |
| Phlegmone, f. | Flemón, m. |
| Pyodermie, f. | Piodermitis, f. |
| Hautabszess, m. | Absceso de la piel, m. |
| Hautgeschwür, n. | Úlcera, f. |
| Fußpilz, m. | Pie de atleta, m. |
| Tinea, f. | Tiña, f. |
| Vaskulitis, f. | Vasculitis, f. |
| Bullöses Pemphigoid, n. | Penfigoide ampollosa, f. |
| **Erkrankungen der Nägel** | **Enfermedades de las uñas** |
| Unguis incarnatus, m. | Uña encarnada, f. |
| Panaritium, n. | Panadizo, m. |
| **Erkrankungen der Haare und der Haarbälge** | **Enfermedades del pelo y de los folículos pilosos** |
| Alopezia areata, f. | Alopecia areata, f. |
| Anhydrose, f. | Anhidrosis, f. |
| Hirsutismus, m. | Hirsutismo, m. |
| Haartransplantation, f. | Transplante de pelo, m. |
| Furunkel, n. | Forúnculo, m. |
| Karbunkel, n. | Carbunco, m. |
| **Hühneraugen und Hornhautschwielen** | **Callos y callosidades** |
| Hühnerauge, n. | Callo, m./Ojo de Gallo, m.(UGS) |
| Hornhautschwiele, f. | Callosidad, f. |
| Hyperkeratotische Plaques, fpl. | Placas hiperqueratósicas, f. |
| **Allergie** | **Alergia** |
| Atopisches [endogenes] Ekzem, n. | Dermatitis atópica, f. |

| | |
|---|---|
| Insektenstich, m. | Picadura, f. |
| Kontaktdermatitis, f. | Dermatitis de contacto, f. |
| Neurodermitis, f. | Neurodermitis, f. |
| Photoallergische Reaktion, f. | Fotodermatitis, f. |

## Geburtshilfe | Obstetricia

| Schwangerschaft | Embarazo |
|---|---|
| Schwangere, f. | Gestante, f. |
| Erstgebärende, f. | Primigesta, f./Primigravida, f. |
| Frau, die einmal geboren hat, f. | Primipara, f. |
| Frau, die mehrfach geboren hat, f. | Multipara, f. |
| Frau, die noch nicht geboren hat, f. | Nulipara, f. |
| Pränatales Screening, n. | Cribaje prenatal, f. |
| Genetische Beratung, f. | Diagnóstico prenatal, m./Consejo genético, m. |
| Vorsorgeuntersuchung, f. | Control prenatal, m. |
| Kindsbewegungen, f. | Movimientos fetales, m. |
| Leopoldscher Handgriff, m. | Maniobras de Leopold, f. |

| Komplikationen während der Schwangerschaft | Complicaciones relacionadas con el embarazo |
|---|---|
| Spontanabort, m. | Aborto espontáneo, m. |
| Missed abortion, f. | Aborto diferido, m. |
| Ärztlich eingeleiteter Abort, m. | Aborto legal inducido, m. |
| Extrauteringravidität, f. | Embarazo ectópico, m. |
| Risikoschwangerschaft, f. | Embarazo de alto riesgo, m. |
| Mehrlingsschwangerschaft, f. | Embarazo multiple, m. |
| Zwillingsschwangerschaft, f. | Embarazo gemelar, m. |
| Drillingsschwangerschaft, f. | Embarazo triple, m. |
| Vierlingsschwangerschaft, f. | Embarazo cuadruple, m. |
| Präeklampsie, f. | Preeclampsia, f. |
| Eklampsie, f | Eclampsia, f. |
| Gestationshypertonie, f. | Hipertensión transitoria del embarazo, f. |
| Hyperemesis gravidarum, f. | Hiperemesis grávida, f. |
| Diabetes mellitus in der Schwangerschaft, m. | Diabetes melitus en Embarazo, f. |
| Fetale Mangelernährung, f. | Desnutrición fetal, f. |

| | |
|---|---|
| Intrauterine Mangelentwicklung, f. | Crecimiento intrauterino retardado, m. |
| Blasenmole, f. | Mola hidatiforme/vesiculosa, f. |
| Oligohydramnion, n. | Oligohidramnios, mpl. |
| Polyhydramnion, n. | Polihidramnios, mpl. |
| Schwangerschaftsproteinurie, f. | Enfermedad renal en Embarazo, f. |
| Schwangerschaftsödem, n. | Edema en Embarazo, m. |
| Schwangerschaftsstreifen, m. | Estrías gravídicas, f. |
| Zervixinsuffizienz, f. | Incontinencia de cervix, f. |

| (Spontan)geburt | Parto (espontáneo) |
|---|---|
| Einstellung des Fetus, f. | Presentación fetal, f. |
| Hoher Geradstand, m. | Presentación de bregma, f. |
| Kopflage, f. | Presentación cefálica, f. |
| Scheitellage, f. | Presentación de frente, f. |
| Steißlage, f. | Presentación podálica, f. |
| Haltung des Fetus, f. | Hábito, m./Actitud, f. fetal |
| Beugehaltung, f. | Hábito flexional, m. |
| Extensionshaltung, f. | Habito extensional, m. |
| Lage des Fetus, f. | Situación fetal, f. |
| Längslage, f. | Situación longitudinal, f. |
| Querlage, f. | Situación transversal, f. |
| Beckenendlage, f. | Presentación de nalgas/de extremidad pélvica, f. |
| Stirnlage, f. | Presentación de frente, f. |
| Gesichtslage, f. | Presentación de cara, f. |
| Fruchtblase, f. | Bolsa de las aguas (UA), f. |
| Fruchtwasser, n. | Líquido amniotíco, m. |
| Unkomplizierte Geburt, f. | Parto eutócico, m. |
| Mehrlingsgeburt, f. | Parto multiple, m. |
| Blasensprung, m. | Amniorrexis, f./Rotura de las membranas, f. |
| Wehe, f. | Contracción, f. |
| Erweiterung, f./Verstreichen, n. der Zervix | Dilatación, f./Borramiento, m. del Cervix |
| Austreibungsphase, f. | Periodo expulsivo, m. |
| Einschneiden des Kopfes, n. | Coronación, f. |
| Führender Teil des Fetus, m. | Punto de referencia, m. |
| Nabelschnur, f. | Cordón umbilical, m. |

| | |
|---|---|
| Nachgeburtsperiode, f. | Periodo de alumbramiento, m. |
| Ablösung der Plazenta, f. | Desprendimiento placentario, m. |
| Plazenta, f. | Placenta, f. |
| | |
| **Geburtskomplikationen** | **Complicaciones relacionadas con el parto** |
| Blutverlust, m. | Pérdida sanguínea, f. |
| Dammriss unter der Geburt (Ersten bis Vierten Grades), m. | Desgarro perineal (Primer-Cuarto Grado), m. |
| Dammschnitt, m. | Episiotomía, f. |
| Komplizierte Geburt, f. | Parto distócico, m. |
| Extraktion mit Saugglocke, f. | Parto con vacuum, m./Extración de Vacío, f. |
| Kaiserschnitt, m. | Cesarea, f. |
| Zangenextraktion, f. | Parto con forceps, m. |
| Geburtshindernis durch Fehllage des Fetus, n. | Obstrucción por malposición del feto, f. |
| Placenta praevia, f. | Placenta previa, f. |
| Sturzgeburt, f. | Parto precipitado, m. |
| Uterusausschabung, f. | Legrado, m. |
| Vorzeitiger Blasensprung, m. | Ruptura prematura de membranas, f. |
| | |
| **Wochenbett** | **Puerperio** |
| Laktation, f. | Lactancia, f. |
| Lochien, fpl. | Loquios, mpl. |
| Rückbildung des Uterus, f. | Involución uterine, f. |
| | |
| **Komplikationen des Wochenbettes** | **Complicaciones relacionadas con el puerperio** |
| Postpartale Blutung, f. | Hemorragio postpartal, f. |
| Puerperalfieber, n. | Fiebre puerperal, f. |
| Fruchtwasserembolie, f. | Embolia del líquido amniótico, m. |
| | |
| **Gynäkologie** | **Ginecología** |
| | |
| **Erkrankungen der Brust (-drüse)** | **Enfermedades de la mamma** |
| Fibrosklerose der Mamma, f. | Fibrosclerosis mammaria, f. |
| Galaktorrhoe, f. | Galoctorrea, f. |
| Knoten (der Brust), m. | Nódulo, m. |

| Erkrankungen der Gebärmutter und der Adnexen | Enfermedades del Útero y los anejos |
|---|---|
| Gebärmuttersenkung, f. | Descenso de la matriz, m. |
| Uterusmyom, n. | Mioma uterina, f. |
| Uterusprolaps, m. | Prolapso de útero, m. |
| Follikelzyste des Ovars, f. | Quiste folicular ovárico, m. |
| Oophoritis, f. | Ooforitis, f. |
| Ovarialzyste, f. | Quiste ovárico, m. |
| Salpingitis, f. | Salpingitis, f. |
| Stieldrehung der Ovarien, f. | Torsión ovárica, f. |

| Weitere Erkrankungen der Geschlechtsorgane | Otras enfermedades de los órganos genitales |
|---|---|
| Kolpitis, f. | Colpitis, f. |
| Vulvitis, f. | Vulvitis, f. |
| Bartholin-Abszess, m. | Absceso de la glándula Bartholin, m. |
| Bartholin-Zyste, f. | Quiste de la glándula Bartholin, m. |
| Dyspareunie, f. | Dispareunia, f. |
| Unfruchtbarkeit, f. | Infertilidad, f. |
| Sterilität der Frau | Esterilidad feminina, f. |
| Sterilität bei Anovulation, f. | Esterilidad asociada con Anovulación, f. |
| Vaginaler Ausfluss, m. | Flujo vaginal, m. |
| Vaginismus, m. | Vaginsimo, m. |

| Hormonelle Erkrankungen | Enfermedades hormonales |
|---|---|
| Endometriose, f. | Endometriosis, f. |
| Klimakterische Störung, f. | Trastornos menopáusicos, mpl. |
| Mittelschmerz, m. | Mittelschmerz, m. |
| Postmenopausenblutung, f. | Hemorragia postmenopáusica, f. |
| Prämenstruelle Beschwerden, fpl. | Síndrome de tensión premenstrual, m. |
| Primäre Amenorrhoe, f. | Ausencia menstruación, f. |
| Unregelmäßiger Zyklus, m. | Ciclo menstrual irregular, m. |

## Neonatologie und Pädiatrie / Neonatología y pediatría

| | |
|---|---|
| Reifgeborenes, n. | Nacido a término |
| Lanugobehaarung, f. | Vello tipo lanugo, m. |

| | |
|---|---|
| Mekonium, n. | Meconio, m. |
| Muttermal, n./Naevus, m. | Nevus, m. |
| Neugeborenes, n. | Recién nacido, m./Lactante, m. |
| Zwillinge, f. | Gemelos, m. |
| Kindheit, f. | Infancia, f. |
| Kopfumfang, m. | Perimetro cefálico, m. |
| Fontanelle, f. | Fontanella, f. |
| Vorsorgeuntersuchung, f. | Examen preventivo, m. |
| Perzentile, f. | Percentil, m. |
| Gestationsalter, n. | Edad gestación, f. |
| | |
| **Angeborene Erkrankungen und Missbildungen** | **Patologías congénitas y Malformaciones** |
| | |
| **Pulmonal** | **Pulmonar** |
| Asphyxie, f. | Asfixia, f. |
| Atemnotsyndrom (Respiratory distress syndrome), n. | Síndrome de distress respiratorio, m. |
| Mekoniumaspiration, f. | Aspiración meconial, f. |
| | |
| **Kardiologisch** | **Cardiológico** |
| Ventrikelseptumdefekt, m. | Defecto de tabique ventricular, m. |
| Vorhofseptumdefekt, m. | Defecto de tabique auricular, m. |
| Fallot-Tetralogie, f. | Tetralogía de Fallot, f. |
| Pulmonalklappenatresie, f. | Atresia congénita de la válvula pulmonar, f. |
| Angeborene Trikuspidalklappenstenose, f. | Estenosis válvula tricúspide congénita, f. |
| Ebstein-Anomalie, f. | Anomalía de Ebstein, f. |
| Stenose der Aorta, f. | Estenosis congénita aórtica, f. |
| Choanalatresie, f. | Atresia coanal, f. |
| Situs inversus, m. | Situs inversus, m. |
| | |
| **Orthopädisch** | **Ortopédico** |
| Hühnerbrust, f. | Pecho de Gallina, f. |
| Kopfverformung, f. | Deformidad de la cabeza, f. |
| Klumpfuß, m. | Pie equinovaro, m. |
| Geburtsverletzung, f. | Trauma al nacer, m. |

| | |
|---|---|
| Kephalhämatom, n. | Tumor de parto/caput, m./Hematoma subgaleana, f. |
| Anenzephalie, f. | Anencéfalo, m. |
| Enzephalozele, f. | Encefalocele, m. |
| Mikrozephalie, f. | Microcéfalo, m. |
| Angeborener Hydrozephalus, m. | Hidrocéfalo congénito, m. |
| Spina bifida, f. | Espina bifida, f. |
| Gaumenspalte, f. | Fisura palatina, f. |
| Lippenspalte, f./Hasenscharte, f. | Labio leporino/partido, m. |
| Makroglossie, f. | Macroglosia, f. |
| Polydaktylie, f. | Polidactilia, f. |
| Syndaktylie, f. | Sindactilia, f. |
| Hypertelorismus, m. | Hipertelorismo orbital, m. |
| Achondroplasie, f. | Condrodistrofia, f. |
| Osteogenesis imperfecta, f. | Osteogenesis imperfecta, f. |
| Siamesische Zwillinge | Gemelos acoplados, mpl. |
| Schielen, n. | Estrabismo, m./Vista torcida, f. (UGS) |
| **Verdauungstrakt, Niere und Genitalorgane** | **Aparato gastrointestinal, riñones y órganos genitales** |
| Mekoniumileus, m. | Obstrucción por meconio, f. |
| Ösophagusatresie, f. | Atresia esofágica, f. |
| Hypertrophische Pylorusstenose, f. | Estenosis pilórica hipertrófica, f. |
| Meckel-Divertikel, n. | Divertículo Meckel, m. |
| Hirschsprung-Krankheit, f. | Enfermedad Hirschsprung, f. |
| Atresie der Gallengänge, f. | Atresia biliar, f. |
| Hypospadie, f. | Hipospadia, f. |
| Epispadie, f. | Epispadia, f. |
| Potter-Syndrom, n. | Enfermedad quística renal, f. |
| Embryofetopathie, f. | Embriofetopatia, m. |
| Alkohol-Embryopathie, f. | Embriopatia alcohólica, f. |
| Rötelnembryopathie, f. | Rubéola congénita, f./ Embriofetopatia rubeólica, f. |
| Angeborene Zytomegalie, f. | Infección congénita por Citomegalovirus, f. |
| Rh/ABO-Isoimmunisierung, f. | Isoinmunización RH/ABO, f. |
| Hydrops fetalis, m. | Hidrops fetalis, m. |
| Kernikterus, m. | Ictericia nuclear, f. |

| | |
|---|---|
| Erythema toxicum neonatorum, n. | Eritema tóxico, m. |
| Angeborene Hydrozele, f. | Hidrocele congénito, m. |
| Marfan-Syndrom, n. | Síndrome de Marfan, m. |
| Fragile X-Syndrom, n. | Síndrome de Fragilidad X, m. |
| Down-Syndrom, n. | Síndrome Down, m. |
| Turner-Syndrom, n. | Disgenesia gonadal, f. |
| Klinefelter-Syndrom, n. | Síndrome Klinefelter, m. |
| | |
| Entwicklungsstörungen | Trastornos del desarollo |
| Frühgeborenes, n. | Niño prematuro/Nacido pretermino, m. |
| Gedeihstörungen, f. | Retraso de crecimiento/ maduraturo, m. |
| (Extreme) Unreife, f. | Inmaduridad (extrema), f. |
| Übergewichtiges Neugeborenes, n. | Peso elevado al nacer, m. |
| Plötzlicher Kindstod, m. | Muerte súbita de niños, f. |
| Fieberkrampf, m. | Convulsión febril, f. |
| Windeldermatitis, f. | Dermatitis de pañal, f. |
| Fieberkrampf, m. | Convulsión febril, f. |
| Kawasaki-Syndrom, n. | Síndrome de Kawasaki, m. |
| Hyperaktivitätssyndrom, n. | Trastorno hiperactivo, m. |
| | |
| **Nephrologie und Urologie** | **Nefrología y urología** |
| | |
| Hämaturie, f. | Hematuria, f. |
| Piurie, f. | Piuria, f. |
| Akuter Harnverhalt, m. | Retención aguda de orina, f. |
| Pollakisurie, f. | Pollaquiuria, f. |
| Proteinurie, f. | Proteinuria, f. |
| Dysurie, f. | Disuria, f. |
| Überlaufblase, f. | Orina por rebosamiento, f. |
| | |
| Erkrankungen der ableitenden Harnwege | Enfermedades de las vías urinarias |
| Harnröhrenverschluss, m. | Obstrucción uretral, f. |
| Nephrotisches Syndrom, n. | Síndrome nefrótico, m. |
| Pyelonephritis, f. | Pielonefritis, f. |
| Hydronephrose, f. | Hidronefrosis, f. |
| Hydroureter, m. | Hidroureter, f. |

| | |
|---|---|
| Pyonephrose, f. | Pionefrosis, f. |
| Nierenabszess, m. | Absceso renal, m. |
| Perinephritischer Abszess, m. | Absceso perinéfrico, m. |
| Akutes Nierenversagen, n. | Insuficiencia renal aguda, f. |
| Chronische Niereninsuffizienz, f. | Insuficiencia renal crónica f. |
| Nierenstein, m. | Cálculo de riñón m. |
| Ureterstein, m. | Cálculo de ureter, m. |
| Nierenkolik, f. | Colico renal, m. |
| Renale Osteodystrophie, f. | Osteodistrofia renal, f. |
| Schrumpfniere, f. | Riñón atrófico, f. |
| Zyste der Niere, f. | Quiste renal, m. |
| Zystitis, f. | Cistitis, f. |
| Harnblasendivertikel, n. | Divertículo vesical, m. |
| Urethritis, f. | Uretritis, f. |
| Harnröhrenstriktur, f. | Estenosis uretral, f. |
| Stressinkontinenz, f. | Incontinencia de estres, f. |
| Harninkontinenz, f. | Incontinencia de orina, f. |
| **Affektionen des Penis** | **Trastornos del pene** |
| Phimose, f. | Fimosis, f. |
| Priapismus, m. | Priapismo, m. |
| Impotenz organischen Ursprungs, f. | Impotencia de Origen orgánico, f. |
| **Orchitis und Epididymitis** | **Orquitis y epididimitis** |
| Hydrozele, f. | Hidrocele, f. |
| Spermatozele, f. | Espermatocele, f. |
| Hodentorsion, f. | Torsión testicular, f. |
| Orchitis, f. | Orquitis, f. |
| Epididymitis, f. | Epididimitis, f. |
| Sterilität beim Mann, f. | Esterilidad masculina, f. |
| **Erkrankungen der Prostata** | **Enfermedad de la próstata** |
| Prostatahyperplasie, f. | Hiperplasia prostática, f. |

| Neurologie | Neurología |
|---|---|
| | |
| Entzündliche Erkrankungen des zentralen Nervensystems | Enfermedades inflamatorias del sistema nervioso central |
| Enzephalitis, f. | Encefalitis, f. |
| Meningitis, f. | Meningitis, f. |
| Myelitis, f. | Mielitis, f. |
| Enzephalomyelitis, f. | Encefalomielitis, f. |
| | |
| Demyelinisierende Erkrankungen | Enfermedades desmielizantes |
| Multiple Sklerose, f. | Esclerosis multiple, f. |
| Leukodystrophie, f. | Leucodistrofia, f. |
| Encephalomyelitis disseminata, f. | Encefalomielitis aguda diseminada, f. |
| | |
| Gefäßerkrankungen | Enfermedades vascular-cerebral |
| Hirninfarkt, m. | Infarto cerebral, m./Ictus, m. |
| Hirninfarkt, m. | Accidente vascular cerebral isquémico, m. |
| Hirnblutung, f. | Hemorragia intracraneal, f. |
| Subarachnoidalblutung, f. | Hemorragia subaracnoideal, f. |
| (Sinus)venenthrombose, f. | Trombosis venosa (de Sinus), f. |
| Hirnstammsyndrom, n. | Síndrome de tronco, m. |
| | |
| Degenerative Erkrankungen | Enfermedades degenerativas |
| Demenz, f. | Demencia, f. |
| Alzheimer-Krankheit, f. | Enfermedad de Alzheimer, f. |
| Frontotemporale Demenz, f. | Demencia frontotemporal, f. |
| Parkinson-Krankheit, f. | Enfermedad de Parkinson, f. |
| Amyotrophische Lateralsklerose, f. | Esclerosis lateral amiotrófica, f. |
| | |
| Erbliche neurodegenerative Erkrankungen | Heredodegenerancias espinocerebelosas |
| Hereditäre Ataxie, f. | Ataxia cerebelosa, f. |
| Chorea Huntington, f. | Corea de Huntington, f. |
| | |
| Phakomatose | Facomatosis |

| Kopfschmerzen | Cefalea |
|---|---|
| Migräne, f. | Migraña, f. |
| Spannungskopfschmerz, m. | Cefalea tensional, f. |
| Cluster-Kopfschmerz, m. | Cefalea de Cluster/de Racimos, f. |
| Trigeminusneuralgie, f. | Neuralgia de Trigemino, f. |

| Epilepsie | Epilepsia |
|---|---|
| Epileptischer Anfall, m. | Crisis, f./Ataque epiléptica, f. |
| Grand-/Petit-mal-Status, m. | Estatus de Gran/Petit mal, m. |
| Krampf, m. | Calambre, m. |
| Krampfanfall, m. | Convulsión, f. |

| Störungen der Liquorzirkulation | Alteraciones de la dinámica del líquido cefaloraquideo |
|---|---|
| Hirndruck, m. | Hipertensión intracraneal, f. |
| Hydrozephalus, m. | Hidrocefalia, f. |
| Hirnödem, n. | Edema cerebral, m. |

| Tumoren des Nervensystemes | Tumores del sistema nervioso |
|---|---|
| Intrakranielle Raumforderung, f. | Tumefacción, f./Masa, f. intracraneal |
| Missbildungen des Nervensystems | Malformaciones del sistema nervioso |
| Syringomyelie, f. | Siringomelia, f. |
| Syringobulbie, f. | Siringobulbia, f. |

| Erkrankungen des peripheren Nervensystems | Enfermedades del sistema nervioso periférico |
|---|---|
| Polyneuropathie, f. | Polineuropatía, f. |
| Diabetische Polyneuropathie, f. | Polineuropatía diabética, f. |
| Alkohol-Polyneuropathie, f. | Polineuropatía alcohólica, f. |
| Guillain-Barré-Syndrom, n. | Poliradiculoneuropatía idiopática, f. |
| Karpaltunnel-Syndrom, n. | Síndrome del tunel carpiano, m. |
| Muskelerkrankungen | Enfermedades musculares |

| Erkrankung der motorischen Endplatte, fpl. | Enfermedades de la placa motora, fpl. |
|---|---|
| Myasthenia gravis, f. | Miastenia grave, f. |
| Narkolepsie, f. | Narcolepsia, f. |
| Polyneuritis, f. | Polineuritis, f. |

| Neurologische Symptome | Síntomas neurológicos |
|---|---|
| (Akustische/Optische) Halluzination, f. | Alucinación (acústica/óptica), f. |
| (Essentieller) Tremor, m. | Temblor (esencial), m. |
| Alexie, f. | Alexia, f. |
| Anarthrie, f. | Anartria, f. |
| Anterograde/Retrograde Amnesie, f. | Amnesia anterógrada/retrógrada, f. |
| Aphasie, f. | Afasia, f. |
| Apraxie, f. | Apraxia, f. |
| Bewusstseinstörung, f. | Alteración de la conciencia, f. |
| Dysarthrie, f. | Disartria, f. |
| Dyslexie, f. | Dislexia, f. |
| Dysphasie, f. | Disfasia, f. |
| Enzephalopathie, f. | Encefalopatia, f. |
| Erregung, f. | Excitación, f. |
| Faszikulationen, fpl. | Fasciculaciones, fpl. |
| Fazialislähmung, f. | Parálisis facial, f. |
| Fazialisparese, f. | Parálisis del nervio facial/de Bell, f. |
| Gangstörung, f. | Anormalidad de la marcha, f. |
| Gummimann (bei Katalepsie), m. | Hombre de Goma, m. |
| Halluzination, f. | Alucinación, f. |
| Hemiplegie, f. | Hemiplejia, f. |
| Hyperaktivität, f. | Hiperactividad, f. |
| Kataplexie, f. | Cataplejia, f. |
| Kinetose, f. | Mareo por movimiento, m. |
| Kleinhirnsyndrom, n. | Síndrome cerebelloso, m. |
| Koma, n. | Coma, m. |
| Lähmung, f. | Parálisis, f. |
| Meningismus, m. | Meningismo, m. |
| Mouches volantes, f. | Moscas volantes, f. |
| Myoklonus, m. | Mioclonus, m. |
| Nervosität, f. | Nerviosismo, m. |
| Neuralgische Amyotrophie, f. | Amiotrofia neurálgica, f. |
| Ohrensausen, n. | Tinitus, m./Zumbidos, m. |
| Paraplegie, f. | Paraplejia, f. |
| Phantomschmerz, m. | Dolor fantasmo, m. |
| Psychogene Amnesie, f. | Amnesia psicogénica, f. |
| Rigidität, f. | Rigidez, f. |
| Ruhelosigkeit, f. | Inquietud, f. |

| | |
|---|---|
| Schlaflosigkeit, f. | Insomnio, m./Agripnia, f. |
| Schluckauf, m. | Hipo, m. |
| Somnolenz, f. | Somnolencia, f. |
| Spastische Zerebralparese, f. | Parálisis cerebral, f. |
| Stummheit, f. | Mudez, f. |
| Stupor, m. | Estupor, m. |
| Taubheit, f. | Sordera, f. |
| Taumel, m. | Mareo, m. |
| Tetanie, f. | Tetania, f. |
| Tetraplegie, f. | Cuadraplejia, f. |

## HNO — Otorrinolaringología

| Schwindel | Vértigo |
|---|---|
| Benigner paroxysmaler Schwindel, m. | Vértigo paroxismal benigno, m. |
| Hörsturz, m. | Tinitus, m. |
| Lagerungsschwindel, m. | Vértigo posicional, m. |
| Ménière-Krankheit, f. | Síndrome de Menière, m. |
| Neuropathia vestibularis, f. | Neuronitis vestibular, f. |
| Peripherer Schwindel, m. | Vértigo periférico, m. |
| Schwindel zentralen Ursprungs, m. | Vértigo de origen central, m. |

| Entzündliche Erkrankungen des Ohres | Enfermedades inflamatorias del oído |
|---|---|
| Mittelohrentzündung, f. | Otitis media, f. |
| Mastoiditis, f. | Mastoiditis, f. |
| Otitis externa, f. | Otitis externa, f. |
| Akute Entzündung der Kieferhöhle, f. | Sinusitis maxilar, f. |
| Akute Entzündung der Stirnhöhle, f. | Sinusitis frontal, f. |
| Akute Entzündung der Siebbeinhöhle, f. | Sinusitis etmoidal, f. |
| Akute Entzündung der Keilbeinhöhle, f. | Sinusitis esfenoidal, f. |

| Hörstörungen | Trastornos acústicos |
|---|---|
| Lärmschädigungen des Innenohres, f. | Daño del oído por ruido, m. |
| Presbyakusis, f. | Presbiacusia, f. |

| Weitere Erkrankungen des Ohres | Otras enfermedades del oído |
|---|---|
| Blutung aus dem äußeren Gehörgang, f. | Otorrea, f. |
| Taubstummheit, f. | Sordomudez, f. |
| Cholesteatom, n. | Colesteatoma, m. |
| Cerumen obturans, n. | Tapón de cera/cerumen, m. |
| Trommelfellperforation, f. | Perforación del Timpano, f. |
| Otosklerose, f. | Otosclerosis, f. |
| Verschluss der Tuba auditiva, m. | Obstrucción de la Trompa de Eustaquio, f. |

## Ophtalmologie / Oftalmología

| Entzündliche Erkrankungen des Auges | Enfermedades inflamatorias del ojo |
|---|---|
| Konjunktivitis, f. | Conjunctivitis, f. |
| Keratitis, f. | Queratitis, f. |
| Keratokonjunktivitis, f. | Queratoconjunctivitis, f. |
| Iridozyklitis, f. | Iridociclitis, f. |
| Neuritis optica, f. | Neuritis óptica, f. |

| Erkrankungen des Auges | Enfermedades del ojo |
|---|---|
| Hordeolum, n. | Orzuelo, m. |
| Chalazion, m. | Chalación, m |
| Ektropium, n. | Ectropión, m. |
| Ptosis, f. | Ptosis, f. |
| Exophthalmus, m. | Exoftalmia, f. |
| Enophthalmus, m. | Enoftalmia, f. |
| Pterygium, n. | Pterigión, m. |
| Katarakt (senil), m. | Catarata senil, f. |
| Netzhautablösung, f. | Desprendimiento retina, f. |
| Verschluss der A. centralis retinae, m. | Oclusión vascular retiniana, f. |
| Degeneration der Makula, f. | Degeneración macular, f. |
| Netzhautblutung, f. | Hemorragia retiniana, f. |
| Diabetische Retinopathie, f. | Retinopatía diabética, f. |
| Glaukom, n. | Glaucoma, m. |
| Glaskörperblutung, f. | Hemorragia en el cuerpo vítreo, f. |
| Stauungspapille, f. | Papiledema, m. |

| | |
|---|---|
| Optikusatrophie, f. | Atrofia óptica, f. |
| Strabismus (paralyticus), m. | Estrabismo (paralítico), m. |
| Nystagmus, m. | Nistagmo, m. |
| **Sehstörung** | **Pertubación visual** |
| Myopie, f. | Miopía, f. |
| Astigmatismus, m. | Astigmatismo, m. |
| Presbyopie, f. | Presbiopía, f. |
| Akkommodationsstörung, f. | Trastorno de acomodación, m. |
| Diplopie, f. | Diplopía, f. |
| Gesichtsfelddefekt, m. | Deficecto del Campo Visual, m. |
| Farbsinnstörung, f. | Deficiencia en la visión de colores, f. |
| Nachtblindheit, f. | Ceguera nocturna, f. |
| Blindheit, f. | Ceguera, f. |

## Psychiatrie / Psiquiatría

| | |
|---|---|
| **Organische Psychosen** | **Psicosises orgánicas** |
| Delir, n. | Delirio, m. |
| Drogenentzugssyndrom, n. | Síndrome de abstinencia, m. |
| Demenz, f. | Demencia, f. |
| Vaskuläre Demenz, f. | Demencia arteriosclerótica, f. |
| **Andere Psychosen** | **Otras Psicosises** |
| Schizophrenie, f. | Esquizofrenia, f. |
| Multiple Persönlichkeit, f. | Personalidad multiple, f. |
| Affektive Psychose, f. | Psicosis afectiva, f. |
| Depression, f. | Psicosis de tipo depresivo, f. |
| Manie, f. | Trastorno maníaco, m. |
| **Neurosen** | **Trastorno neurótico** |
| Zwangstörung, f. | Trastorno obsesivocompulsivo, m. |
| Hysterie, f. | Histeria, f. |
| Hypochondrie, f. | Hipocondría, f. |
| Somatisierung(stendenz), f. | Somatización, f. |
| Phobie, f. | Trastorno fóbico, m. |
| Agoraphobie, f. | Agorafobia, f. |
| Persönlichkeitsstörung, f. | Trastorno de dependencia de la personalidad, m. |

| | |
|---|---|
| Sexuelle Verhaltensstörungen | Desviación sexual |
| Exhibitionismus, m. | Exhibicionismo, m. |
| Sadomasochismus, m. | Sadomasoquismo, m. |
| Sexueller Missbrauch, m. | Abuso sexual, m. |
| | |
| | |
| Schlafstörung, f. | Trastorno del sueño, m. |
| Schlafwandeln, n. | Sonambulismo, m. |
| Alptraum, m. | Pesadilla, f. |
| Angststörung, f. | Estado de Ansiedad, m./Trastorno de Pánico, m. |
| Essstörung, f. | Trastorno de alimentación, m. |
| Anorexia nervosa, f. | Anorexia nerviosa, f. |
| Bulimia nervosa, f. | Bulimia nerviosa, f. |
| Verhaltensstörung, f. | Trastorno del comporamiento/de la conducta, m. |
| Anpassungsstörung, f. | Reacción de adaptación, f. |
| Halluzination, f. | Alucinación, f. |
| Stottern, n. | Tartamudeo, m./Babuceo, m. |
| Ticstörung, f. | Tic, m. |
| Aufregung, f. | Ansiedad, f. |
| Gilles de la Tourette-Syndrom, n. | Trastorno de Gilles de la Tourette, m. |
| | |
| Oligophrenien | Retraso mental/Oligofrenias |
| Intelligenzminderung, f. | Oligofrenia, f. |
| Alzheimer-Erkrankung, f. | Enfermedad de Alzheimer, f. |
| | |
| Therapie | Terapia |
| Psychotherapie, f. | Psicoterapia, f. |
| Logopädische Behandlung, f. | Terapia del lenguaje, f. |
| | |
| **Verletzungen und Vergiftungen** | **Lesiones y envejecimiento** |
| | |
| Verletzungen allgemein | Heridas/Lesiones en general |
| Offene/Geschlossene Fraktur, f. | Fractura abierta/cerrada, f. |
| Luxation, f. | Luxación, f. |
| Verstauchung, f. | Esguince, m. |
| Zerrung, f. | Torcedura, f./Distorsión, f. |

| | |
|---|---|
| Amputation, f. | Amputación, f. |
| Prellung, f. | Contusión, f. |
| Fremdkörper, m. | Cuerpo extraño, m. |
| Traumatischer Schock, m. | Shock traumático, m. |
| Sturz, m. | Caída, f. |
| Unfall, m. | Accidente, m. |
| Explosion, f. | Explosión, f. |
| Stoß, m. | Golpe, m./Empujón, m. |
| Aspiration, f. | Aspiración, f. |
| Bruch, m. | Fractura, f. |
| Dehnung/Distorsion, f. | Distensión, f. |
| Riss, m. | Ruptura, f. |
| Ratten-/Hundebiss, m. | Mordedura de Rata/Perro, f. |
| Insektenstich, m. | Picadura de insecto, f. |
| Zeckenbiss, m. | Picadura de garrapata, f. |
| Biss, m. | Mordedura, f. |
| **Verletzungen des Schädels** | **Lesiones del craneo** |
| Schleudertrauma, n. | Síndrome de cordón, m. |
| Intrakranielle Verletzung, f. | Lesión intracraneal, f. |
| Gehirnerschütterung, f. | Conmoción cerebral, f. |
| Hirnödem, n. | Edema cerebral, f. |
| Epidurale Blutung, f. | Hemorragia extradural, f. |
| Subdurale Blutung, f. | Hemorragia subudural, f. |
| Subarachnoidale Blutung, f. | Hemorragia subaracnoidea, f. |
| Skalpierungsverletzung, f. | Herida abierta de cuero cabeludo, m. |
| Schädeldachfraktur, f. | Fractura boveda craneal, f. |
| Schädelbasisfraktur, f. | Fractura de la base del craneo, f. |
| **Verletzungen des Thorax und der Atemwege** | **Lesiones del tórax y de las vías respiratorias** |
| Rippenserienfraktur, f. | Multiples fracturas costales, fpl. |
| Instabiler Thorax, m. | Torax flotante, m. |
| Pneumothorax, m. | Neumotorax, m. |
| Erstickung, f. | Asfixia, f. |
| Barotrauma, n. | Barotrauma, m. |
| Caissonkrankheit, f./ Dekompressionskrankheit, f. | Enfermedad de buzo, f. |

| | |
|---|---|
| Ertrinken, n. | Ahogamiento, m. |
| Untertauchen, n. | Sumersión, f. |
| Luftembolie, f. | Embolia gaseosa, f. |
| Fettembolie, f. | Embolia grasa, f. |
| Fremdkörperaspiration, f. | Aspiración de un cuerpo extraño, f. |
| Hämatothorax,m. | Hemotorax, m. |
| | |
| Verletzungen des Bewegungsapparates | Lesiones del aparato locomotor |
| | |
| Obere Extremität | Extremidad superior |
| Läsion der Rotatorenmanschette, f. | Síndrome de lavaina de los músculos rotadores del Brazo/manguito rotadores |
| Bursitis subacromialis, f. | Bursitis subacromialis, f. |
| | |
| Untere Extremität | Extremidad inferior |
| Schenkelhalsfraktur, f. | Fractura del cuello de femur, f. |
| Meniskusriss, m. | Desgarro de menisco interno, m. |
| Knorpelriss, m. | Desgarro de cartilago, m. |
| Bänderriss, m. | Esguince, m. |
| Bänderzerrung, f. | Digestión de ligamentos, f. |
| Bandscheibenvorfall, m. | Desplazamiento del disco intervertebral, m. |
| Muskelzerrung, f. | Distorsión de un músculo, m. |
| Meniskusschädigung, f. | Alteración del menisco, f. |
| Muskelriss, m. | Desgarro muscular, m. |
| | |
| Thermische Unfälle | Accidentes térmicos |
| Verbrennung, f. | Quemadura, f. |
| Hitzschlag, m. | Golpe de calor, m. |
| Sonnenstich, m. | Insolación, f. |
| Verbrühung, f. | Escaldadura, f. |
| Verätzung, f. durch Säure/Lauge | Cauterzación de Àcido/Lejía, f. |
| Erfrierung, f. | Congelación, f. |
| Hypothermie, f. | Hipotermia, f. |
| Frostbeule, f. | Sabanón, m. |

| Vergiftung | Envenamiento/Intoxicación |
| --- | --- |
| Toxische Wirkung von Alkohol, f. | Efecto tóxico de alcohol, m. |
| Vergiftung durch Blei, f. | Intoxicación por plomo, f. |
| Vergiftung durch Strichnin, f. | Intoxicación por estricnina, f. |
| Alkoholvergiftung, f. | Intoxicación alcohólica, f. |

| Verbrechen | Crimen |
| --- | --- |
| Kindesmisshandlung, f. | Síndrome de niño maltrado, m. |
| Strangulation, f. | Estrangulación, f. |
| Opfer, n. | Víctima, f. |
| Tätlicher Angriff, m. | Ataque, m. |
| Vergewaltigung, f. | Violación, f. |
| Vernachlässigung, f. | Descuido, m./Negligencia, f. |
| Erhängen, n. | Ahorcar |
| Schuss, m. | Tiro, m./Disparo, m. |
| Messerstich, m. | Cuchillada, f./Navajada, f. |

| Künstliche Körperöffnung | Apertura artificial |
| --- | --- |
| Tracheostoma, n. | Traqueostoma, f. |
| Ileostoma, n. | Ileostoma, f. |

## I.4. Die ärztliche Tätigkeit - El acto médico

### I.4.1. Die Anamnese – Hacer la Historia Clínica

| ERHEBUNG DER ANAMNESE | HACER LA HISTORIA CLÍNICA |
|---|---|
| **Allgemeine Fragen:** | **Preguntas generales:** |
| Name: | Nombre y Apellidos: |
| Wie heißen Sie? | ¿Cómo se llama? |
| Alter: | Edad: |
| Wie alt sind Sie? | ¿Cuántos años tiene Ud.? |
| Geburtsdatum: | Fecha de nacimiento: |
| Wann wurden Sie geboren? | ¿Cuándo nació Ud.? |
| Geschlecht: | Sexo: |
| Männlich/Weiblich | Masculino/femenino |
| Einweisender Arzt: | Médico hospitalizante: |
| Welcher Arzt hat Sie eingewiesen? | ¿Cuál fue el médico que le ingresó / hospitalizó? |
| Hausarzt: | Médico de cabecera: |
| Wer ist ihr Hausarzt? | ¿Cuál es el nombre de su médico de cabecera ? |
| Einweisungs-/Aufnahmegrund: | Motivo de ingreso: |
| Warum sind Sie eingewiesen worden? | ¿Por qué le han ingresado? |
| Warum sind Sie ins Krankenhaus gekommen? | ¿Por qué le han hospitalizado? |
| **Aktuelle Beschwerden:** | **Enfermedad actual:** |
| Was ist ihr Problem? | ¿Qué le pasa? |
| Welche Beschwerden haben Sie? | ¿Qué molestias / problemas tiene? |
| Was belästigt Sie im Moment am meisten? | ¿Qué es lo que más le molesta ahora? |

| | |
|---|---|
| Schmerzbeginn: | Principio de dolor: |
| Wann und wie haben die Schmerzen begonnen? | ¿Cómo y cuándo empezó el dolor? |
| - plötzlich / akut | - de repente |
| - langsam | - lentamente |
| Was haben Sie zuerst gespürt? | ¿Qué es lo que Ud. sintió primero? |
| Schmerzart | Carácter de dolor: |
| Wie ist der Schmerz? | ¿Cómo es el dolor? |
| - stechend | - como un puñal |
| - dumpf | - sordo |
| - brennend | - quemante |
| - pulsierend | - pulsátil |
| - stark | - fuerte |
| - leicht | - leve |
| - dauernd | - permanente |
| - krampfartig | - como retortijones |
| Gibt es etwas, das den Schmerz erleichtert oder verschlimmert? | ¿Hay algo que le alivie o empeore el dolor? |
| Schmerzlokalisation: | Localización del dolor: |
| Wo tut es Ihnen weh? | ¿Dónde le duele exactamente? |
| Schmerzausstrahlung: | Radiación del dolor: |
| Strahlt der Schmerz aus? | ¿Irradia el dolor? |
| Haben Sie gleichzeitig noch andere Beschwerden? | ¿Tiene otras molestias al mismo tiempo? |
| **Persönliche Anamnese:** | **Antecedentes personales/Historia personal:** |
| Krankheiten: | Enfermedades: |
| Hatten Sie schon einmal ähnliche Beschwerden? | ¿Ha tenido alguna vez molestias parecidas? |
| Welche Diagnose wurde damals gestellt? | ¿Qué le han diagnosticado entonces? |
| Haben Sie bereits.... gehabt ? | ¿Ha tenido Ud. ya ....? |
| Waren Sie schon einmal im Krankenhaus? | ¿Ha estado alguna vez ingresado en un hospital? |

| | |
|---|---|
| Wurden Sie bereits einmal operiert? | ¿Le han practicado alguna operación? |
| Zustand nach... | Estado de... |
| **Chronische Krankheiten:** | **Enfermedades crónicas:** |
| Leiden Sie unter einer chronischen Krankheit? | ¿Padece Ud. de alguna enfermedad crónica? |
| **Impfungen:** | **Vacunaciones:** |
| Sind Sie gegen .... geimpft? | ¿Está Ud. vacunado/a contra ... ? |
| Haben Sie einen Impfpass? | ¿Tiene Ud. un certificado de vacunación? |
| Haben Sie in den letzten vier Monaten Fernreisen unternommen? | ¿Ha viajado al extranjero en los últimos cuatro meses? |
| **Aktuelle Medikamenteneinnahme:** | **Medicación actual:** |
| Nehmen Sie momentan Medikamente ein? | ¿Toma actualmente medicamentos? |
| Haben Sie auf Grund der aktuellen Beschwerden bereits Medikamente eingenommen? | ¿Ha tomado algún medicamento a causa de sus molestias actuales? |
| **Allergien:** | **Alergias:** |
| Ist eine Allergie gegen ein Medikament bekannt? | ¿Tiene Ud. alergia a algún medicamento? |
| Sind bereits einmal juckende Quaddeln, Schwellungen oder Asthma nach Einnahme von Penicillin oder anderen Medikamenten aufgetreten? | ¿Ha tenido alguna vez ronchas, hinchazón o asma después de tomar penicilina u otros medicamentos? |
| Haben Sie Heuschnupfen? | ¿Tiene Ud. catarro de heno / alergia al polen? |
| **Blutspender:** | **Donante de sangre:** |
| Sind Sie Blutspender? | ¿Es Ud. donante de sangre? |
| Haben Sie einen Blutspendeausweis? | ¿Tiene un carné de dador / donante de sangre? |
| **Blutempfänger:** | **Receptor de sangre:** |
| Haben Sie bereits einmal eine Bluttransfusion erhalten? | ¿Le han transfundido sangre alguna vez? |

| Gewohnheiten: | Hábitos: |
|---|---|
| Rauchen Sie? | ¿Fuma Ud.? |
| Seit wann rauchen Sie und wie viele Zigaretten pro Tag? | ¿Desde cuándo fuma y cuántos cigarrillos al día? |
| Trinken Sie Alkohol? | ¿Bebe Ud. alcohol? |
| Wie viel Alkohol trinken Sie? | ¿Cuánto bebe al día? |
| Sind sie drogenabhängig? | ¿Es Ud. drogadicto/a? |
| Besteht eine I.V.-Drogenabhängigkeit? | ¿ Tiene algún tipo de drogodependencia? ¿Padece de algún tipo de drogadicción endovenosa? |

| Ernährung: | Alimentación: |
|---|---|
| Wie ernähren Sie sich normalerweise? | ¿Cómo se alimenta normalmente? ¿Qué come normalmente? |

| Gewicht: | Peso: |
|---|---|
| Wie viel wiegen Sie? | ¿Cuántos kilos pesa Ud.? |

| Größe: | Altura: |
|---|---|
| Wie groß sind Sie? | ¿Cuánto mide Ud.? |

## Soziale Anamnese: / Antecedentes sociales:

| Familienstand: | Estado civil: |
|---|---|
| Sind Sie verheiratet/ledig/verwitwet/geschieden? | Está Ud. casado/a? ¿soltero/a? ¿viudo/a? ¿divorciado/a? |
| Haben Sie Kinder? | ¿Tiene hijos? |

| Beruf/Berufsanamnese: | Profesión/Historia profesional: |
|---|---|
| Welchen Beruf üben Sie aus? | ¿En qué trabaja Ud.? |
| Sind sie arbeitslos? | ¿Está Ud. desempleado/a? |
| Sind Sie Rentner/pensioniert? | ¿Es rentista/jubilidado/a? |

| Religion: | Religión: |
|---|---|
| Welcher Religion gehören Sie an? | ¿A qué religión pertenece Ud.? |

| Sport: | Deporte: |
|---|---|
| Treiben Sie Sport? | ¿Qué tipo de deporte practica? |

| | |
|---|---|
| Militär: | Militar: |
| Waren oder sind Sie beim Militär? | ¿Ha formado parte, o está en el cuerpo militar? |
| **Familienanamnese:** | **Antecedentes familiares:** |
| Eltern, Geschwister: | Padres, hermanos: |
| Leben Ihre Eltern noch? | ¿Están sus padres vivos? |
| Haben Sie Geschwister? | ¿Tiene Ud. hermanos ? |
| Sind diese gesund? | ¿Están sanos? |
| Woran ist ihr Vater/Mutter gestorben? | ¿De qué murió su padre / madre? |
| Gibt es jemanden in ihrer Familie mit gleicher oder ähnlicher Erkrankung? | ¿Hay alguien en su familia con esa enfermedad o una enfermedad similar? |
| Gibt es in Ihrer Familie Erbkrankheiten? | ¿Existen enfermedades hereditarias en su familia? |
| Leidet jmd. in Ihrer Familie an einer der folgenden Krankheiten? | ¿Padece alguien en su familia de una de las enfermedades siguientes? |
| - Diabetes | - Diabetes |
| - Koronare Herzerkrankung | - Cardiopatía isquémica crónica |
| - Hypertonie | - Hipertensión |
| - Asthma oder Allergien | - Asma o Alergias |
| - Rheumaleiden | - Reumatismo |
| - Krebskrankheit | - Neoplasia maligna |
| - Tuberkulose | - Tuberculosis |
| - Sonstige | - Otros |
| **Systemanamnese:** | **Anamnesis por aparatos:** |
| Allgemeinzustand: | Estado general: |
| Wie fühlen Sie sich im Allgemeinen? | ¿Cómo se siente en general? |
| Krankheitsgefühl: | Estado morboso: |
| Fühlen Sie sich krank oder erschöpft? | ¿Se siente Ud. cansado/a o enfermo/a? |
| Arbeitsfähigkeit: | Capacidad de trabajar: |
| Arbeiten Sie im Moment? | ¿Trabaja Ud. actualmente? |

| | |
| --- | --- |
| **Appetit/Durst:** | **Apetito y sed:** |
| Was/Wie essen Sie normalerweise? | ¿Qué come Ud. normalmente? |
| Hat sich Ihr Appetit verändert? | ¿Ha cambiado su apetito últimamente? |
| Haben sich Ihre Ernährungsgewohnheiten geändert? | ¿Han cambiado sus hábitos alimenticios? |
| Haben Sie in letzter Zeit vermehrten Durst? | ¿Tiene más sed últimamente? |
| Haben Sie in den letzten Monaten stark an Gewicht verloren? | ¿Ha perdido peso en los últimos meses? |
| Haben Sie abgenommen? | ¿Ha adelgazado? |
| Haben Sie in den letzten Monaten stark an Gewicht gewonnen? | ¿Ha ganado peso en los últimos meses? |
| Haben Sie zugenommen? | ¿Ha engordado? |
| **Schlaf:** | **Sueño:** |
| Schlafen Sie gut? | ¿Duerme Ud. bien? |
| Haben Sie Einschlaf- oder Durchschlafstörungen? | ¿Sufre Ud. de trastornos del sueño? |
| **Fieber/Schweiß** | **Fiebre / sudor:** |
| Hatten Sie Fieber oder Schüttelfrost? | ¿Ha tenido fiebre o escalofríos ? |
| Schwitzen Sie stark oder leiden Sie unter Nachtschweiß? | Está sudando mucho o padece de sudores nocturnos? |
| **Juckreiz:** | **Prurito:** |
| Haben Sie starken Juckreiz? | ¿Tiene Ud. prurito / escozar (fuerte)? |

## Herz-Kreislaufsystem: / Sistema cardiovascular:

| | |
| --- | --- |
| **Herzvitium:** | **Defecto cardiaco** |
| Ist bei Ihnen ein Herzfehler bekannt? | ¿Tiene algún defecto cardiaco? |
| **Extrasystolen:** | **Extrasístoles:** |
| Haben Sie Herzstolpern? | ¿Tiene Ud. Palpitaciones? |
| **Angina Pectoris:** | **Angina del pecho:** |
| Haben Sie Schmerzen in der Brust? | ¿Tiene Ud. Dolores en el pecho? |
| Haben Sie Schmerzen, wenn sie tief atmen? | ¿Siente Ud. dolor cuando respira hondo? |

| | |
|---|---|
| Dyspnoe: | Disnea: |
| Haben Sie Atemnot? | ¿Sufre Ud. ahogos? |
| Haben Sie Husten (mit Auswurf)? | ¿Tiene Ud. tos (con secreción)? |
| Wie viele Kissen benutzen Sie zum Schlafen? | ¿Cuántas almohadas usa por la noche? |
| Schlafen Sie mit erhöhtem Oberkörper? | ¿Duerme con el tronco elevado? |
| Wie viele Stockwerke können Sie hinaufgehen, ohne anzuhalten? | ¿Cuántos pisos puede subir sin parar? |
| | |
| Nykturie: | Nicturia: |
| Müssen Sie nachts zur Toilette? | ¿Tiene Ud. que levantarse por la noche para orinar? |
| - wie oft? | - ¿cuántas veces? |
| | |
| Ödeme: | Edemas: |
| Schwellen abends Ihre Beine an? | ¿Se le hinchan las piernas por la tarde? |
| Claudicatio intermittens: | Claudicación intermitente: |
| Haben Sie nach längeren Gehstrecken Schmerzen in den Beinen? | ¿Tiene dolor en las pantorillas tras caminar mucho? |
| Müssen Sie deswegen anhalten? | ¿Tiene que parar por ese dolor? |
| | |
| **Respirationstrakt:** | **Aparato respiratorio:** |
| | |
| Haben Sie Husten (mit Auswurf)? | ¿Tiene tos (con secreción)? |
| Spucken Sie Blut, Eiter, Schleim? | ¿Escupe Ud. sangre, pus o moco? |
| Haben Sie häufig Erkältungen? | ¿Está constipado a menudo? |
| Ist Ihnen bei Anstrengung oder Kälte ein pfeifendes Atemgeräusch aufgefallen? | ¿Ha notado un murmullo respiratorio cuando se cansa o cuando hace frío? |
| | |
| **Magen-Darm-Trakt:** | **Aparato digestivo:** |
| | |
| Schmerzen: | Dolor: |
| Haben Sie Bauchschmerzen? | ¿Tiene Ud. dolor abdominal? |
| Haben Sie Sodbrennen? | ¿Tiene Ud. ardor de estómago? |
| Haben Sie vor/nach dem Essen Bauchkrämpfe? | ¿Tiene retortijones antes o después de comer? |

| Appetit: | Apetito: |
|---|---|
| Haben Sie Appetit? | ¿Tiene apetito? |
| Vertragen Sie irgendeine Speise nicht? | ¿Tiene Ud. intolerancia a algún alimento? |

| Übelkeit/Erbrechen: | Nausea y vómitos: |
|---|---|
| Leiden Sie unter Übelkeit oder Brechreiz? | ¿Padece Ud. de nausea o vómito? |
| Haben Sie erbrochen? | ¿Ha vomitado? |
| Hatten Sie kaffeesatzartiges Erbrechen? | ¿Ha vomitado en posos de café? |
| Haben Sie Mundgeruch? | ¿Tiene Ud. mal aliento de boca? |
| Haben Sie Blähungen? | ¿Tiene Ud. flatos? |
| Fühlen Sie sich aufgetrieben? | ¿Se siente hinchado/a? |

| Stuhlgang/Verdauung: | Evacuaciones: |
|---|---|
| Haben Sie regelmäßig Stuhlgang? | ¿Va normalmente al baño |
| Leiden Sie unter Verstopfung? | ¿Padece de estreñimiento? |
| Haben Sie Durchfall? | ¿Tiene diarrea/el vientre suelto? |
| Nehmen Sie (regelmäßig) Abführmittel? | ¿Toma Ud. laxantes (con regularidad)? |
| Haben Sie schwarzen, hellen oder blutigen Stuhl bemerkt? | ¿Ha notado que sus deposiciones se han puesto negras, blancas o sangrantes? |
| Haben Sie Bleistiftstühle bemerkt? | ¿Ha notado heces acintadas? |
| Haben Sie Schmerzen beim Stuhlgang? | ¿Tiene dolor al evacuar? |

| Ikterus: | Ictericia: |
|---|---|
| Haben Sie gemerkt, dass Ihre Auge gelb geworden sind? | ¿Ha notado, que sus ojos se han puesto amarillos? |

## Urogenitaltrakt: / Sistema urinario:

| Miktion: | Micción: |
|---|---|
| Haben Sie Schmerzen/Probleme beim Wasserlassen? | ¿Tiene Ud. dolor/problemas al orinar? |
| Tröpfelt es nach dem Wasserlassen? | ¿Gotea después de orinar? |

| | |
|---|---|
| Pollakisurie: | Pollaquiuria: |
| Haben Sie ständigen Harndrang? | ¿Tiene Ud. siempre ganas de orinar? |
| Müssen Sie gehäuft Wasserlassen? | ¿Tiene que ir al baño más frecuentemente de lo habitual? |
| Inkontinenz: | Incontinencia: |
| Können Sie das Wasser halten? | ¿Puede aguantar su orina? |
| Geht bei Niesen oder Husten Harn ab? | ¿Pierde orina cuando estornuda o tose? |
| Urin: | Orina: |
| Ist Ihr Urin trübe, blutig, dunkel? | ¿Ha notado que su orina se ha puesto turbia, sangrienta u oscura? |
| Hat die Urinmenge deutlich zu- / abgenommen? | ¿Ha aumentado / disminuido la cantidad de la orina? |
| Harnwegsinfekt: | Infección urinaria: |
| Leiden Sie unter rezidivierenden Harnwegsinfekten? | ¿Padece (de una) infección urinaria recurrente? |
| **Bewegungsapparat:** | **Aparato locomotor:** |
| Glieder-/Gelenkschmerzen: | Dolor en las articulaciones: |
| Haben Sie Schmerzen im Rücken/Kreuzschmerzen oder in den Gelenken? | ¿Tiene dolor de las espaldas/ lumbago u en las articulaciones? |
| Schwellen die Gelenke manchmal an oder werden heiß? | ¿Se le hinchan a veces las articulaciones o se le ponen calientes? |
| **Gynäkologische Anamnese:** | **Anamnesis ginecológica:** |
| Menstruation: | Menstruación: |
| Wann hatten Sie ihre letzte Regel? | ¿Cuándo fue su última regla? |
| Haben Sie eine regelmäßige Periode? | ¿Tiene Ud. el período regularmente/un ciclo menstrual regular? |
| Wie lange dauert Ihre Regel normalerweise? | ¿Cuántos dias dura su período normalmente? |
| Wie stark ist die Blutung? | ¿Tiene la hemorragia fuerte? |

| | |
|---|---|
| Menarche: | Menarquía: |
| Wann hatten Sie zum ersten Mal Ihre Regel? | ¿Cuándo fue su primera regla? |
| Klimakterium: | Climaterio/Menopausía: |
| Wann kamen Sie in die Wechseljahre? | ¿Cuándo fue su edad climatérica/ Cuándo se le retiró el período? |
| Schwangerschaften: | Embarazos: |
| Wie viele Schwangerschaften hatten Sie? | ¿Cuántos embarazos ha tenido? |
| Hatten Sie bereits eine Fehlgeburt oder eine Bauchhöhlenschwangerschaft? | ¿Ha tenido algún aborto espontáneo o un embarazo extrauterino? |
| Hatten Sie einen Schwangerschaftsabbruch? | ¿Le han practicado algún aborto? |
| Hatten Sie eine Geburt per Zange oder einen Kaiserschnitt? | ¿Ha necesitado fórceps o cesárea? |
| Empfängnisverhütung: | Contracepción: |
| Welche Art der Verhütung praktizieren Sie? | ¿Que tipo de contracepción usa/emplea Ud.? |
| - Antibabypille | - Anovulatorio |
| - Spirale | - Dispositivo intrauterino |
| - Diaphragma | - Diafragma |
| - Präservativ | - Condón / preservativo |
| - Tubensterilisierung | - Esterilización |
| - Temperaturmethode | - Método de la temperatura |
| - Kalendermethode | - Método del ritmo (Ogino) |
| - Coitus Interruptus | - Marcha atrás |
| Geschlechtsverkehr: | Coito: |
| Haben Sie Schmerzen beim Geschlechtsverkehr? | ¿Tiene dolor en el coito/sufre dolor durante la penetración? |
| Haben Sie Ausfluss? | ¿Tiene Ud. flujo vaginal? |
| **Pädiatrie:** | **Pediatría:** |
| Schwangerschaft/Geburt: | Embarazo / parto: |
| Ist Ihr Kind zu früh/zum Termin /zu spät geboren? | ¿Ha nacido pretérmino/a término/post-término su hijo? |

| | |
|---|---|
| Gab es Auffälligkeiten während der Schwangerschaft oder der Geburt? | ¿Tuvo problemas durante el embarazo o el parto? |
| | |
| Aktuelle Beschwerden: | Enfermedad actual: |
| Hatte es Fieber (mit Krämpfen)? | ¿Ha tenido fiebre (con convulsiones)? |
| Wie sind die Stühle? | ¿Cómo son sus deposiciones? |
| Verträgt es die Nahrung gut? | ¿Tolera bien la comida? |
| Erbricht es? | ¿Vomita? |
| Wird es blau, wenn es schreit? | ¿Se pone azul cuando llora? |
| | |
| Motorische Entwicklung: | Desarrollo motor: |
| Kann es den Kopf halten? | ¿Aguanta / sostiene su cabeza? |
| Kann es allein sitzen? | ¿Se aguanta sentado él solo? |
| Krabbelt es? | ¿Gatea? |
| Geht es mit Hilfe/allein? | ¿Anda con ayuda / solo? |
| Greift es nach Gegenständen? | ¿Coge objetos? |
| | |
| Geistige Entwicklung: | Desarrollo mental: |
| Formt es Laute? | ¿Vocaliza? |
| Lächelt es? | ¿Sonríe? |
| Wann hat es zum ersten Mal gesprochen? | ¿Cuándo habló por primera vez? |
| Wie viele Wörter kann es sprechen? | ¿Cuántas palabras sabe decir? |
| | |
| Wann bekam es seinen ersten Zahn? | ¿Cuándo le salió el primer diente? |
| | |
| **Nervensystem:** | **Sistema nervioso:** |
| | |
| Schwindel: | Vértigo: |
| Ist Ihnen schwindelig? | ¿Tiene Ud. vértigo? |
| Können Sie den Schwindel beschreiben? | ¿Puede describir ese vértigo? |
| | |
| Kopfschmerzen: | Cefalea: |
| Haben Sie Kopfschmerzen oder Migräne? | ¿Tiene Ud. dolor de la cabeza, cefalea o migrañas? |

| Hörstörung: | Trastornos acústicos: |
|---|---|
| Hören Sie gut? | ¿Oye Ud. bien? |
| Leiden Sie unter Ohrgeräuschen/ Ohrensausen? | ¿Padece Ud. de zumbido(s) de (los) oídos? |

| Bewusstsein: | Conciencia: |
|---|---|
| Haben Sie das Bewusstsein verloren? | ¿Ha perdido el conocimiento? |
| Sind Sie ohnmächtig geworden? | ¿Se ha desmayado? |
| Können Sie sich über den Tag hinweg wach halten? | ¿Se mantiene despierto/a durante el día? |

| Übergeordnete Funktionen: | Funciones superiores: |
|---|---|
| Haben Sie das Gedächtnis verloren? | ¿Ha perdido memoria? |
| Haben Sie Schwierigkeiten bei der Orientierung oder dem Wiedererkennen? | ¿Tiene dificultad para orientación o reconocimiento? |
| Sind Sie bei den Dingen des täglichen Lebens, wie zum Beispiel dem Ankleiden oder dem Waschen ungeschickt geworden? | ¿Tiene torpeza para realizar las actividades normales como vestirse o lavarse? |

| Sehstörung: | Trastornos visuales: |
|---|---|
| Können Sie gut in der Ferne/Nähe sehen? | ¿Tiene Ud. buena vista de lejos / cerca? |
| Tragen Sie eine Brille oder Kontaktlinsen? | ¿Lleva Ud. Gafas o lentillas? |
| - seit wann? | - ¿desde cuándo? |
| Sehen Sie doppelt? | ¿Ve Ud. doble? |
| Haben Sie eine verschwommene Sicht? | ¿Padece de una visión borrosa? |

| Sprachstörung: | Trastornos del lenguaje: |
|---|---|
| Hat sich Ihre Aussprache verändert? | ¿Ha cambiado su pronunciación? |
| Können Sie andere gut verstehen? | ¿Entiende bien lo que le dicen? |
| Können Sie sich gut ausdrücken? | ¿Puede expresar lo que quiere? |

| Motorik: | Motor: |
|---|---|
| Haben sie einen generalisierten oder lokalisierten Kraftverlust bemerkt? | ¿Ha notado perdida de fuerza generalizada o focal? |
| Sind Sie schnell ermüdbar? | ¿Existe agotamiento o fatigabilidad? |

| Sensibilität: | Sensibilidad: |
|---|---|
| Haben Sie irgendwo Kribbeln/ Ameisenlaufen? | ¿Tiene Ud. picazón / hormigueo en algún sitio? |
| Haben Sie Missempfindungen/ Parästhesien in den Fingern/Zehen? | ¿Tiene parestesias en los dedos o los dedos del pie? |
| | |
| **Muskeltonus:** | **Tono muscular:** |
| Haben Sie Zähigkeit oder Schlaffheit in irgendeinem Muskel bemerkt? | ¿Nota rigidez o laxitud de miembros? |
| | |
| **Extrapyramidal:** | **Extrapiramidal:** |
| Haben Sie ein Zittern bemerkt? | ¿Ha notado temblor? |
| Haben Sie Schwierigkeiten beim Beginn von Bewegungsabläufen? | ¿Le cuesta iniciar los movimientos? |
| Haben Sie Änderungen in Ihrem Gangbild bemerkt? | ¿Ha notado cambio en la forma de andar? |
| | |
| **Kleinhirn:** | **Cerebelo:** |
| Bewegen sich die Dinge vor Ihren Augen? | ¿Se le muevan/oscilan las cosas que ve? |
| Leiden Sie unter Übelkeit oder Erbrechen? | ¿Tiene nauseas o vómitos? |
| Haben Sie Gangunsicherheiten bemerkt? Zieht es Sie in die ein oder andere Richtung? | ¿Ha notado una inestabilidad en la marcha? ¿Se va más hacia uno u otro lado? |

| KÖRPERLICHE UNTERSUCHUNG | EXPLORACIÓN FÍSICA |
| --- | --- |
| **Allgemeinzustand:** | **Estado general:** |
| - gut | - bueno |
| - schlecht | - malo |
| - akzeptabel | - regular |
| Körpergröße: | Altura: |
| Wie groß sind Sie? | ¿Qué altura tiene / cuánto mide? |
| Gewicht: | Peso: |
| Wie viel wiegen Sie? | ¿Cuánto pesa Ud.? |
| **Vitalparameter:** | **Parámetros vitales:** |
| Temperatur: | Temperatura: |
| - afebril | - sin fiebre |
| - subfebril | - subfebril/Febricula |
| - febril/Fieber | - con fiebre |
| - unterkühlt | - hipotermia (por debajo de la temperatura normal) |
| Atemfrequenz | Frecuencia respiratoria |
| Blutdruck | Tensión arterial |
| Puls: | Pulso: |
| - regelmäßig | - regular |
| - tachy-/bradykard | - taquicárdica/bradicárdica |
| - paradoxus | - paradoxus |
| Gefäßgeräusche | Ruidos vasales |
| **Ernährungszustand:** | **Estado de nutrición:** |
| - dick | - gordo |
| - mager | - flaco |
| - muskulös | - musculoso |

| | |
|---|---|
| - kachektisch | - caquéctico |
| | |
| **Körperbau:** | **Constitución física** |
| - unauffällig | - normal |
| - leptosom | - leptosómica |
| - pyknisch | - pícnica |
| - athletisch | - atlética |
| | |
| **Hautturgor:** | **Turgencia:** |
| - normal | - normal |
| - (de)hydriert | - (des-)hidratada |
| | |
| **Dysmorphiezeichen** | **Malformaciones:** |
| | |
| | |
| Setzen Sie sich! | ¡Siéntese! |
| Legen Sie sich auf diese Liege! | ¡Túmbese en esta camilla! |
| Legen Sie sich auf den Rükken/Bauch! | ¡Túmbese sobre la espalda/el vientre! |
| Machen Sie Ihren Oberkörper frei! | ¡Quítese la camisa! |
| **Haut:** | **Piel:** |
| | |
| Hautfarbe: | Color de la piel: |
| - normal | - normal |
| - blass/Blässe | - pálido/palidez |
| - blau/zyanotisch | - azul/cianótico |
| - gelb/ikterisch | - amarillo/ictérico |
| - gebräunt | - moreno |
| - gerötet/Gesichtsrötung | - eritematoso/Rubor |
| - hyperpigmentiert | - hiperpigmentado |
| - Teleangiektasien | - Teleangiectasia |
| | |
| Beschaffenheit: | Consistencia: |
| - normal | - normal |
| - exsikkiert | - seca |
| - Schwitzen | - sudando |
| - Xanthelasmen | - Xantelasmas |
| - Spider Naevi | - Arañas vasculares |
| - Purpura | - Púrpura |

| Deutsch | Español |
|---|---|
| - Effloreszenzen | - Lesiones fundamentales |
| - Atrophie | - Atrofia |
| - Ödeme | - Edema |
| - Dermografismus | - Dermografismo |
| - Verrucae | - Verruga |
| - Palmarerythem | - Eritema palmar |
| - Hämatome/Blutergüsse | - Hematomas |
| - Operationsnarbe | - Cicatrices |
| - Schnittwunde | - Herida incisiva |
| - Wundinfektion | - Herida infectada |
| - Gänsehaut | - Piel de gallina |
| - Orangenhaut | - Piel de naranja |
| **Behaarung:** | **Pelo:** |
| Kopf: | Cabello: |
| - Haarausfall | - Caída de pelo |
| - Glatze | - Calva |
| Körper: | Pelo (cuerpo): |
| - fehlend | - ausente |
| - Hirsutismus | - Hirsutismo |
| **Lymphknoten:** | **Ganglios linfáticos:** |
| Lokalisation: | Localización: |
| - Halsregion | - Cuello |
| - Achselhöhle | - axial |
| - Leistenregion | - Región inguinal |
| Beschaffenheit: | Consistencia: |
| - beweglich/fixiert | - móvil |
| - vergrößert | - aumentado / palpable |
| - druckdolent | - doloroso a la presión/-palpación |
| **Nägel:** | **Uñas:** |
| - normal | - normal |
| - Uhrglasnägel | - Acropácias |

| | |
|---|---|
| - Trommelschlegelfinger | - Dedos en palillo de tambor |
| **Kopf:** | **Cabeza:** |
| Kopfform: | Forma de la cabeza: |
| - normal | - normal |
| - verändert | - patológico / alterado |
| **Augen:** | **Ojos:** |
| Augapfel: | Globo del ojo: |
| - Exophtalmus | - Exoftalmos |
| Bitte folgen Sie meinem Finger mit den Augen ohne den Kopf zu bewegen! | ¡Por favor siga mis dedos con sus ojos sin mover la cabeza / con la cabeza fija! |
| Beweglichkeit: | Movilidad: |
| - normal | - normal |
| - eingeschränkt | - limitada / restringida |
| Pupillen: | Pupilas: |
| - seitengleich | - isocórica |
| - nicht seitengleich | - anisocórica |
| - stecknadelkopfgroß | - puntiforme |
| - Reaktion auf Licht und Akkomodation | - Reacción a la luz y a la acomodación |
| Bitte schauen Sie nach oben/unten! | ¡Por favor, mire para arriba/ abajo! |
| Skleren/Konjunktiven: | Scleras y conjuntivas: |
| - ikterisch | - ictérica |
| - injiziert | - Enrojecimiento conjuntiva |
| Augenhintergrund: | Fondo de ojo: |
| - Stauungspapille | - Papiledema |
| - Katarakt | - Catarata (senil) |

| | |
|---|---|
| **Ohr:** | **Oreja:** |
| Gehörgang | Oído |
| Trommelfell: | Membrana timpánica: |
| - Lichtreflex | - Reflejo luminoso |
| - Glanz | - Brillantez |
| - Aussehen der Gehörknöchelchen | - Aspecto de los huesecillos |
| **Nase:** | **Nariz:** |
| Nasenatmung: | Respiración por la nariz: |
| - frei | - posible/libre |
| - behindert | - impedido |
| Nasengänge: | Conductos nasales: |
| - durchgängig | - transitable |
| Septum: | Septo nasal: |
| - Deformation | - Deformación / Deformidad del tabique |
| Nasenschleimhaut: | Mucosa nasal: |
| - geschwollen | - hinchada |
| Sekret | Secreción |
| Nebenhöhlen: | Senos paranasales: |
| - klopfdolent | - doloroso a la percusión |
| Bitte öffnen Sie den Mund und strecken die Zunge heraus! | ¡Por favor abra la boca y saque la lengua / diga Aaa! |
| **Mundhöhle:** | **Cavidad oral:** |
| Foetor/Mundgeruch: | Olor de la boca: |
| - Alkohol | - Alcohol |
| - Aceton | - Acetona |

| | |
|---|---|
| Zunge: | Lengua: |
| - belegt | - blanca |
| - behaart | - peluda / vellosa |
| - trocken | - seca |
| - Zungenbiss | - Mordedura de la lengua |
| | |
| Schleimhaut: | Mucosa: |
| - gut durchblutet | - vascularizada bien/mal |
| - feucht | - mojada |
| | |
| Lippen: | Labios: |
| - Herpes | - Herpes |
| - Zyanose | - Cianosis |
| | |
| Zahnstatus: | Estado de los dientes: |
| - Prothese | - Prótesis |
| - kariös | - cariados |
| - Lücken | - Mellas en la dentadura |
| | |
| Zahnfleisch | Encías |
| | |
| | |
| Sagen Sie A! | ¡Diga Aaa! |
| **Rachen:** | **Faringe:** |
| - gerötet | - eritematosa |
| | |
| Tonsillen: | Amígdalas: |
| - vergrößert | - agrandadas |
| - zerklüftet | - rugosas |
| - eitrig belegt | - purulentas |
| - gerötet | - eritematosas |
| | |
| Bitte schlucken Sie! | ¡Trague, por favor! |
| Drehen Sie Ihren Kopf nach rechts/links! | ¡Mueva su cabeza hacia la derecha / izquierda! |
| **Hals:** | **Cuello:** |
| | |
| Beweglichkeit: | Flexibilidad del cuello: |
| - in alle Richtungen frei beweglich | - móvil en todas las direcciones |

| Schilddrüse: | Tiroides: |
|---|---|
| - normal | - normal |
| - (diffuse) Struma | - Bocio (difuso) |
| - Knoten | - Nódulo |
| - Strumektomie | - Tiroidectomía |
| - Hyper-/Hypothyreosezeichen | - Signos de hipertiroidismo/ hipotiroidismo |
| - Halsvenenstauung | - Ingurgitación yugular |
| - Hepatojugulärer Reflux | - Reflujo hepatoyugulario |

| | |
|---|---|
| Heben Sie den Arm und lassen ihn wieder fallen! | ¡Levante su brazo y déjelo caer! |

| **Brüste:** | **Pechos:** |
|---|---|
| - Knoten | - Nódulos / Masas |
| - Sekret | - Secreción |
| - Schmerzhaftigkeit | - Dolor |
| - Gynäkomastie | - Ginecomastia |

| **Thorax:** | **Tórax:** |
|---|---|

| Form: | Contorno: |
|---|---|
| - Emphysem/Fassthorax | - Tórax enfisematosa / de tonel |
| - Buckel | - Cifosis/Lordosis |
| - Rachitische Zeichen | - Signos de raquitismo |
| - Trichterbrust | - Pectum excavatum |
| - Hühnerbrust | - Pecho de gallina |

| Beweglichkeit: | Movilidad: |
|---|---|
| - elastisch | - normal |
| - starr | - restringida |

| | |
|---|---|
| Atmen Sie mit offenem Mund tief ein und aus! | ¡Por favor, respire hondo con la boca abierta! |
| Atmen Sie ein und halten dann die Luft an! | ¡Inspire y aguante el aire! |

| **Lungen:** | **Pulmones:** |
|---|---|
| Abnormes Sputum | Esputo anormal |

| | |
|---|---|
| Atmung: | Respiración: |
| - rhythmisch | - rítmica |
| - Orthopnoe | - Ortopnea |
| - Mundatmung | - Respiración por la boca |
| - Periodische Atmung | - Respiración periódica |
| - Stridor | - estridor |
| - (Ruhe)Dyspnoe | - Diseña de reposo |
| - Tachypnoe | - Taquipnea |
| - Interkostale Einziehung | - Tiraje intercostal/supraescapular |
| - Hypo/Hyperventilation | - Hipo / Hiperventilación |
| - Kussmaulsche Atmung | - Respiración de Kussmaul |
| - Cheyne-Stokes Atmung | - Respiración de Cheyne-Stokes |
| | |
| Perkussion: | Percusión: |
| - Dämpfung | - Matidez |
| - (hyper)sonorer Klopfschall | - Timpanismo normal / aumentado |
| - Zwerchfellgrenzen | - Posición del diafragma |
| | |
| Auskultation: | Auscultación: |
| - Vesikuläratmen | - Murmullo vesicular |
| - Bronchialatmen | - Soplo tubárico |
| - Nebengeräusche | - Alteraciones bronco-pulmonares |
| - Giemen/Pfeifen | - Sibilancias |
| - Rasselgeräusch | - Roncus de olla hirviendo [3] |
| - Grob/feinblasig | - de gran / pequeña burbuja |
| - (nicht)klingend | - (no) consonantes |
| - Knistern | - Crepitantes |
| | |
| Bitte sagen Sie 99! | ¡Diga treinta y tres/carretera! |
| Stimmfremitus | Frémito |
| | |
| **Herz:** | **Corazón:** |
| | |
| Palpation: | Palpación: |
| Herzspitzenstoß | Impulso cardíaco |

[3] Wörtlich „Kochender Wasserkessel"

| | |
|---|---|
| Auskultation: | Auscultación: |
| Herzrhythmus | Ritmo cardíaco |
| Herztöne | Ruido cardíaco |
| - Systolikum/Diastolikum | - sistólico / diastólico |
| - (Atemabhängige) Spaltung | - Desdoblamiento |
| - Herzgeräusch | - Soplo |
| - Punctum Maximum | - Zona de más intensidad |
| - Perikardreiben | - Roce pericárdico |
| **Abdomen:** | **Abdomen:** |
| Palpation: | Palpación: |
| - Brüche | - Hernias |
| - Resistenzen/Abwehrspannung | - Resistencia/Defensa muscular |
| - Bretttharte Bauchdecke | - Abdomen en tabla |
| - Meteorismus | - Meteorismo |
| - Organvergrößerungen | - Organomegalia |
| - Aszites | - Ascitis |
| - weich/eindrückbar | - blando/depresible |
| - gebläht/aufgetrieben | - distendido |
| - Druckschmerz | - Dolor a la presión |
| - Loslassschmerz | - Dolor al rebote |
| **Leber:** | **Hígado:** |
| Lebergrenze: | Borde hepático: |
| - scharf | - boto |
| - stumpf | - room/puntiagudo |
| Konsistenz: | Consistencia: |
| - weich | - blanda |
| - hart | - dura |
| Oberfläche: | Superficie: |
| - höckerig | - tuberoso |
| Hepato-/Splenomegalie | Hepatomegalia |

| Darmgeräusche/Peristaltik: | Ruidos intestinales/Peristalsis: |
|---|---|
| - vermehrt | - aumentada/os; elevada/os; intensificada/os |
| - vermindert/fehlend | - disminuida/os; ausentes |
| - hochgestellt | - Peristaltismo de lucha |
| | |
| **Nierenlager:** | **Riñones / región renal:** |
| - klopfschmerzhaft | - dolorosa a la percusión |
| | |
| **Vaginale Untersuchung:** | **Exploración vaginal:** |
| | |
| Zervix | Cervix/Cuello uterino |
| | |
| Uterus: | Útero: |
| - vergrößert | - Aumento de tamaño / agrandado |
| - Position | - Posición |
| | |
| Adnexen: | Anejos: |
| - Schmerzempfindlichkeit | - Sensibilidad |
| - Tumoren | - Masas |
| | |
| **Rektale Untersuchung:** | **Exploración rectal:** |
| - Hämorrhoiden | - Hemorroides |
| - Tumoren | - Masas |
| | |
| Sphinktertonus: | Tono esfinteriano: |
| - normal | - normal |
| - gesteigert | - aumentado |
| - vermindert | - disminuido |
| | |
| Prostata: | Próstata: |
| Größe | Tamaño |
| | |
| Konsistenz: | Consistencia: |
| Knoten | Nódulos |
| | |
| Stuhl: | Heces: |
| Farbe | Color |
| Konsistenz | Consistencia |

| | |
|---|---|
| Blut/Schleim | Sangre / moco |
| **Bewegungsapparat:** | **Aparato movimiento:** |
| Extremitäten: | Extremidades: |
| - Varizen | - Várices |
| - Ödeme | - Edemas |
| - Gangrän | - Gangrena |
| - Ulcus Cruris | - Úlcera varicosa |
| - Thrombophlebitis | - Tromboflebitis |
| Knochendeformitäten | Malformaciones de los huesos |
| Beugen Sie sich bitte nach vorne! | ¡Dóblese hacia adelante! |
| Wirbelsäule: | Columna vertebral: |
| - Kyphose/Lordose | - Cifosis/Lordosis |
| - Skoliose | - Escoliosis |
| Muskeln: | Musculos: |
| - schmerzhaft | - doloroso |
| - geschwollen | - Hipertrofia |
| - atrophisch | - atrófico |
| **Neurologische Untersuchung:** | **Examen neurológico:** |
| Bewusstseinslage: | Nivel de conciencia: |
| - normal, wach und orientiert | - normal, despierto y orientado |
| - soporös | - estuporoso |
| - komatös | - en coma |
| - verwirrt | - confuso |
| - somnolent | - somnoliento/onubilado |
| - Glasgow Coma Scale | - Escala de Glasgow de Coma |
| Erinnerungsvermögen: | Memoria: |
| - normal/altersentsprechend | - normal/de acuerdo con la edad |
| - anterograde/retrograde Amnesie | - Amnesia anterógrada / retrógrada |

| | |
|---|---|
| Stimmung/Affekt: | Estado de ánimo: |
| - situationsentsprechend | - adecuado |
| - euphorisch | - eufórico |
| - ängstlich | - temeroso |
| - Selbstmordabsichten | - Intención de suicidio |
| | |
| Intelligenz: | Inteligencia: |
| - normal | - normal |
| - leicht/stark vermindert | - disminuido leve / grave |
| | |
| Meningitische Zeichen: | Signos meníngeos: |
| - Opisthotonus | - Opistotono |
| | |
| Hirnnerven: | Pares craneales: |
| - intakt | - intacto |
| - Fazialislähmung | - Parálisis del nervio facial/ de Bell |
| | |
| Sprache: | Lenguaje: |
| - klar | - claro |
| - Stottern | - tartamudeo |
| - Stummheit | - mudo |
| | |
| | |
| Ziehen Sie die Füße zu sich heran! | ¡Recoja/contraiga sus pies hacia si mismo! |
| Drücken Sie die Zehen nach unten! | ¡Apriete los dedos del pie hacia abajo! |
| Heben Sie die Schultern, Ellbogen! | ¡Levante sus hombros / codos! |
| Drücken Sie meine Hand so fest Sie können! | ¡Apriete mi mano lo más fuerte que pueda! |
| Muskelkraft: | Fuerza de músculos: |
| - normal | - normal |
| - Kraftverlust | - Pérdida de fuerza |
| | |
| Muskeltonus: | Tono muscular: |
| - normal | - normal |
| - steif | - rígido |
| - schlaff | - flácido |
| - Rigor | - Rigor |

| | |
|---|---|
| - Tremor | - Temblor |
| - Atrophie | - Atrofia |
| - Faszikulationen | - Fasciculaciones |
| | |
| Lassen Sie das Bein/den Arm ganz locker! | ¡Relaje su pierna / brazo! |
| **Reflexe:** | **Reflejos:** |
| Dehnungsreflex/Fremdreflex | Reflejos tendinosos/Reflejos polisinápticos |
| Bauchhautreflex | Reflejos cutáneo abdominal |
| Cremaster-Reflex | Reflejo cremastérico |
| - normal/ gestört | - normal/anormal |
| - gesteigert | - exaltado |
| - vermindert/erloschen | - disminuido / abolido |
| - Klonus | - Clonus |
| Pyramidenbahnzeichen: | Signos piramidales: |
| - Spasmus | - Espasticidad |
| - Erloschene Reflexe | - Abolición de reflejos |
| - Gesteigerte Reflexe: Verbreiterte Reflexzonen, Klonus | - Hiperreflexie: Aumento de area reflexógena, clonus |
| - Pathologische Reflexe: Babinsky, Hoffman | - Reflejos patológicos: Babinski, Hoffman |
| **Sensibilität:** | **Sensibilidad:** |
| Berührungsempfinden | Sensibilidad táctil |
| Vibrationsempfinden | Sensibilidad vibratoria |
| Lageempfinden | Sensibilidad posicional |
| Schmerzempfindung | Sensibilidad dolorosa |
| **Kleinhirn:** | **Función cerebellar:** |
| Adiadochokinese | Adiadococinesia |
| Dysmetrie | Dismetria |
| Nystagmus | Nistagmus |
| Ataxie | Ataxia |
| Skandierende Sprache | Habla escandida |
| | |
| Hacken-Schienbeintest | Test Tallon-Rodilla |

| | |
|---|---|
| Finger-Nase-Test | Test Indice-Nariz |
| | |
| **Zusammenfassung** | **Resumen** |
| Wichtigste Befunde | Hallazgos / resultados más importantes |
| Verdachtsdiagnose/Vorläufige Diagnose | Orientación diagnóstica |
| Differenzialdiagnose | Diagnosis diferencial |
| | |
| **Weiteres Vorgehen:** | **Procedimiento** |
| - Laboranforderungen | - peticiones de análisis |
| - Zusätzliche Untersuchungen | - exploraciones complementarias |

**Tabla: Pares craneales**

| | Exploración | Signos de lesión |
|---|---|---|
| **I. N. Olfatorio** | No se suele explorar | Anosmia, disosmia en casos de meningiomas del surco olfatorio y traumatismos craneoencefálicos con rotura de la lámina cribosa etmoidal |
| **II. N. Óptico** | Agudeza y perimetría visual, fundoscopia | Ceguera, de agudeza visual, hernianopsia homónima bitemporal en lesiones centrales del quiasma |
| **III. N. Oculomotor común** | Pupilas: simetría, tamaño, forma, reactividad a los reflejos fotomotor, consensuado y de acomodación. Motilidad ocular extrínseca (recto superior, inferior y medial, oblicuo inferior) y elevación del párpado | Ptosis, ojo en reposo desviado hacia afuera y abajo. Midriasis si se lesionan sus fibras parasimpáticas |
| **IV. N. Troclear** | Motilidad ocular extrínseca (oblicuo superior) | Ojo en reposo desviado hacia afuera y arriba. Produce característicamente diplopia vertical que aumenta al mirar hacia abajo, (leer o bajar escaleras) |
| **V. N. Trigémino** | Sensorial: tres ramas (sensibilidad de la cara). Reflejo corneal. Motor: maseteros, temporales y pterigoideos (masticación y lateralización de la mandibula) | Hipoalgesia facial y debilidad de los músculos correspondientes |

| | | |
|---|---|---|
| **VI. N. Oculomotor externo** | Motilidad ocular extrinseca (recto externo) | Ojo en reposo desviado hacia dentro |
| **VII. N. Facial** | Motilidad de la musculatura fascial | Interesa determinar si la parálisis es central o supranuclear (se respeta la mitad superior de la cara) o periférica o nuclear (se afecta toda la hernicara) |
| **VII: N. Estatoacústico** | Se explorará la porción coclear o auditiva y la vestibular (maniobras oculocefálicas, indices de Barany, marcha en estrella y pruebas calóricas) | Hipoacusia (lesión n. auditivo). Vértigo (lesión n. vestibular) |
| **IX. N. Glosi-faríngeo X: N. Vago** | Se exploran juntos. Sensibilidad y motilidad velopalatina. Reflejo nauseoso | Desviación de la úvula y paladar hacia el lado lesionado |
| **XI. N. Espinal** | Esternocleidomastoideo y porción superior del trapecio | Paresia de los músculos implicados |
| **XII. N. Hipogloso** | Motilidad de la lengua | Desvioación de la punta hacia el lado lesionado, hemiatrofia |

# TEIL II: WIE BEWERBE ICH MICH?

## II.1. Bewerbungsschreiben

Beispiel 1

Julia Schulze
Hardenbergstr. 11
10623 Berlin

Hospital Virgen de Macarena
Calle Feria 35
4100 Sevilla

Hamburg, den 20. August 2002

Sehr geehrte Damen und Herren,

Momentan studiere ich im fünften Jahr Medizin an der Universität Hamburg.

Sowohl die bisherige Ausbildung als auch Praktika in anderen Ländern haben in mir großes Interesse an allem geweckt, was mit ärztlicher Tätigkeit im Ausland zu tun hat.

Aus diesem Grund wende ich mich an Sie, um mich für ein Praktikum in Ihrem Hause für die Dauer von zwei Monaten zu bewerben.

Daher wäre ich Ihnen verbunden, wenn Sie, unter Berücksichtigung meines beiliegenden Lebenslaufs, die Möglichkeit eines Praktikums erwägen.

Sollte es die Aussicht auf ein Praktikum bei Ihnen geben, wäre ich Ihnen dankbar, wenn Sie sich unter der oben genannten Adresse mit mir in Verbindung setzen würden, um Einzelheiten zu klären.

Mit freundlichen Grüßen,

Unterschrift: Julia Schulze

# PARTE II: ¿CÓMO REALIZAR UNA SOLICITUD?

## II.1. Carta de solicitud

Ejemplo 1

Julia Schulze
Hardenbergstr. 11
10623 Berlin

Hospital Virgen de Macarena
Calle Feria 35
4100 Sevilla

Hamburg, 20 de Agosto de 2002

Muy señores míos,

Por la presente le quiero comunicar que actualmente estudio medicina en el quinto año en la universidad de Hamburgo.

La formación recibida, así como la realización de practicas en otros países han despertado un enorme interés por todo lo relacionado con medicina en el extranjero.

Esta es la razón por la cual me dirijo a Ud. con la intención de solicitar unas practicas en su hospital por un periodo de tiempo de dos meses.

En este sentido, les ruego consideren, a la vista del CV que les adjunto, la posibilidad de unas prácticas.

En el caso de que lo consideren oportuno, le ruego se pongan en contacto conmigo en la dirección indicada con el fin de concretar detalles y otros datos que puedan ser de su interés.

Se despide muy cordialmente,

Fdo. Julia Schulze

Beispiel 2

Julia Schulze
Hardenbergstr. 11
10623 Berlin

Sr. Juan Ruiz Gimenez
Hospital Virgen de Macarena
Calle Feria 35
4100 Sevilla

Hamburg, den 25. Januar 2002

Sehr geehrter Herr Ruiz,

bezugnehmend auf unser Telefongespräch vom 20. Januar diesen Jahres schicke ich Ihnen meine Bewerbung.

Unlängst habe ich das Medizinstudium an der Universität Hamburg abgeschlossen. Nach dem Staatsexamen schließt sich in Deutschland das Praktische Jahr an. Einen Teil dieses Jahres würde ich gerne im Ausland verbringen.
Aus diesem Grunde wäre ich an einem Praktikum in Ihrer chirurgischen Abteilung interessiert. Der für mich in Frage kommende Zeitraum beträgt vier Monate zwischen Januar und August des kommenden Jahres.

Anbei übersende ich Ihnen meinen Lebenslauf mit einem Überblick über meine bisherige Ausbildung. Wie Sie daraus ersehen können, habe ich bereits einige Praktika im spanischsprachigen Ausland absolviert, unter anderem im Fach Chirurgie.

Sollte es möglich sein, ein Praktikum bei Ihnen zu durchlaufen, stehe ich Ihnen jederzeit zur Verfügung, falls Sie weitere Unterlagen benötigen.

In der Hoffnung, bald von Ihnen zu hören, verbleibe ich mit freundlichen Grüßen,

Unterschrift: Julia Schulze

Ejemplo 2

Julia Schulze
Hardenbergstr. 11
10623 Berlin

Sr. Juan Ruiz Gimenez
Hospital Virgen de Macarena
Calle Feria 35
4100 Sevilla

Hamburgo, 25 de Enero de 2002

Estimado Señor Ruiz:

En referencia a nuestra llamada del 20 de enero del presente año, le envío mi carta de solicitud.

He finalizado mis estudios de Medicina en Hamburgo.
Completado el "Examen de estado" en Alemania se inicia para nosotros un período de prácticas de un año de duración. Quisiera pasar una parte de esas prácticas en el extranjero. En este sentido, estaría interesado/a en realizar un rotatorio de cirugía en su Hospital. Sería por un período de cuatro meses en el espacio de tiempo entre enero y agosto del año que viene.

Acompañado la presente, le envío mi CV, donde detallo formación y experiencia profesional. Como podrá observar en el, he realizado algunas prácticas en países hispanohablantes, incluso en cirugía.

Estaré a su disposición, a cualquier hora del día, a fin de poder concretar los requisitos necesarios en el caso de que la rotación fuera posible.

Esperando tener noticias suyas próximamente, les saluda atentamente,

Fdo. Julia Schulze

## II.2. Lebenslauf

Beispiel

Angaben zur Person

| | |
|---|---|
| Name | Julia Schulze |
| Adresse | Hardenbergstr. 11<br>10623 Berlin<br>Deutschland |
| Telefon | +49-30-6179110 |
| E-Mail | julia.schulze@lehmanns.de |
| Geburtsdatum | 20. August 1970 |
| Familienstand | Ledig/Verheiratet |

Ausbildung

| | |
|---|---|
| Mai 1990 | Abitur |
| 1990-1997 | Studium der Humanmedizin an der Universität Hamburg |
| Dezember 1997 | Staatsexamen |
| März 2000 | Dissertation, Titel:"Mammakarzinom" |

Berufserfahrung

| | |
|---|---|
| 1998-aktuell | Assistenzärztin in der Nephrologie im Krankenhaus Schwabing, München |

Auslandserfahrung

| | |
|---|---|
| 1993 | Famulatur im LTMG Hospital, Bombay, Indien |
| 1995 | Famulatur in der Notaufnahme des Hospital de las Clínicas, La Paz, Bolivien |
| 1995 | Famulatur im Hospital Virgen del Rocio, Sevilla, Spanien |
| 1996 | Praktisches Jahr im Mount Sinai Hospital, New York, USA |
| 1997 | Praktisches Jahr im Hospital Virgen de Macarena, Sevilla, Spanien |

**Currículum Vitae**

Ejemplo

Datos personales

| | |
|---|---|
| Nombre | Julia Schulze |
| Dirección | Hardenbergstr. 11<br>10623 Berlin<br>Alemania |
| Teléfono | +49-30-6179110 |
| Correo electrónico | julia.schulze@lehmanns.de |
| Fecha de nacimiento | 20 de Agosto 1970 |
| Estado Civil | Soltera/Casada |

Formación académica

| | |
|---|---|
| Mayo 1990 | Bachillerato |
| 1990-1997 | Estudios de Medicina en la Universidad de Hamburgo |
| Diciembre 1997 | Examen de Estado/Licenciatura |
| Titulo obtenido | Médico |
| Marzo 1997 | Tésis doctoral. Tema:"Carcinoma de mama" |

Experiencia professional/laboral

| | |
|---|---|
| 1998-cursando | Residente de Nefrología en el Hospital Schwabing, Munich |

Experiencia internacional

| | |
|---|---|
| 1993 | Prácticas en el LTMG Hospital, Bombay, La India |
| 1995 | Prácticas en la emergencia del Hospital de las clinicas, La Paz, Bolivia |
| 1995 | Prácticas en el Hospital Virgen del Rocio, Sevilla, España |
| 1996 | Prácticas en el Mount Sinai Hospital, New York, Estados Unidos |
| 1997 | Prácticas en el Hospital Virgen de Macarena. Sevilla, España |

Zusätzliche Kenntnisse

| | |
|---|---|
| Deutsch | Muttersprache |
| Spanisch | In Wort und Schrift |
| Englisch | In Wort und Schrift |
| Französisch | Grundkenntnisse |
| Italienisch | Grundkenntnisse |
| Word, Exel und Powerpoint | Sehr gute Kenntnisse |

Interessen

Arbeit als Kameraassistentin beim Norddeutschen Rundfunk, Hamburg

Sprecherin des Europahauses, Hamburg
Publikation eines Deutsch-Spanischen Wörterbuches

Skifahren, Volleyball, Reiten, Flamenco und Salsa

Hamburg, den 2. Februar 2002

Conocimientos complimentarios

| | |
|---|---|
| Alemán | Idioma nativo |
| Español | Hablado y escrito |
| Inglés | Hablado y escrito |
| Francés | Conocimiento medio |
| Italiano | Conocimiento medio |
| Word, Exel y Powerpoint | Nivel alto |

Intereses y aficiones

Empleo como asistente de cámera en una emisora de televisión

Representante del Europahaus, Hamburgo
Publicación de un diccionario de medicina alemán-español

Esquiar, volleyball, montar al caballo, flamenco y salsa

Hamburgo, el 2 de Febrero 2002

# TEIL III: ALPHABETISCHES REGISTER
# PARTE III: ÍNDICE ALFABÉTICO
## III.1. Spanisch-Deutsch / Español-alemán

### A

**a través** durch
**Abdomen agudo, m.** Akutes Abdomen, n.
**Abocat, m.** Butterfly, m.; Braunüle, f.
**abolido/a** abwesend
**Aborto, m.** Fehlgeburt, f., Abort, m.
**- A. diferido, m.** Missed abortion, f.
**- A. espontáneo, m.** Spontanabort, m.
**- A. legal inducido, m.** Ärztlich eingeleiteter Abort, m.
**abrir** öffnen
**Absceso, m.** Abszess, m.
**- A. anal, m.** Analabszess, m.
**- A. cerebral, m.** Hirnabszess, m.
**- A. de la glándula Bartholin, m.** Bartholin-Abszess, m.
**- A. de la piel, m.** Hautabszess, m.
**- A. de pulmón, m.** Abszess der Lunge, m.
**- A. esplénico, m.** Milzabszess, m.
**- A. hepático, m.** Leberabszess, m.
**- A. perinéfrico, m.** Perinephritischer Abszess, m.
**- A. rectal, m.** Rektalabszess, m.
**- A. renal, m.** Nierenabszess, m.
**Absorción, f.** Absorption, f.
**Abuso sexual, m.** Sexueller Missbrauch, m.
**Acalasia de esófago, f.** Ösophagusachalasie, f.
**accidental** zufällig
**Accidente, m.** Unfall, m.
**Accidente vascular cerebral isquémico, m.** Hirninfarkt, m.
**Ácido acetilsalicílico, m.** Acetysalicylsäure, f.
**Ácido clavulánico, m.** Clavulansäure, f.
**Acné, f.** Akne, f.
**aconsejar** raten
**Acromegalia, f.** Akromegalie, f.
**Actinomicosis, f.** Aktinomykose, f.
**Actitud, f. fetal** Haltung des Fetus, f.
**acuoso/a** wässrig
**adecuado/a** angebracht
**Adelgazamiento, m.** Abmagerung, f.
**Adenoma, m.** Adenom, m.
**Adenopatia, f.** Lymphknotenschwellung, f.
**Adenovirus, m.** Adenoviren, mpl.
**Adherencia, f.** Verwachsung, f.
**Adhesion, f.** Verwachsung, f.
**admitir en un hospital** In ein Krankenhaus aufnehmen
**adquirido/a** erworben
**Afasia, f.** Aphasie, f.
**agobiar** aufregen, nerven
**Agorafobia, f.** Agoraphobie, f.
**Agranulocitosis, f.** Agranulozytose, f.
**Agripnia, f.** Schlaflosigkeit, f.
**agudo/a** akut
**Aguja, f.** Nadel, f.
**Ahogamiento, m.** Ertrinken, n.
**ahorcar** erhängen
**aislado/a** isoliert
**Alargamiento, m.** Verlängerung, f.
**alcanzar** ausreichen,erreichen
**Alergia, f.** Allergie, f.
**Aleta nasal, f.** Nasenflügel, m.
**Aleteo auricular, m.** Vorhofflattern, n.
**- A. ventricular, m.** Kammerflattern, n.
**Alexia, f.** Alexie, f.
**Alimentación, f.** Ernährung, f.
**Alivio, f.** Heilung, f.
**Almorranas, fpl. (US/SA)** Hämorrhoiden, fpl
**Alopecia areata, f.** Alopezia areata, f.
**Alta, m.** Entlassung, f.
**- A. voluntario, m.** Entlassung gegen ärztlichen Rat, f.
**Alteración, f.** Änderung, f.
**- A. de la conciencia, f.** Bewusstseinstörung, f.
**- A. del menisco, f.** Meniskusschädigung, f.
**alto/a** groß, hoch
**Alucinación, f.** Halluzination, f.
**- A. acústica, f.** Akustische H., f.
**- A. óptica, f.** Optische H., f.
**Alvéo, m. de la uña** Nagelbett, n.
**Alvéolo pulmonal, m.** Alveole, f.
**amamantar** stillen
**amarillo** gelb

**Amígdala palatina, f.** Gaumenmandel, f.
**Amigdalitis, f.** Tonsillitis, f.
**Amiloidosis, f.** Amyloidose, f.
**Amiotrofia neuralgica, f.** Neuralgische Amyotrophie, f.
**Amnesia, f.** Amnesie, f.
**- A. anterógrada, f.** Anterograde Amnesie, f.
**- A. psicogénica, f.** Psychogene Amnesie, f.
**- A. retrógrada, f.** Retrograde Amnesie, f.
**Amniorrexis, f.** Blasensprung, m.
**Ampliación, f.** Vervielfachung, f.
**amplio/a** breit
**Ampolla, f.** Ampulle, f.; Blase, f.; Bläschen, n.
**Amputación, f.** Amputation, f.
**Anartria, f.** Anarthrie, f.
**ancho/a** breit
**anciano/a** älter, alt
**Anejo, m.** Adnexe, f.
**Anemia, f.** Anämie, f.
**- A. depranocitica, f.** Sichelzellenkrankheit, f.
**- A. por carencia de hierro, f.** Eisenmangelanämie, f.
**Anencefalo, m.** Anenzephalie, f.
**Anestésico local, m.** Lokales Anästhetikum, n.
**Aneurisma, m.** Aneurysma, n.
**- A. aórtico, m.** Aortenaneurysma, n.
**Anexo, m. (SA)** Adnexe, f.
**Anfotericina B, m.** Amphotericin B, n.
**Angina de pecho, f.** Angina pectoris, f.
**Angina estable, f.** Stabile Angina, f.
**Angiografía, f.** Angiographie, f.
**Anhidrosis, f.** Anhydrose, f.
**Ano, m.** Anus, m.
**Anomalía de Ebstein, f.** Ebstein-Anomalie, f.
**Anomalia de la conducción cardíaca, f.** Reizleitungsstörung, f.
**Anorexia nerviosa, f.** Anorexia nervosa, f.
**Anormalidad de la marcha, f.** Gangstörung, f.
**Anquilosis articular, f.** Ankylose eines Gelenkes, f.
**Ansiedad, f.** Aufregung, f.
**Antebrazo, m.** Unterarm, m.
**Antibiótico (de amplio espectro), m.** (Breitspektrum)antibiotikum, n.
**Antihistamínico, m.** Antihistaminikum, n.
**Ántrax cutáneo, m.** Hautmilzbrand, m.
**Ántrax gastrointestinal, m.** Darmmilzbrand, m.
**Ántrax pulmonar, m.** Lungenmilzbrand, m.
**Aparato masticador, m.** Kauapparat, m.
**Aparato reproductivo femenino, m.** Weibliche Geschlechtsorgane, npl.
**Aparato reproductivo masculino, m.** Männliche Geschlechtsorgane, npl.
**Apéndice, m.** Blinddarm, m.
**Apendicitis, f.** Appendizitis, f.
**Apertura artificial, f.** Künstliche Körperöffnung, f.
**Apnea del sueño, f.** Schlafapnoe, f.
**Apraxia, f.** Apraxie, f.
**Arco costal, m.** Rippenbogen, m.
**Arco vertebral, m.** Wirbelbogen, m.
**arder** brennen
**Arenillas biliares, fpl.** Gallengrieß, m.
**Arritmia cardíaca, f.** Herzrhythmusstörung, f.
**Arteria, f.** Arterie, f.
**Arteria carótida, f.** Halsschlagader, f.
**Arteritis de celulas gigantes, f.** Riesenzellarteriitis, f.
**Arteritis, f.** Arteriitis, f.
**Articulación, f.** Gelenk, n.
**- A. de la cadera, f.** Hüftgelenk, n.
**- A. de la rodilla, f.** Kniegelenk, n.
**- A. del húmero, f.** Schultergelenk, n.
**- A. flotante, f.(SA)** Schlottergelenk, n.
**- A. sacroiliaca, f.** Sakroiliakalgelenk, n.
**- A. tibiotarsiana, f.,** Sprunggelenk, n.
**- A. vertebral, m.** Wirbelgelenk, n.
**Artritis piógena, f.** Eitrige Arthritis, f.
**Artropatía, f.** Arthropathie, f.
**Asa, f.** Eingeweide, f.
**Asa del intestino delgado, f.** Dünndarmschlinge, f.
**Ascariasis, f.** Scabies, f.
**Áscaris, f.** Spulwurm, m.
**Asfixia, f.** Asphyxie, f.; Erstickung, f.
**asimétrico/a** asymetrisch
**Asma, f.** Asthma bronchiale, n.
**- A. extrinseca** extrinsisch

**- A. intrinseca** intrinsisch
**asociado/a** assoziiert, zusammenhängend
**asociar** verbunden sein mit
**Aspiración de un cuerpo extraño, f.** Fremdkörperaspiration, f.
**Aspiración meconial, f.** Mekoniumaspiration, f.
**Aspiración, f.** Aspiration, f.
**aspirar** aspirieren
**Astigmatismo, m.** Astigmatismus, m.
**asustar** erschrecken
**Ataque, m.** Tätlicher Angriff, m.; Anfall, m.
**- A. apoplético, m. (SA)** Schlaganfall, m.
**- A. de apoplejia, m.** Schlaganfall, m.
**- A. epiléptica, f.** Epileptischer Anfall, m.
**Ataxia cerebelosa, f.** Hereditäre Ataxie, f.
**Aterosclerosis, f.** Atherosklerose, f.
**Atresia biliar, f.** Atresie der Gallengänge, f.
**Atresia coanal, f.** Choanalatresie, f.
**Atresia congénita de la válvula pulmonar, f.** Pulmonalklappenatresie, f.
**Atresia esofágica, f.** Ösophagusatresie, f.
**Atrofia de la piel, f.** Atrophie der Haut, f.
**Atrofia del músculo, f.** Muskelatrophie, f.; Muskelschwund, m.
**Atrofia muscular, f.** Muskelschwund, m.; Muskelatrophie, f.
**Atrofia óptica, f.** Optikusatrophie, f.
**atrófico/a** atrophiert
**attender un paciente** einen Patienten betreuen, behandeln
**aumentar** erhöhen, vergrößern
**Aumento, m.** Erhöhung, f.
**Aurícula, f.** Herzvorhof, m.
**Ausencia de menstruación, f.** Primäre Amenorrhoe, f.
**ausente** abwesend, nicht vorhanden
**autoinmune** autoimmun
**Axila, f.** Achselhöhle, f.

## B

**ß-bloqueante, m.** ß-Blocker, m.
**Babuceo, m.** Stottern, n.
**Bacilo de Freidlander, m.** Klebsiella
**Bacteria, f.** Bakterium, n.
**Bacteriemia, f.** Bakteriämie, f.
**Bajo rendimiento, m.** Leistungsabfall, m.
**bajo/a** tief
**balbucear** lallen
**Balneario antirreumático, m.** Rheumabad, n.
**Barba, f.** Vollbart, m.
**Barbilla, f.** Kinn, n.
**Barotrauma, m.** Barotrauma, n.
**Barrera hematocefálica, f.** Blut-Hirn-Schranke, f.
**Barro biliar, m.** Gallengrieß, m.
**Basalioma, f.** Basaliom, n.
**Base de la nariz, f.** Nasenwurzel, f.
**Base del craneo, m.** Schädelbasis, f.
**Bata, f.** Kittel, m.
**Bazo, m.** Milz, f.
**benigno/a** gutartig
**Betadine, m.** Betaisodonna, n.
**Bigote, m.** Oberlippenbart, m.
**Biopsia, f.** Biopsie, f.
**biopsiar** biopsieren
**blanco/a** weiß
**blando/a** weich
**bloquear** blockieren
**Bloqueo, m.** Verschluss, m.
**- B. auriculo-ventricular, m.** Atrioventrikulärer Block, m.
**- B. bilateral de las ramas del fascículo, m.** Bifaszikulärer Block, m.
**- B. rama derecha del fascículo, m.** Rechtsschenkelblock, m.
**- B. rama izquierda del fascículo, m.** Linksschenkelblock, m.
**- B. trifascicular, f.** Trifaszikulärer Block, m.
**Bocio, m.** Struma, f.
**Bolígrafo, m.** Schreibstift, m.; Kugelschreiber, m.
**Bolsa, f.** Tasche, f.; Sack, m.
**- B. de las aguas (SA), f.** Fruchtblase, f.
**- B. sinovial, f.** Schleimbeutel, m.
**- B. testicular, f.** Hodensack, m.
**Boreliosis, f.** Borreliose, f.
**Borramiento, m. del Cervix** Verstreichen, n. der Zervix
**Botulismo, m.** Botulismus, m.
**Bradicardia, f.** Bradykardie, f.
**Brazo, m.** Arm, m.; Oberarm, m.
**Brida, f.** Verwachsung, f.
**Broncoaspiración, f.** Aspiration, f.
**Bronquiectasia, f.** Bronchiektase, f.

**Bronquio, m.** Bronchus, m.
**Bronquiolitis, f.** Bronchiolitis, f.
**Bronquitis, f.** Bronchitis, f.
**Brucelosis, f.** Brucellose, f.
**brusco/a** plötzlich
**Bulla, f.** Blase, f.; Bläschen, n.
**Bulimia nerviosa, f.** Bulimia nervosa, f.
**Bursitis, f.** Bursitis, f.
**- B. subacromialis, f.** Bursitis subacromialis, f.
**Busca, m.** Piepser, m.
**Búsqueda, f.** Screening, n.
**Bypass, m.** Bypass, m.

## C

**Cabello, m.** Kopfhaar, n.
**Cadaver, m.** Leiche, f.
**Cadera, f.** Hüfte, f.
**Caída, f.** Sturz, m.
**Caída del pelo, f.** Haarausfall, m.
**Caja de (seguro contra la) enfermedad, f.** Krankenkasse, f.
**Calambre, m.** Krampf, m.
**Calcificaciones, f.** Verkalkungen, f.
**Cálculo, m.** Stein, m.
**- C. (del conducto) biliar, m.** Gallengangsstein, m.
**- C. de riñon m.** Nierenstein, m.
**- C. de uréter, m.** Ureterstein, m.
**- C. de vesicula biliar, m.** Gallenblasenstein, m.
**caliente** warm
**Callo, m.** Hühnerauge, n.
**Callosidad, f.** Hornhautschwiele, f.
**Calota, f.** Schädeldecke, f.
**Calva, f.** Glatze, f.
**Calvicie, f.** Glatze, f.
**Cámara anterior, f.** Vorderkammer, f.
**Cámara del ojo, f.** Augenkammer, f.
**Canal raquídeo, m.** Wirbelkanal, m.
**Canal vertebral, m.** Wirbelkanal, m.
**canalizar una via venosa** einen venösen Zugang legen
**Candidiasis, f.** Candidiasis, f.
**Candidiasis oral, f.** Mundsoor, m.
**Cansancio, m.** Müdigkeit, f.
**Cánula intravenosa, f.** Intravenöser Zugang, m.
**Capacidad vital, f.** Vitalkapazität, f.
**Capilares, mpl.** Kapillare, f.
**Capilares pulmonares, m.** Lungenkapillare, f.
**Cápsula, f.** Kapsel, f.
**- C. articular f.** Gelenkkapsel, f.
**- C. renal, f.** Nierenkapsel, f.
**caquéctico/a** kachektisch
**Caquexia, f.** Abmagerung, f.; Kachexie, f.
**Cara, f.** Gesicht, n.
**Cara de luna llena, f.** Vollmondgesicht, n.
**Carbunco, m.** Karbunkel, n.
**Carcinoma, m.** Karzinom, n.
**Carcinoma de mama, f.** Mammakarzinom, n.
**Cardenal, m.** Hämatom, n.
**Cardiomegalia, f.** Kardiomegalie, f.
**Cardiopatía isquémica, f.** Ischämische Kardiopathie, f.
**Cardiopatía isquémica crónica, f.** Chronisch ischämische Herzkrankheit, f.
**Carencia de** Mangel, m.
**Carencia de Vitamina, f.** Vitaminmangel, m.
**Carillo, m.** Wange, f.
**Carne, m.** Fleisch, n.
**Carotida, f.** Halsschlagader, f.
**Cartílago, m.** Knorpel, m.
**- C. articular f.** Gelenkknorpel, m.
**- C. de la nariz, m.** Nasenknorpel, m.
**- C. tiroideo, m.** Schildknorpel, m.
**Caso, m.** Fall, m.
**Caspa, f.** Schuppe, f.
**Cataplejia, f.** Kataplexie, f.
**Catarata (senil), f.** Katarakt (senil), m.
**Catarro, m.** Schnupfen, m.
**Catéter, m.** Katheter, m.
**Catéter cardíaco, m.** Herzkatheter, m.
**Cateterismo del corazón, m.** Herzkatheter, m.
**Cateterismo, m.** Blasenkatheterisation, f.
**Causa, f.** Grund, Ursache, f.
**Cauterzación, f.** Verätzung, f.
**- C. de Àcido, f.** durch Säure
**- C. de Lejía, f.** durch Lauge
**Cavidad, f.** Körperhöhle, f.
**- C. abdominal, f.** Bauchhöhle, f.
**- C. amigdalina, f.** Gaumenbogen, m.
**- C. articular f.** Gelenkhöhle, f.
**- C. bucal, f.** Mundhöhle, f.
**- C. craneal, f.** Schädelhöhle, f.
**- C. nasal, f.** Nasenhöhle, f.
**- C. oral, f.** Mundhöhle, f.

**Cefalea, f.** Kopfschmerz, m.
**- C. de Cluster, f.** Cluster-Kopfschmerz, m.
**- C. de Racimos, f.** Cluster-Kopfschmerz, m.
**- C. tensional, f.** Spannungskopfschmerz, m.
**Ceguera, f.** Blindheit, f.
**- C. nocturna, f.** Nachtblindheit, f.
**Ceja, f.** Augenbraue, f.
**celular** zellulär
**Cerebelo, m.** Kleinhirn, n.
**Cerebro, m.** Gehirn, n.
**Cerilla de los oídos, f.(SA)** Ohrenschmalz, m.
**cerrar** schließen
**Certeza, f.** Sicherheit, f.
**Cerumen, m.** Ohrenschmalz, m.
**Cervix, f.** Zervix, f.
**Cesárea, f.** Kaiserschnitt, m.
**Cetoacidosis, f.** Ketoazidose, f.
**Chalacion, m** Chalazion, m.
**Chequeo médico rutinario, m.** Ärztliche Allgemeinuntersuchung, f.
**chico/a** klein
**Choque, m.** Schock, m.
**Choquezuela, f. (SA)** Kniescheibe, f.
**cianotico/a** zyanotisch
**Ciática, f.** Ischialgie, f.
**Cicatriz, f.** Narbe, f.
**Cicatriz queloide, f.** Keloid, n.
**Ciclo menstrual (irregular), m.** (Unregelmäßiger) Zyklus, m.
**ciego/a** blind
**Ciego (SA), m.** Blinddarm, m.
**(Cifo-)Escoliosis, f.** (Kypho-)Skoliose, f.
**Cifosis, f.** Kyphose, f.
**Cinta métrica, f.** Bandmaß, n.
**Circulación, f.** Kreislauf, m.
**Circuncisión, f.** Zirkumzision, f.
**- C. rutinaria, f.** Zirkumzision als Routinemaßnahme, f.
**- C. ritual, f.** Zirkumzision aus rituellen Gründen, f.
**Circunvolución cerebral, f.** Hirnwindung, f.
**Cirrosis hepática alcohólica, f.** Alkoholische Leberzirrhose, f.
**Cirrosis hepática, f.** Leberzirrhose, f.
**Cirurgía plástica, f.** Plastische Chirurgie, f.
**Cistitis, f.** Zystitis, f.
**Cistoscopia, f.** Zystoskopie, f.
**Cisura pulmonar, f.** Lungenspalte, f.
**Citomegália, f.** Cytomegalie, f.
**Citomegalivirus, m.** Zytomegalie, f.
**Clamidia, f.** Chlamydien
**clasificarse** sich klassifizieren
**Clavícula, f.** Schlüsselbein, n.
**Cloasma, m.** Chloasma, n.
**Clostridium perfringens, m.** Clostridium perfringens
**Coágulo, m.** Blutgerinnsel, n.
**Coartación aórtica, f.** Aortenisthmusstenose, f.
**Cobertura, f.** Abdeckung, f.
**cocer** nähen
**Cóclea, f.** Ohrschnecke, f.
**Codo, m.** Ellbogen, m.
**coger una via (venosa)** einen Zugang legen
**Cola del páncreas, f.** Pankreasschwanz, m.
**Colangitis, f.** Cholangitis, f.
**- C. esclerosante, f.** Sklerosierende Cholangitis, f.
**Colapso, m.** Kollaps, m.
**- C. cardiocirculatorio, m.** Kreislaufkollaps, m.
**Colecistitis, f.** Cholezystitis, f.
**- C. aguda, f.** Akute Cholezystitis, f.
**- C. alitiásica, f.** Cholezystitis-nicht durch Steine bedingt, f.
**Colédoco, m.** Ductus Choledochus, m.; Gallengang, m.
**Colelitiasis, f.** Cholelithiasis, f.
**Cólera, f.** Cholera, f.
**Colesteatoma, m.** Cholesteatom, m.
**Cólico, m.** Kolik, f.
**- C. hepático, m.** Gallensteinkolik, f.
**- C. renal, m.** Nierenkolik, f.
**Colmillo, m.** Eckzahn, m.
**Colon, m.** Kolon, n.
**Colon irritable, m.** Colon irritabile, n.
**Colonoscopia, f.** Koloskopie, f.
**Colpitis, f.** Kolpitis, f.
**Columna vertebral, f.** Wirbelsäule, f.
**Coma, m.** Koma, n.
**compensado/a** kompensiert
**Compás, m.** Zirkel, m.
**complementario/a** zusätzlich
**Complicación, f.** Komplikation, f.
**Compresa, f.** Tupfer, m.
**Comprimido, m.** Tablette, f.
**comprobar** nachweisen, beweisen
**Comunicación intra-auricular, f.** Vorhoffseptumdefekt, m.

**Comunicación intra-ventricular, f.** Ventrikelseptumdefekt, m.
**concluir** schließen
**Condrodistrofia, f.** Achondroplasie, f.
**Condromalacia, f.** Chondromalazie, f.
**Conducto biliar, m.** Gallengang, m.
**Conducto cístico, m.** Gallenblasengang, m.
**Conducto deferente, m.** Samenleiter, m.
**Conducto espermático, m.** Samenleiter, m.
**Congelación, f.** Erfrierung, f.
**congénito/a** angeboren
**Congestión pasiva hepática crónica, f.** Chronische Stauungsleber, f.
**Congestión, f. pulmonar** Lungenstauung, f.
**Conjuntiva, f.** Bindehaut, f.
**Conjuntivitis, f.** Konjunktivitis, f.
**Conmoción cerebral, f.** Gehirnerschütterung, f.
**conseguir** erreichen
**Consejo dietéticos, m.** Diät-Beratung, f.
**Consejo genético, m.** Genetische Beratung, f.
**contagioso/a** ansteckend
**contener** beinhalten
**contestar** antworten
**Contracción, f.** Wehe, f.
**Contractura articular, f.** Gelenkkontraktur, f.
**Contraindicación, f.** Kontraindikation, f.
**Control, m.** Vorsorgeuntersuchung, f.
**- C. de salud rutinario, m.** Gesundheitsvorsorgeuntersuchung, f.
**Contusión, f.** Prellung, f.
**Convulsión, f.** Krampf, m.; Krampfanfall, m.
**Convulsión febril, f.** Fieberkrampf, m.
**Corazón, m.** Herz, n.
**Corazón, m. de la manzana** Apfelbutzenzeichen, n. [Anm.: Röntgenologisches Zeichen für Darmtumor]
**Corazón-pulmón artificial, m.** Herz-Lungenmaschine, f.
**Cordón umbilical, m.** Nabelschnur, f.
**Corea de Huntington, f.** Chorea Huntington, f.
**Córnea, f.** Hornhaut, f.
**Corona, f.** (Zahn)krone, f.
**Coronación, f.** Einschneiden des Kopfes, n.
**Coronaria, f.** Herzkranzgefäß, n.; Koronararterie, f.
**corregir** korrigieren
**cortar** schneiden
**Corticoides, mpl.** Steroid, n.
**corto/a** kurz
**Corva, f.** Kniekehle, f.
**Costilla, f.** Rippe, f.
**Costra, f.** Kruste, f.
**Coxartrosis, f.** Koxarthrose, f.
**Crecimiento, m.** Wachstum, n.
**Crecimiento intrauterino retardado, m.** Intrauterine Mangelentwicklung, f.
**Crema, f.** Creme, f.
**Cresa, f.** Made, f.
**Cribaje, f.** Screening, n.
**Cribaje prenatal, f.** Pränatales Screening, n.
**Crimen, m.** Verbrechen, n.
**Crisis, f.** Epileptischer Anfall, m.
**Crisis addisonianas, f.** Addison-Krise, f.
**Cristalino, m.** Linse, f.
**Critpococosis, f.** Kryptokokkose, f.
**crónico/a** chronisch
**Cuadraplejia, f.** Tetraplegie, f.
**Cúbito, m.** Elle, f.
**Cuchillada, f.** Messerstich, m.
**Cuello, m.** Hals, m.
**- C. de bufalo, m.** Stiernacken, m.
**- C. del diente, m.** Zahnhals, m.
**- C. uterino, m.** Gebärmutterhals, m.
**Cuenca del ojo (US), f.** Stimmband, n.
**Cuerda vocal, f.** Stimmband, n.
**Cuerpo, m.** Körper, m.
**- C. cabelludo, m.** Kopfhaut, f.
**- C. extraño, m.** Fremdkörper, m.
**- C. luteo, m.** Corpus luteum, n.
**- C. vertebral, m.** Wirbelkörper, m.
**- C. vítreo, m.** Glaskörper, m.
**cuidado/a** geschützt
**cuidar** schützen
**curable** heilbar
**Curación, f.** Heilung, f.
**Curso clínico, m.** Untersuchungskurs, m.
**Curvatura del estómago, f.** Magenkurvatur, f.
**cutáneo/a** an der Haut

**dañar** schaden
**Daño del oído por ruido, m.** Lärmschädigungen des Innenohres, f.
**dar a luz** gebären
**dar la alta** entlassen
**de repente** plötzlich
**debil** schwach
**Debilidad del músculo, f.** Muskelschwund, m.
**Dedo, m.** Finger, m.
**- D. auricular, m.** Kleiner Finger, m.
**- D. de la mano, m.** Finger, m.
**- D. del pie, m.** Zeh, m.
**- D. en gatillo, m.** Schnellender Finger, m.
**- D. gordo, m.** Großzehe, f.
**- D. gordo del pie varo, m.** Hallux rigidus, m.
**- D. meñique, m.** Kleiner Finger, m.
**Defecto de tabique auricular, m.** Vorhofseptumdefekt, m.
**Defecto de tabique ventricular, m.** Ventrikelseptumdefekt, m.
**Defecto del campo visual, m.** Gesichtsfelddefekt, m.
**Defecto de la Coagulación, m.** Koagulopathie, f.
**Deficiencia en la vision de colores, f.** Farbsehstörung, f.
**Déficit, m.** Mangel, m.
**Deformidad de la cabeza, f.** Kopfverformung, f.
**Degeneración adiposa del corazón, f.** Herzverfettung, f.
**Degeneración disco intervertebral, f.** Bandscheibendegeneration, f.
**Degeneración macular, f.** Degeneration der Makula, f.
**delgado/a** dünn, fein
**Delirio, m.** Delir, n.
**Demencia, f.** Demenz, f.
**-D. arteriosclerotica, f.** Vaskuläre Demenz, f.
**- D. frontotemporal, f.** Frontotemporale Demenz, f.
**Dengue, f.** Dengue-Fieber, f.
**Densidad osea, f.** Knochenbau, m.
**Dentadura, f.** Bleibendes Gebiss, n.
**Dependencia, f.** Abhängigkeit, f.
**dependiente** abhängig
**Depuración de la sangre, f.** Blutwäsche, f.
**Dermatitis atópica, f.** Atopisches Ekzem, n.
**Dermatitis de contacto, f.** Kontaktdermatitis, f.
**Dermatitis de pañal, f.** Windeldermatitis, f.
**Dermatitis seborreica, f.** Seborrhoisches Ekzem, n.
**Dermatofitosis del pie, f.** Tinea pedis, f.
**Derrame, m.** Erguss, m.
**- D. articular, m.** Gelenkerguss, m.
**- D. pleural, m.** Pleuraerguss, m.
**- D. pericárdico, m.** Herzbeutelerguss, m.
**Descamación, f.** Abschuppung, f.
**descamativo/a** schuppend
**descartar** ausschließen
**Descenso de la matriz, m.** Gebärmuttersenkung, f.
**descompensado/a** dekompensiert
**Descuido, m.** Vernachlässigung, f.
**desgarrar** einreissen
**Desgarro de cartílago, m.** Knorpelriss, m.
**Desgarro de menisco interno, m.** Meniskusriss, m.
**Desgarro muscular, m.** Muskelriss, m.
**Desgarro perineal, m.** Dammriss unter der Geburt, m.
**- primer a cuarto grado, m.** Ersten bis Vierten Grades)
**Desinfectante, m.** Desinfektionsmittel, n.
**desmayarse** ohnmächtig werden
**Desnutrición fetal, f.** Fetale Mangelernährung, f.
**desplazar** verrücken, verdrängen
**Desprendimiento placentario, m.** Ablösung der Plazenta, f.
**Desprendimiento retina, f.** Netzhautablösung, f.
**Desviación, f.** Abweichung, f.
**Desviación sexual, f.** Sexuelle Verhaltensstörungen, fpl.
**detectar** entdecken
**Diabetes, m.** Diabetes mellitus, m.
**- D. de Tipo I/II, m.** Typ I/II Diabetes, m.
**- D. insípida, f.** Diabetes insipidus, m.
**- D. melitus en Embarazo, m.** Diabetes mellitus in der Schwangerschaft, m.
**Diafragma, m.** Zwerchfell, n.

**Diagnóstico prenatal, m.** Genetische Beratung, f.
**Diálisis, f.** Dialyse, f.
**Diapasón, m.** Stimmgabel, f.
**Diente, m.** Zahn, m.
**- D. de leche, m.** Milchzahn, m.
**- D. incisivo, m.** Schneidezahn, m.
**diferenciar** differenzieren
**dificil** schwierig
**Difteria, f.** Diphterie, f.
**Digestión, f.** Verdauung, f.
**Digestión de ligamentos, f.** Bänderzerrung, f.
**Dilatación del estómago, f.** Magendilatation, f.
**Dilatación del Cervix, f.** Erweiterung der Zervix, f.
**Diplopía, f.** Diplopie, f.
**Disartria, f.** Dysarthrie, f.
**Disco intervertebral, m.** Bandscheibe, f.
**Diseminación, f.** Disseminierung, f.
**Disentería, f.** Ruhr, f.
**Disentería amebia, f.** Amöbenruhr, f.
**Disfagia, f.** Dysphagie, f.
**Disfasia, f.** Dysphasie, f.
**disfrasar** sich verkleiden
**Disfunción ovárica, f.** Funktionsstörung des Ovars, f.
**Disgenesia gonadal, f.** Turner-Syndrom, n.
**Dislexia, f.** Dyslexie, f.
**disminuir** verringern
**Dispareunia, f.** Dyspareunie, f.
**Disparo, m.** Schuss, m.
**Dispositivo cardíaco, m. (SA)** Herzschrittmacher, m.
**Disrritmia cardíaca, f.** Herzrhythmusstörung, f.
**Dissección aórtica, f.** Dissektion der Aorta, f.
**Distancia interocular, f.** Augenabstand, m.
**Distensión, f.** Dehnung, f.; Distorsion, f.
**Distorsión, f.** Zerrung, f.
**- D. de un músculo, m.** Muskelzerrung, f.
**Disuria, f.** Dysurie, f.
**diverso/a** verschieden
**Diverticulitis, f.** Divertikulitis, f.
**Divertículo gástrico, m.** Magendivertikel, m.
**Divertículo intestinal, m.** Divertikulose des Darmes, f.
**Divertículo Meckel, m.** Meckel-Divertikel, n.
**Divertículo vesical, m.** Harnblasendivertikel, n.
**Diverticulosis, f.** Divertikulose, f.
**doblar (la pierna)** (Das Knie) beugen
**doler** schmerzen, wehtun
**Dolor, m.** Schmerz, m.
**- D. articular, m.** Gelenkschmerz, m.
**- D. en la garganta, m.** Halsschmerzen, f.
**- D. fantasmo, m.** Phantomschmerz, m.
**Dorso, m.** Rücken, m.
**- D. de la mano, m.** Handrücken, m.
**- D. de la nariz, m.** Nasenrücken, m.
**- D. del pie, m.** Fußrücken, m.
**Dorsopatía, f.** Dorsopathie, f.
**DPC de Whipple, f.** Whipple-OP, f.
**Drenaje, m.** Drainage, f.
**Duodenitis, f.** Duodenitis, f.
**Duodeno, m.** Zwölffingerdarm, m.
**Duración, f.** Dauer, f.
**Duramadre, f.** Äußere Hirnhaut, f.
**duro/a** hart

## E

**Eccema, m.** Ekzem, n.
**echado/a** liegend
**echarse** sich hinlegen
**Eclampsia, f.** Eklampsie, f
**Ecocardiografía, f.** Echokardiographie, f.
**Ectima gangrenoso, m.** Gangrän, f.
**ectópico/a** ektopisch
**Ectropion, m.** Ektropium, n.
**Edad de gestación, f.** Gestationsalter, n.
**Edema, m.** Ödem, n.
**- E. angioneurótico, m.** Angioneurotisches Ödem, n.
**- E. cerebral, m.** Hirnödem, n.
**- E. en Embarazo, m.** Schwangerschaftsödem, n.
**- E. laringeo, m.** Larynxödem, n.
**Edema pulmonar, m.** Lungenödem, n.
**Efecto secundario, m.** Nebenwirkung, f.
**Efecto tóxico de alcohol, m.** Toxische Wirkung von Alkohol, f.

**Eficacia, f.** Effizienz, f.
**eficaz** leistungsfähig, wirksam
**Electrocardiografía, f.** Elektrokardiographie (EKG), n.
**Electroencefalograma, f.** Electroenzephalogramm (EEG), n.
**Elevación, f.** Erhöhung, f.
**elevado/a** erhöht
**elevar** anheben, steigen
**Embarazo, m.** Schwangerschaft, f.
**- E. cuadruple, m.** Vierlingsschwangerschaft, f.
**- E. de alto riesgo, m.** Risikoschwangerschaft, f.
**- E. ectópico, m.** Extrauteringravidität, f.
**- E. gemelar, m.** Zwillingsschwangerschaft, f.
**- E. multiple, m.** Mehrlingsschwangerschaft, f.
**- E. triple, m.** Drillingsschwangerschaft, f.
**Embolia, f.** Embolie, f.
**- E. del líquido amniótico, m.** Fruchtwasserembolie, f.
**- E. gaseosa, f.** Luftembolie, f.
**- E. grasa, f.** Fettembolie, f.
**- E. pulmonar, f.** Lungenembolie, f.
**Embriofetopatia, m.** Embryofetopathie, f.
**Embriofetopatia rubeólica, f.** Rötelnembryopathie, f.
**Embriopatia alcohólica, f.** Alkohol-Embryopathie, f.
**empastado/a** eingeschmiert, gefüllt
**Empeine, m.** Fessel, f.
**Empeoramiento, m.** Verschlechterung, f.
**empeorar** verschlechtern
**Empiema, f.** Empyem, n.
**Empujón, m.** Stoß, m.
**en ayuna** nüchtern
**en decúbito** liegend
**Enanismo, m.** Zwergwuchs, m.
**Encefalitis, f.** Enzephalitis, f.
**Encefalocele, m.** Enzephalozele, f.
**Encefalomielitis aguda diseminada, f.** Encephalomyelitis disseminata, f.
**Encefalomielitis, f.** Enzephalomyelitis, f.
**Encefalopatía, f.** Enzephalopathie, f.
**- E. hipertensiva, f.** Hypertensive Enzephalopathie, f.
**Encía, f.** Zahnfleisch, n.
**Endocardio, m.** Herzinnenhaut, f.; Endokard, n.
**Endocarditis, f.** Endokarditis, f.
**endogeno/a** endogen
**Endometriosis, f.** Endometriose, f.
**Endoscopia, f.** Endoskopie, f.
**Enema opaco, m.** Kontrasteinlauf, m.
**Enfermedad, f.** Krankheit, f.
**- E. celiaca, f.(Intolerancia al gluten)** Zöliakie, f.
**- E. de Alzheimer, f.** Alzheimer-Erkrankung, f.
**- E. de buzo, f.** Caissonkrankheit, f.; Dekompressionskrankheit, f.
**- E. de Cushing, f.** Morbus Cushing, m.
**- E. de Darier, f.** Darie´sche Krankheit, f.
**- E. de Graves/Basedow, f.** Morbus Basedow, m.
**- E. de Hodgkin, f.** Hodgkin-Krankheit, f.
**- E. de Lyme, f.** Lyme-Krankheit, f.
**- E. de Parkinson, f.** Parkinson-Krankheit, f.
**- E. del seno, f.** Sick-Sinus-Syndrom, n.
**- E. del sistema cardiocirculatorio, f.** Kreislauferkrankung, f.
**- E. del sueño, f.** Schlafkrankheit, f.
**- E. de Hirschsprung, f.** Hirschsprung-Krankheit, f.
**- E. isquémica del corazón, f.** Ischämische Erkrankungen des Herzens, f.
**- E. de Jacob-Creutzfeldt, f.** Creutzfeldt-Jakob Krankheit, f.
**- E. pulmonar obstructiva crónica, f.** Chronisch obstruktive Lungenerkrankung, f.
**- E. quística renal, f.** Potter-Syndrom, n.
**- E. de Reitter, f.** Reiter-Krankheit, f.
**- E. renal en Embarazo, f.** Schwangerschaftsproteinurie, f.
**- E. venérea, f.** Geschlechtskrankheit, f.
**Enfermedades de la placa motora, fpl.** Erkrankung der motorischen Endplatte, fpl.
**Enfisema, m.** Emphysem, n.
**Enfriamiento, m.** Erkältung, f.; Erkältungsschnupfen, m.
**enmascarar** maskieren
**Enoftalmia, f.** Enophthalmus, m.
**Enrojecimiento, m.** Rötung, f.

**Enteritis regional, f.** Crohn-Krankheit, f.
**Enterocolitis ulcerosa, f.** Colitis ulcerosa, f.
**Enterovirus, m.** Enteroviren
**Envenamiento, m.** Vergiftung, f.
**envenenar** vergiften
**Eosinofilia pulmonar, f.** Eosinophiles Lungeninfiltrat, n.
**Epidemia, f.** Epidemie, f.
**Epididimitis, f.** Epididymitis, f.
**Epiglotis, f.** Kehlkopfdeckel, m.
**Epiglotitis, f.** Epiglotitis, f.
**Epilepsia, f.** Epilepsie, f.
**Epiplón, m.** Netz, n.
**- E. menor, m.** Kleines Netz, n.
**- E. mayor, m.** Großes Netz, n.
**Episiotomia, f.** Dammschnitt, m.
**Epispadie, f.** Epispadie, f.
**Epistaxis, f.** Epistaxis, f.
**Erisipel, m.** Erysipel, n.
**Eritema, m.** Erythem, n.
**- E. nodoso, m.** Erythema nodosum, n.
**- E. toxico, m.** Erythema toxicum neonatorum, n.
**Erosión, f.** Erosion, f.
**Erupción cutánea, f.** Ausschlag, m.
**Escaldadura, f.** Verbrühung, f.
**Escabicidas, f.(SA)** Krätze, f.; Scabies, f.
**Escama, f.** Schuppe, f.
**Escápula, f.** Schulterblatt, n.
**Escarlatina, f.** Scharlach, m.
**escaso/a** spärlich; schwach
**Esclerosis lateral amiotrófica, f.** Amyotrophische Lateralsklerose, f.
**Esclerosis multiple, f.** Multiple Sklerose, f.
**Esclerosis sistémica, f.** Systemische Sklerose, f.
**(Cifo-)Escoliosis, f.** (Kypho-)Skoliose, f.
**Escorbuto, m.** Scorbut, m.
**Escroto, m.** Hodensack, m.
**Esfigmomanómetro, m.** Blutdruckmessgerät, n.
**Esfínter, m.** Sphinkter, m.
**Esguince, m.** Verstauchung, f.; Bänderriss, m.
**Esmalte de dientes, m.** Zahnschmelz, m.
**Esofagitis, f.** Ösophagitis, f.
**Esófago, m.** Speiseröhre, f.
**Espalda, f.** Rücken, m.
**Esparadrapo, m.** Pflaster, n.
**Espasmo, m.** Spasmus, m.
**- E. laríngeo, m.** Laryngospasmus, m.
**Espectro, m.** Erregerspektrum, n.
**Especulo bucal, m.(SA)** Mundspiegel, m.
**Espermatocele, f.** Spermatozele, f.
**Espina, f.** Dornfortsatz, m.
**- E. bifida, f.** Spina bifida, f.
**- E. dorsal, f.** Rückgrat, n.
**- E. tibial, f.** Schienbein, n.
**Espinilla, f.** Schienbein, n.
**Espondilitis anquilosante, f.** Spondylitis ankylosans, f.
**Espondilolisis, f.** Spondylolyse, f.
**Espondilolistesis, f.** Spondylolisthesis, f.
**espontáneo/a** spontan
**Esprue tropical, f.** Tropische Sprue, f.
**Esquizofrenia, f.** Schizophrenie, f.
**establecer** etablieren
**Estado de Ansiedad, m.** Angststörung, f.
**Estafilococo, m.** Staphylokokken
**Estancia hospitalaria, f.** Krankenhausaufenthalt, m.
**Estándar, m.** Standard, m.
**estar de guardia** Nachtdienst haben
**Estatus asmático, m.** Status asthmaticus, m.
**Estatus de Gran / Petit mal, m.** Grand- / Petit-mal-Status, m.
**Estenosis, f.** Stenose, f.
**- E. aórtica, f.** Aortenklappenstenose, f.
**- E. congénita aórtica, f.** Stenose der Aorta, f.
**- E. de arterias precerebrales, f. (SA)** Hirninfarkt, m.
**- E. mitral, m.** Mitralklappenstenose, f.
**- E. pilorica hipertrófica, f.** Hypertrophische Pylorusstenose, f.
**- E. pulmonal, f.** Pulmonalklappenstenose, f.
**Estenosis uretral, f.** Harnröhrenstriktur, f.
**Estenosis válvula tricúspide congénita, f.** Angeborene Trikuspidalklappenstenose, f.
**Esterilidad asociada con Anovulación, f.** Sterilität bei Anovulation, f.
**Esterilidad feminina, f.** Sterilität bei der Frau, f.

**Esterilidad masculina, f.** Sterilität beim Mann, f.
**Esterilización, f.** Sterilisierung, f.
**Esternón, m.** Brustbein, n.
**Estetoscopio, m.** Stethoskop, n.
**Estómago, m.** Magen, m.
**Estornudo, m.** Niesen, n.
**Estrabismo, m.** Schielen, n.
**- E. paralítico, m.** Strabismus paralyticus, m.
**Estrangulación, f.** Strangulation, f.
**estrangulado/a** eingeklemmt
**estrecho/a** eng
**Estreptococo, m.** Streptokokken
**Estrias gravidicas, f.** Schwangerschaftsstreifen, m.
**Estrias violaceas, f.** Striae, f.
**Estridor, m.** Stridor, m.
**Estudio de función, m.** Funktionsprüfung, f.
**Estudios de función cardiovascular, mpl.** Kardiovaskuläre Funktionsprüfung, f.
**Estudios de función pulmonar, mpl.** Lungenfunktionsprüfung, f.
**Estudios de función del hígado, mpl.** Schilddrüsenfunktionsprüfung, f.
**Estudios de función renal, mpl.** Nierenfunktionsprüfung, f.
**Estudios de función tiroidea, mpl.** Leberfunktionsprüfung, f.
**Estupor, m.** Stupor, m.
**Etiología, f.** Ätiologie, f.
**evitar** vermeiden
**Evolución, f.** Entwicklung, f.; Verlaufskontrolle, f.
**evolucionar** entwickeln
**exagerado/a** übertrieben, überschießend
**Examen, m.** Untersuchung, f.
**- E. de Control, m.** Nachuntersuchung, f.
**- E. de oído y audición, m.** Hörprüfung und Untersuchung der Ohren, f.
**- E. de ojos y vista, m.** Visusprüfung und Untersuchung der Augen, f.
**- E. de seguimiento, m.** Nachuntersuchung, f.
**-E. ginecológico, m.** Gynäkologische Untersuchung, f.
**- E. médico rutinario, m.** Ärztliche Allgemeinuntersuchung, f.
**- E. preventivo, m.** Vorsorgeuntersuchung, f.
**- E. psiquiátrico general, m.** Allgemeine psychiatrische Untersuchung, f.
**- E. radiológico, m.** Röntgenuntersuchung, f.
**Exantema, m.** Exanthem, n.
**excesiva** stark
**Excitación, f.** Erregung, f.
**Excitación auriculo-ventricular anómala, f.** Präexzitations-Syndrom, n.
**Exhibicionismo, m.** Exhibitionismus, m.
**Exoftalmos, m.** Exophtalmus, m.
**Expansión, f.** Ausdehnung, f.
**Expedición de un certificado médico, fpl.** Ausstellung einer ärztlichen Bescheinigung, f.
**Exploración del cerebro/sistema nervioso central, f.** Funktionsprüfung des Zentralnervensystems, f.
**Explosión, f.** Explosion, f.
**Exstirpación, f.** Exstirpation, f.
**Extracción de sangre, f.** Blutentnahme, f.
**Extracción de vacio, f.** Extraktion mit Saugglocke, f.
**Extrasístoles, fpl.** Extrasystolie, f.

## F

**facil** leicht, einfach
**Facomatosis, f.** Phakomatose, f.
**Factor de riesgo, m.** Risikofaktor, m.
**Fallecimiento, m.** Tod, m.
**Fallo cardíaco, m.** Herzstillstand, m.; Herzversagen, n.
**Falta de, f.** Mangel, m.
**Faringe, f.** Rachen, m.
**Faringitis, f.** Pharyngitis, f.
**Farmaco de elección, m.** Mittel der Wahl, n.
**Fasciculaciones, fpl.** Faszikulationen, fpl.
**Fascitis, f.** Eosinophile Fasziitis, f.
**Fascitis necrotizante, f.** Nekrotisierende Faszitis, f.
**favorecer** begünstigen
**Fecundación in vitro, f.** In-Vitro-Fertilisation, f.
**Fémur, m.** Femur, m.
**Fenómeno, m.** Zeichen, n.; Phänomen, n.
**Feocromocitoma, m.** Phaeochromozytom, n.
**Ferropenia, f.** Eisenmangel, m.
**fetido/a** stinkend

**Fibrilación auricular, f.** Vorhofflimmern, n.
**Fibrilación ventricular, f.** Kammerflimmern, n.
**Fibromatosis, f.** Fibromatose f.
**Fibrosclerosis mammaria, f.** Fibrosklerose der Mamma, f.
**Fibrosis del hígado, f.** Leberfibrose, f.
**fictitio/a** erfunden
**Fiebre, f.** Fieber, n.
**Fiebre amarilla, f.** Gelbfieber, n.
**Fiebre puerperal, f.** Puerperalfieber, n.
**Fiebre reumática, f.** Rheumatisches Fieber, n.
**Fiebre sin foco, f.** Fieber unbekannter Ursache, n.
**Fiebre tifoidea, f.** Typhus, m.
**Fimosis, f.** Phimose, f.
**fino/a** fein
**Fisioterapia, f.** Krankengymnastik, f.
**Fistula anal, f.** Analfistel, f.
**Fistula intestinal, f.** Darmfistel, f.
**Fisura anal, f.** Analfissur, f.
**Fisura palatina, f.** Gaumenspalte, f.
**Flanco, m.** Flanke, f.
**Flatulencia, f.** Blähungen, f.
**Flebitis, f.** Phlebitis, f.
**Flemon, m.** Phlegmone, f.
**Flexura del codo, f.** Ellenbeuge, f.
**Flúter auricular, m.** Vorhofflattern, n.
**Flúter ventricular, m.** Kammerflattern, n.
**Flujo vaginal, m.** Vaginaler Ausfluss, m.
**focal** fokal
**Focalidad, f.** Ursprung, m.
**Foco infeccioso, m.** Krankheitsherd, m.
**Fondo del ojo, m.** Augenhintergrund, m.
**Fonendo, m.** Stethoskop, n.
**Fontanella, f.** Fontanelle, f.
**Forúnculo, m.** Furunkel, n.
**Fosa nasal, f.** Nasenhöhle, f.
**Fotodermatitis, f.** Photoallergische Reaktion, f.
**fotoreactivo/a** lichtempfindlich
**Fracción de eyeción, f.** Ejektionsfraktion, f.
**fraccionado/a** gebrochen
**Fractura, f.** Bruch, m. Fraktur, f.
**- F. abierta, f.** Offene Fraktur, f.
**- F. boveda craneal, f.** Schädeldachfraktur, f.
**- F. cerrada, f.** Geschlossene Fraktur, f.
**- F. de la base del craneo, f.** Schädelbasisfraktur, f.
**- F. del cuello de femur, f.** Schenkelhalsfraktur, f.
**frecuente** häufig
**frenar** bremsen, drosseln
**Frente, f.** Stirn, f.
**frio/a** kalt
**fulminante** fulminant
**functionante** funktionierend

## G

**Galactorrea, f.** Galaktorrhoe, f.
**Ganglio espinal, m.** Spinalganglion, n.
**Ganglio linfático, m.** Lymphknoten, m.
**Ganglión, m.** Ganglion, n.
**Gangrena, f.** Gangrän, f.
**Garganta, f.** Kehle, f.; Rachen, m.
**Garrapata, f.** Zecke, f.
**Gasa, f.** Tupfer, m.
**Gastos de hospital, mpl.** Krankenhauskosten
**Gastritis, f.** Gastritis, f.
**Gastritis alcohólica, f.** Alkoholgastritis, f.
**Gastroscopia, f.** Gastroskopie, f.
**Gemelos, m.** Zwillinge, f.
**Gemelos acoplados, m.** Siamesische Zwillinge
**generalidado/a** generalisiert
**generalizado/a** generalisiert
**Germen, m.** Erreger, m.
**Gestante, f.** Schwangere, f.
**Gigantismo, m.** Riesenwuchs, m.
**Glande, f.** Eichel, f.
**Glándula, f.** Drüse, f.
**- G. lacrimal, f.** Tränendrüse, f.
**- G. mamaria, f.** Brustdrüse, f.
**- G. parótida, f.** Speicheldrüse, f.
**- G. salivar, f.** Speicheldrüse, f.
**- G. suprarrenal, f.** Nebenniere, f.
**- G. tiroides, f.** Schilddrüse, f.
**Glándulas paratiroides, f.** Epithelkörperchen, n.
**Glaucoma, m.** Glaukom, n.
**Globo ocular, m.** Augapfel, m.
**Glotis, f.** Stimmritze, f.
**Glucosuria, f.** Zucker im Urin, m.
**Golpe, m.** Stoß, m.
**Golpe de calor, m.** Hitzschlag, m.

**Goma, m.** Stauschlauch, m.
**Gonartrosis, f.** Gonarthrose, f.
**Gonorrea, f.** Gonorrhoe, f.
**Gota, f.** Tropfen, m.; Gicht, f.
**Gotoso, m.** Gichtkranker, m.
**Grano, m.** Pickel, m.
**Granulomatosis de Wegener, f.** Wegener-Granulomatose, f.
**Grasa, f.** Fett, n.
**graso/a** fett
**grave** schwer
**Gripe, f.** Grippe, f.
**gris** grau
**grueso/a** dick
**Guantes, m.** Handschuhe, f.
**guardar cama** das Bett hüten
**Guardia, f.** (Nacht)dienst, m.

## H

**Hábito extensional, m.** Extensionshaltung, f.
**Hábito flexional, m.** Beugehaltung, f.
**Hábito fetal, m.** Haltung des Fetus, f.
**Haemofilus influenza, f.** Haemophilus influenza
**hallar** finden
**hallarse** sich befinden
**Hallazgo, m.** Befund, m.
**hambriento/a** hungrig
**Hemangioma, f.** Hämangiom, n.
**Hemartrosis, f.** Hämarthros, n.
**Hematoma, f.** Hämatom, n.
**Hematoma subgaleana, f.** Kephalhämatom, n.
**Hematuria, f.** Hämaturie, f.
**Hemiplejia, f.** Hemiplegie, f.
**Hemopericardio, m.** Hämoperikard, n.
**Hemoptisis, f.** Hämoptoe, f.
**Hemorragia, f.** Blutung, f.
**- H. en el cuerpo vítreo, f.** Glaskörperblutung, f.
**- H. extradural, f.** Epidurale Blutung, f.
**- H. intracerebral, f.** Intrazerebrale Blutung, f.
**- H. intracraneal, f.** Hirnblutung, f.
**- H. postmenopáusica, f.** Postmenopausenblutung, f.
**- H. retiniana, f.** Netzhautblutung, f.
**- H. subaracnoidea, f.** Subarachnoidale Blutung, f.
**- H. subudural, f.** Subdurale Blutung, f.
**- H. postpartal, f.** Postpartale Blutung, f.
**Hemorroides, fpl.** Hämorrhoiden, fpl.
**Hemotórax, m.** Hämatothorax, m.
**Hendidura palpebral, f.** Augenlidspalte, f.
**Hepatitis, f.** Hepatitis, f.
**- H. alcohólica, f.** Alkoholische Hepatitis, f.
**Herida, f.** Verletzung, f.
**- H. abierta de cuero cabeludo, m.** Skalpierungsverletzung, f.
**Hernia, f.** Hernie, f.
**- H. congénita, f.** Hernie - angeboren, f.
**- H. diafragmática, f.** Zwerchfellhernie, f.
**- H. discal, f.** Bandscheibenvorfall, m.
**- H. esofágica, f.** Ösophagushernie, f.
**- H. estrangulada, f.** Hernie - stranguliert, f.
**- H. femoral, f.** Femoralhernie, f.
**- H. hiatal, f.** Hiatushernie, f.
**- H. incarcerada, f.** Hernie - inkarzeriert, f.
**- H. inguinal, f.** Hernia inguinalis, f.; Leistenhernie, f.
**- H. irreductible, f.** Hernie - nicht reponierbar, f.
**- H. paraumbilical, f.** Nabelhernie, f.
**- H. por cicatriz, f.** Narbenbruch, m.
**- H. reductible, f.** Hernie - reponierbar, f.
**Herpes, m.** Herpes, m.
**- H. perianal crónico, m.** Herpes-chronisch perianal, m.
**- H. simple tipo I y II, m.** Herpes simplex Typ I und II , m.
**- H. zoster, m.** Herpes zoster, m.
**Hidrocefalia, f.** Hydrozephalus, m.
**Hidrocéfalo congénito, m.** Angeborener Hydrozephalus, m.
**Hidrocele, f.** Hydrozele, f.
**Hidrocele congénito, m.** Angeborene Hydrozele, f.
**Hidronefrosis, f.** Hydronephrose, f.
**Hidrops fetalis, m.** Hydrops fetalis, m.
**Hidroureter, f.** Hydroureter, m.
**Hifas, f.** Hyphen
**Hígado, m.** Leber, f.
**Hígado adiposo alcohólico, m.** Alkoholische Fettleber, f.
**Hilera de dientes, f.** Zahnreihe, f.

**Hilo, m.** Faden, m.
**Himen, m.** Jungfernhäutchen, n.
**Hinchazón, f.** Schwellung, f.
**Hiperactividad, f.** Hyperaktivität, f.
**Hiperaldosteronismo, m.** Hyperaldosteronismus, m.
**Hiperemesis gravida, f.** Hyperemesis gravidarum, f.
**Hiperglucemia, f.** Erhöhter Blutzukker, m.
**Hiperparatiroidismo, m.** Hyperparathyreoidismus, m.
**Hiperplasia prostática, f.** Prostatahyperplasie, f.
**Hipertelorismo orbital, m.** Hypertelorismus, m.
**Hipertensión arterial, f.** Bluthochdruck, m.
**Hipertensión esencial, f.** Essentielle Hypertonie, f.
**Hipertensión intracraneal, f.** Hirndruck, m.
**Hipertensión portal, f.** Portale Hypertonie, f.
**Hipertensión pulmonar, f.** Pulmonale Hypertonie, f.
**Hipertensión transitoria del embarazo, f.** Gestationshypertonie, f.
**Hipertireoidismo, m.** Hyperthyreose, f.
**Hiperventilación, f.** Hyperventilation, f.
**Hipo, m.** Schluckauf, m.
**Hipocondria, f.** Hypochondrie, f.
**Hipófisis, f.** Hypophyse, f.
**Hipoglucemia, f.** Hypoglykämie, f.
**Hipoparatiroidismo, m.** Hypoparathyreoidismus, m.
**Hipopituitarismo, f.** Hypophyseninsuffizienz, f.
**Hipospadia, f.** Hypospadie, f.
**Hipostasis pulmonar, f. (SA)** Lungenstauung, f.
**Hipotensión, f.** Hypotonie, f.
**Hipotermia, f.** Hypothermie, f.
**Hirsutismo, m.** Hirsutismus, m.
**Histerectomía, f.** Hysterektomie, f.
**Histeria, f.** Hysterie, f.
**Hombre de Goma, m.** Gummimann (bei Katalepsie), m.
**Hombro, m.** Schulter, f.
**Hongo, m.** Pilz, m.
**Hospitalización, f.** Krankenhauseinweisung, f.
**Hueco, m.** Hohlraum, m.
**Hueco popliteo, m.** Kniekehle, f.
**Huesecillo, m.** Gehörknöchelchen, n.
**Hueso, m.** Knochen, m.
**- H. craneal, m.** Schädelbein, n.
**- H. frontal, m.** Stirnbein, f.
**- H. hioides, m.** Zungenbein, n.
**- H. lacrimal, m.** Tränenbein, n.
**- H. maxilar inferior, m.** Unterkiefer, m.
**- H. maxilar superior, m.** Oberkiefer, m.
**- H. pubis, m.** Schambein, n.
**- H. temporal, m.** Schläfenbein, n.
**Huesos innominados, m.** Beckenknochen (paarige), m.
**Humedad, f.** Feuchte, f.
**humedo/a** feucht
**Humero, m.** Oberarmknochen, m.

## I

**Ictericía, f.** Ikterus, m.
**- I. nuclear, f.** Kernikterus, m.
**Ictus, m.** Schlaganfall, m.
**Íleo, m.** Ileus, m.
**- Í. biliar, m.** Gallensteinileus, m.
**- Í. paralítico, m.** Paralytischer Ileus, m.
**Íleon, m.** Ileum, n.
**Ileostoma, f.** Ileostoma, n.
**impedir** verhindern
**Impétigo, m.** Impetigo, m.
**Impétigo contagioso, m.** Impetigo contagiosa, f.
**implicar** bedeuten, implizieren
**Impotencia, f.** Impotenz, f.
**- I. de Origen orgánico, f.** Impotenz organischen Ursprungs, f.
**impreciso/a** ungenau
**inadecuado/a** unangebracht
**Incontinencia, f.** Inkontinenz, f.
**- I. de cervix, f.** Zervixinsuffizienz, f.
**- I. de estrés, f.** Stressinkontinenz, f.
**- I. de orina, f.** Harninkontinenz, f.
**- I. fecal, f.** Stuhlinkontinenz, f.
**Incremento, m.** Zunahme, f.
**incurable** unheilbar
**Índice, m.** Zeigefinger, m.
**Indigestión, f.** Magenverstimmung, f.
**indurado/a** induriert
**Infancia, f.** Kindheit, f.
**Infarto cardiáco, m.** Herzinfarkt, m.

**Infarto cerebral, m.** Hirninfarkt, m.
**Infarto hepático, m.** Leberinfarkt, m.
**Infarto miocardio, m.** Myokardinfarkt, m.
**Infección, f.** Infektion, f.
**- I. congénita por Citomegalovirus, f.** Angeborene Zytomegalie, f.
**- I. hepática por Equinococo granulosus, f.** Hundebandwurmkrankheit / Echinococcose, f.
**- I. por amebas, f.** Amöbeninfektion, f.
**infeccioso/a** infektiös
**Infertilidad, f.** Unfruchtbarkeit, f.
**Inflamación, f.** Entzündung, f.
**inflamatorio/a** entzündlich
**Influenza, f.** Grippe, f.
**ingerir** einnehmen
**Ingle, f.** Leiste, f.
**ingresar** eintreten, aufgenommen werden
**Ingreso, m.** Aufnahme, f.
**Inmaduridad (extrema), f.** (Extreme) Unreife, f.
**inmaduro/a** unreif
**inmediatamente** unmittelbar
**inmediate** unmittelbar, sofortig
**Inmovilicación, f.** Unbeweglichkeit, f.
**Inmunidad, f.** Immunität, f.
**inmunocompetente** immunkompetent
**inmunodeprimido** immunsupprimiert
**Inmunosupresión, f.** Immunsuppression, f.
**Inquietud, f.** Ruhelosigkeit, f.
**Inseminación artificial, f.** Künstliche Befruchtung, f.
**Inserción muscular, f.** Muskelansatz, m.
**Insolación, f.** Sonnenstich, m.
**Insomnio, m.** Schlaflosigkeit, f.
**Insuficiencia aórtica f.** Aortenklappeninsuffizienz, f.
**Insuficiencia cardíaca, f.** Herzinsuffizienz, f.
**- I. c. de lado izquierdo, f.** Linksherzinsuffizienz, f.
**- I. c. de lado derecho, f.** Rechtsherzinsuffizienz, f.
**Insuficiencia corticoadrenal, f.** Nebenniereninsuffizienz, f.
**Insuficiencia mitral, f.** Mitralklappeninsuffizienz, f.
**Insuficiencia pulmonal, f.** Pulmonalklappeninsuffizienz, f.
**Insuficiencia pulmonar, f.** Atemnotsyndrom, n.
**Insuficiencia renal aguda, f.** Akutes Nierenversagen, n.
**Insuficiencia renal crónica f.** Chronische Niereninsuffizienz, f.
**Insuficiencia respiratoria, f.** Respiratorische Insuffizienz, f.
**Insuficiencia tricuspidea, f.** Trikuspidalklappeninsuffizienz, f.
**Insulina, f.** Insulin, n.
**Intersticio dental, m.** Zahnzwischenraum, m.
**Intestino, m.** Eingeweide, f.
**- I. delgado, m.** Dünndarm, m.
**- I. grueso, m.** Dickdarm, m.
**Intolerancia a la Lactosa, f.** Laktoseintoleranz, f.
**Intoxicación, f.** Vergiftung, f.
**- I. alcohólica, f.** Alkoholvergiftung, f.
**- I. alimentaría, f.** Lebensmittelvergiftung, f.
**- I. por estricnina, f.** Vergiftung durch Strichnin, f.
**- I. por plomo, f.** Vergiftung durch Blei, f.
**Intususpección intestinal, f.** Invagination, f.
**Involución uterina, f.** Rückbildung des Uterus, f.
**Inyección, f.** Injektion, f.
**Iodo, m.** Iod, n.
**Iridociclitis, f.** Iridozyklitis, f.
**Iris, f.** Regenbogenhaut, f.
**irradiar** ausstrahlen
**irrigar** spülen
**Islote de celulas beta, f.** Inselzellen, f.
**isocórico/a** isokor
**Isoinmunización RH/ABO** Rh/ABO-Isoimmunisierung, f.
**isquémico/a** ischämisch
**Istmo, m.** Isthmus, m.; Enge, f.

## J

**Jeringa, f.** Spritze, f.
**Juanete, m.** Hallux valgus m.

## L

**Labio, m.** Lippe, f.
**- L. leporino, m.** Lippenspalte, f.
**- L. partido, m.** Hasenscharte, f.

**Labios (de la vulva), m.** Schamlippen, f.
**- L. mayores, mpl.** Grosse Schamlippen, f.
**- L. menores, mpl.** Kleine Schamlippen, f.
**Lactancia, f.** Laktation, f.
**Lactante, m.** Neugeborenes, n.
**Lagrimeo, m.** Tränenfluss, m.
**Lámpara, f.** Lampe, f.
**Laparoscopia, f.** Laparoskopie, f.
**largo/a** lang
**Laringe, f.** Kehlkopf, m.
**Laringitis, f.** Laryngitis, f.
**Lavado gástrico, m.** Magenspülung, f.
**Lecho, m.** Nagelbett, n.
**Legionelosis, f.** Legionellose, f.
**Legrado, m.** Uterusausschabung, f.
**Leismaniasis, f.** Leishmaniose, f.
**Lengua, f.** Zunge, f.
**lento/a** langsam
**Lepra, f.** Lepra, f.
**Leproso, m.** Leprakranker, m.
**Leptospirosis, f.** Leptospirose, f.
**Lesión, f.** Verletzung, f.
**- L. fundamental, f.** Effloreszenz, f.
**- L. intracraneal, f.** Intrakranielle Verletzung, f.
**Leucemia, f.** Leukämie, f.
**- L. linfoide, f.** Lymphatische Leukämie, f.
**- L. mieloide, f.** Myeloische Leukämie, f.
**Leucodistrofia, f.** Leukodystrophie, f.
**leve** leicht
**liar** anstrengen, nerven
**Librito, m.** Notizbuch, n.
**Ligamento, m.** Band, n.
**- L. inguinal, m.** Leistenband, n.
**limitado/a** limitiert
**Linfadenitis, f.** Lymphadenitis, f.
**Linfangioma, m.** Lymphangiom, n.
**Linfedema, f.** Lymphödem, n.
**Linfoma, m.** Lymphom, n.
**- L. de célula B, m.** B-Zell-Lymphom, n.
**- L. de célula T, f.** T-Zell-Lymphom, n.
**Linfosarcoma, m.** Non-Hodgkin-Lymphom, n.
**Liquen plano, m.** Lichen ruber planus, m.
**Líquido amniótico, m.** Fruchtwasser, n.
**Líquido cefalorraquídeo, m.** Rückenmarksflüssigkeit, f.
**Lisis, f.** Auflösung, f.; Lyse, f.
**liso/a** eben, glatt
**lisonjar** schmeicheln
**Listeriosis, f.** Listeriose, f.
**Lóbulo de la oreja, m.** Ohrläppchen, n.
**Lóbulo del pulmón, m.** Lungenflügel, - lappen, m.
**Lóbulos pulmonares, m.** Lungenflügel, -lappen, m.
**Lóbulo frontal, m.** Frontallappen, m.
**Lóbulo hepático, m.** Leberlappen, m.
**Lobulo tiroide, m.** Schilddrüsenlappen, m.
**localizar** auffinden
**Locción, f.** Lotion, f.
**Lombriz, m.** Wurm, m.
**- L. de gancho, f.** Hakenwurm, m.
**- L. de letigo, f.** Peitschenwurm, m.
**Lóquios, mpl.** Lochien, fpl.
**Lordosis, f.** Lordose, f.
**Los ganglios de la base, mpl.** Basalganglien, npl.
**Lunar, m.** Leberfleck, m.
**Lupus eritematoso sistémico, m.** Systemischer Lupus erythematodes, m.
**Luxación, f.** Luxation, f.
**Luxación recurrente, f.** Habituelle Luxation, f.

## M

**Macroglosia, f.** Makroglossie, f.
**Mácula, f.** Makula, f.
**maduro/a** reif
**Malabsorción intestinal, f.** Malabsorption, f.
**Maléolo, m.** Fußknöchel, m.
**maligno/a** bösartig
**Mama, f.** Busen, m.
**Mamila, f.** Brustwarze (männlich), f.
**Mancha, f.** Makula, f.
**- M. de cafe con leche, f.** Café-au-lait-Fleck, m.
**- M. hepática, f.(SA)** Leberfleck, m.
**Mandíbula, f.** Unterkiefer, m.
**Maniobra, m.(SA)** Handgriff, m.
**Maniobras de Leopold, f.** Leopoldscher Handgriff, m.
**Mano, f.** Hand, f.
**mantener** halten, behalten

**Marcador de una enfermedad, m.** Krankheitszeichen, n.
**Marcapasos, m.** Herzschrittmacher, m.
**Mareo, m.** Taumel, m.
**- M. por movimiento, m.** Kinetose, f.
**Martillo, m.** Reflexhammer, m.
**Masa intracraneal, f.** Intrakranielle Raumforderung, f.
**Mascarilla de oxígeno, f.** Sauerstoffmaske, f.
**Masticador, m.** Kaumuskel, m.
**Mastoide, m.** Mastoid, n.
**Mastoiditis, f.** Mastoiditis, f.
**Matriz, f.** Gebärmutter, f.
**Maxilar, m.** Oberkiefer, m.
**Meconio, m.** Mekonium, n.
**Medida, f.** Mittel, n.
**Médula espinal, f.** Rückenmark, n.
**Médula ósea, f.** Knochenmark, n.
**Megacolon, m.** Megakolon, n.
**Mejilla, f.** Wange, f.
**mejorar** verbessern
**Melanoma maligna de piel, f.** Bösartiges Melanom der Haut, n.
**Membrana, f.** Membran, f.
**- M. timpánica, f.** Trommelfell, n.
**- M. virginal, f.** Jungfernhäutchen, n.
**Meninge, f.** Weiche Hirnhaut, f.
**Meningismo, m.** Meningismus, m.
**Meningitis, f.** Meningitis, f.
**Meningococica, f.** Meningokokkeninfektion, f.
**Mentón, m.** Kinn, n.
**Mesenterio, m.** Mesenterium, n.
**Meteorismo, m.** Blähungen, f.
**meticuloso/a** gewissenhaft, peinlich genau
**Mialgia, f.** Myalgie, f.
**Miastenia grave, f.** Myasthenia gravis, f.
**Micobacterias, f.** Mykobakterien, npl.
**Micosis, f.** Mykose, f.
**Microcéfalo, m.** Mikrozephalie, f.
**Mielitis, f.** Myelitis, f.
**Mieloma multiple, f.** Plasmozytom, n.
**Miembro, m.** Gliedmaße, f.
**Miembro (viril), m.** Penis, m.
**Migraña, f.** Migräne, f.
**Miocardio, m.** Myokard, n.; Herzmuskel, m.
**Miocardiopatiá, f.** Kardiomyopathie, f.
**- M. alcohólica, f.** Alkoholische Kardiomyopathie, f.
**Miocarditis, f.** Myokarditis, f.
**Mioclonus, m.** Myoklonus, m.
**Mioma uterina, f.** Uterusmyom, n.
**Miopia, f.** Myopie, f.
**Miositis, f.** Myositis, f.
**Mittelschmerz, m.** Mittelschmerz, m.
**Mixedema, m.** Myxödem, n.
**moderado/a** mäßig
**mojado/a** nass
**Mola hidatiforme/vesiculosa, f.** Blasenmole, f.
**molde** weich
**Molestias, f.** Störung, f.
**Mononucleosis infecciosa, f.** Infektiöse Mononukleose, f.
**Morbilidad, f.** Morbidität, f.
**Mordedura, f.** Biss, m.
**- M. de Rata, f.** Rattenbiss, m.
**- M. de Perro, f.** Hundebiss, m.
**Mortalitad, f.** Mortalität, f.
**Moscas volantes, f.** Mouches volantes, f.
**Mostacho, m.** Oberlippenbart, m.
**Movimientos fetales, m.** Kindsbewegungen, f.
**Mucosa, f.** Schleimhaut, f.
**- M. bucal, f.** Mundschleimhaut, f.
**- M. nasal, f.** Nasenschleimhaut, f.
**- M. uterina, f.** Gebärmutterschleimhaut, f.
**Mudez, f.** Stummheit, f.
**mudo/a** stumm
**Muela, f.** Backenzahn, m.
**Muerte, m.** Tod, m.
**- M. súbita, f.** Plötzlicher Herztod, m.
**- M. súbita de niños, f.** Plötzlicher Kindstod, m.
**muerto/a** tot
**multiples** vielfältig
**Multiples fracturas costales, fpl.** Rippenserienfraktur, f.
**Muñeca, f.** Handgelenk, n.
**Músculo, m.** Muskel, m.
**- M. cardíaco, m.** Herzmuskel, m.; Myokard, n.
**- M. estriado; voluntario; esquelético** Quergestreifte Muskulatur, f.
**- M. liso; involuntario** Glatte Muskulatur, f.
**Muslo, m.** Oberschenkel, m.

## N

**nacer** gebären
**Nacido pretérmino, m.** Frühgeborenes, n.
**Nacido a término** Reifgeborenes, n.
**Nalgas, f.** Gesäß, n.
**Narcolepsia, f.** Narkolepsie, f
**Navajada, f.** Messerstich, m.
**Necesidad, f.** Bedarf, m.
**Necrosis, f.** Nekrose, f.
**- N. hepática, f.** Leberversagen, n.
**Negligencia, f.** Vernachlässigung, f.
**Neoplasia, f.** bösartige Neubildung
**- N. de bronquios, f.** Bronchialkarzinom, n.
**- N. de cerebro, f.** Hirntumor, m.
**- N. de cervix uterino, f.** Cervixkarzinom, n.
**- N. de colon, f.** Dickdarmkrebs, m.
**- N. de estómago, f.** Magenkarzinom, n.
**- N. de higádo, f.** Leberzellkarzinom, n.
**- N. de intestino delgado, f.** Dünndarmkrebs, m.
**- N. de mama, f.** Mammakarzinom, n.
**- N. de ovario, f.** Ovarialkarzinom, n.
**- N. de pancreas, f.** Pankreaskarzinom, n.
**- N. de pleura, f.** Mesotheliom, n.
**- N. de próstata, f.** Prostatakarzinom, n.
**- N. de recto, f.** Rektumkarzinom, n.
**- N. de testículo, f.** Hodenkrebs, m.
**- N. de tiroides, f.** Schilddrüsenkarzinom, n.
**- N. de tracto biliar, f.** Gallenblasenkarzinom, n.
**- N. de vejiga, f.** Harnblasenkarzinom, n.
**- N. del esófago, f.** Ösophaguskarzinom, n.
**- N. del suelo de la boca, f.** Mundbodenkarzinom, n.
**- N. craneal, m.** Hirnnerv, m.
**- N. óptico, m.** Sehnerv, m.
**Nervio, m.** Nerv, m.
**Nerviosismo, m.** Nervosität, f.
**Neumocistis carinii, m.** Pneumocystis carinii
**Neumonía, f.** Lungenentzündung; Pneumonie f.
**- N. cavitada, f.** Pneumonie - gekammert, f.
**- N. intersticial, f.** Pneumonie - interstitiell, f.
**- N. lobar, f.** Lobärpneumonie, f.
**- N. viral/virica, f.** Viruspneumonie, f.
**Neumotórax, m.** Pneumothorax, m.
**- N. espontáneo, m.** Pneumothorax, m.
**- N. por tensión, m.** Spannungspneumothorax, m.
**Neuralgia, f.** Neuralgie, f.
**- N. de Trigémino, f.** Trigeminusneuralgie, f.
**Neuritis, f.** Neuritis, f.
**- N. óptica, f.** Neuritis optica, f.
**Neurodermitis, f.** Neurodermitis, f.
**Neuronitis vestibular, f.** Neuropathia vestibularis, f.
**Neurosis cardiaca, f.** Herzneurose, f.
**Nevus, m.** Muttermal, n.; Naevus, m.
**Niño prematuro** Frühgeborenes, n.
**Nistagmo, m.** Nystagmus, m.
**Nivel, m** Level, n.; Niveau, n.; Höhe, f.
**nocturno/a** nächtlich
**Nódulo, m.** Knoten, m.
**- N. de Heberden, m.** Heberden-Knoten, m.
**- N. hemorroidal, m.** Hämorrhoidalknoten, m.
**- N. reumatoideo, m.** Rheumaknoten, m.
**- N. Schmorl, m.** Schmorl-Knötchen, n.
**- N. sinusal/auriculoventricular, m.** Sinus/AV-Knoten, m.
**Nuca, f.** Nacken, m.
**Nudillo, m.** Fingerknöchel, m.
**Nudosidad, f. (SA)** Knoten, m.
**Nuez de Adán, f.** Adamsapfel, m.
**Nutrición parenteral, f.** Parenterale Ernährung, f.

## O

**Obesidad, f.** Adipositas, f.
**- O. truncal, f.** Stammfettsucht, f.
**obnubilado/a** bedeckt, verdeckt
**obrar** arbeiten, Stuhlgang haben(US)
**Observación, f.** Beobachtung, f.
**- O. por sospecha de una enfermedad, fpl.** Beobachtung bei Verdacht auf Krankheit, f.
**observar** beobachten
**Obstrucción, f.** Verschluss, m.

**- O. de la Trompe de Eustaquio, f.** Verschluss der Tuba auditiva, m.
**- O. duodenal, f.** Duodenalverschluss, m.
**- O. intestinal f.** Ileus, m.
**- O. por malposición del feto, f.** Geburtshindernis durch Fehllage des Fetus, n.
**- O. por meconio, f.** Mekoniumileus, m.
**- O. uretral, f.** Harnröhrenverschluss, m.
**Occipucio, m.** Hinterkopf, m.
**Oclusión, f.** Verschluss, m.
**- O. de arterias precerebrales, f.** Hirninfarkt, m.
**- O. vascular retiniana, f.** Verschluss der A. centralis retinae, m.
**Oftalmoscópio, m.** Augenspiegel, m.
**Oído, m.** Gehör, n.; Äußerer Gehörgang, m.; Innenohr, m.
**Oído medio, m.** Mittelohr, m.
**Ojo de Gallo, m. (US)** Hühnerauge, n.
**oler** stinken, riechen
**Oligofrenia, f.** Intelligenzminderung, f.
**Oligohidramnios, mpl.** Oligohydramnion, n.
**Olor, m.** Gestank, m.
**Ombligo, m.** Bauchnabel, m.
**Omóplato, m.** Schulterblatt, n.
**Ooforitis, f.** Oophoritis, f.
**Opresión cardíaca, f.** Herzbeklemmung, f.
**Órbita, f.** Augenhöhle, f.
**Oreja, f.** Ohr, n.
**Orejuela del corazón, f.** Herzohr, n.
**Órgano, m.** Organ, n.
**Orificio, m.** Öffnung, f.
**- O. del útero, m.** Äußerer Gebärmuttermund, m.
**- O. externo del conducto auditivo, m.** Ohrloch, n.
**- O. nasal, m.** Nasenloch, n.
**Orina, f.** Urin, m.
**- O. por rebosamiento, f.** Überlaufblase, f.
**orinar** urinieren
**Orquitis, f.** Orchitis, f.
**Orzuelo, m.** Hordeolum, n.
**Oscilacíon, f.** Schwankung, f.
**Osteoartrosis, f.** Arthrose, f.
**Osteocondrosis vertebral, f.** Osteochondrose der Wirbelsäule, f.
**Osteodistrofia renal, f.** Renale Osteodystrophie, f.
**Osteogenesis imperfecta, f.** Osteogenesis imperfecta, f.
**Osteomalacia, f.** Osteomalazie , f.
**Osteomielitis, f.** Osteomyelitis, f.
**Osteoporosis, f.** Osteoporose, f.
**Otitis, f.** Otitis, f.
**- O. externa, f.** Otitis externa, f.
**- O. media, f.** Mittelohrentzündung, f.
**Otorrea, f.** Blutung aus dem äußeren Gehörgang, f.
**Otosclerosis, f.** Otosklerose, f.
**Otoscópio, m.** Ohrspiegel, m.
**Ovario, m.** Eierstock, m.
**Óvulo, m.** Ei (Keimzelle), n.
**Oxiuros, m.** Madenwurm, m.

## P

**Pabellón del oído, m.** Ohrmuschel, f.
**padecer de** leiden an
**Paladar (duro), m.** Gaumen (hart), m.
**Palidez, f.** Hautblässe, f.
**palido/a** blass
**Palma, f.** Handfläche, f.
**Palpitaciones, fpl.** Palpitationen, fpl.
**Paludismo, m.** Malaria, f.
**Panadizo, m.** Panaritium, n.
**Páncreas, m.** Bauchspeicheldrüse, f.
**Pancreatitis, f.** Pankreatitis, f.
**Panencefalitis, f.** Panenzephalitis, f.
**Pantorrilla, f.** Wade, f.
**Paperas, f.** Mumps, m.
**Papiledema, m.** Stauungspapille, f.
**Pápula, f.** Papel, f.
**Parada respiratoria, f.** Atemstillstand, m.
**parado/a** stehend
**Parálisis, f.** Lähmung, f.
**- P. cerebral, f.** Spastische Zerebralparese, f.
**- P. del nervio facial/de Bell, f.** Fazialisparese, f.
**- P. facial, f.** Fazialislähmung, f.
**- P. infantil, f.** Kinderlähmung, f.
**Paraplejia, f.** Paraplegie, f.
**Parásito intestinal, m.** Darmparasit, m.
**Paratifo, m.** Parathyphus, m.
**parcial** teilweise
**Pared abdominal, f.** Bauchdecke, f.

**Pares craneales, mpl.** Hirnnerven, mpl.
**Paro cardíaco, m.** Plötzlicher Herztod, m.
**Parotiditis, f.** Mumps, m.
**paroxístico/a** anfallsartig
**Párpado, m.** Oberes/Unteres Augenlid, n.
**Parto (espontáneo), m.** (Spontan-)geburt, f.
**- P. con forceps, m.** Zangenextraktion, f.
**- P. con vacuum, m.** Extraktion mit Saugglocke, f.
**- P. distócico, m.** Komplizierte Geburt, f.
**- P. eutócico, m.** Unkomplizierte Geburt, f.
**- P. multiple, m.** Mehrlingsgeburt, f.
**- P. precipitado, m.** Sturzgeburt, f.
**pasajero/a** passager
**pasar sala** Visite machen
**Patogénesis, f.** Krankheitsentwicklung, f.
**Pauta, f.** (Behandlungs-) Schema, n.
**- P. de insulina, f.** Insulindosierung, f.
**Peca, f.** Muttermal, n.
**Pecho, m.** Brust, f.
**Pecho de Gallina, f.** Hühnerbrust, f.
**pegagoso/a** klebrig
**pegar** anheften, kleben
**Pelvis, f.** Becken, n.
**- P. renal, f.** Nierenbecken, n.
**Pene, m.** Penis, m.
**Pénfigo (vulgar), m.** Pemphigus (vulgaris), n.
**Penfigoide ampollosa, f.** Bullöses Pemphigoid, n.
**pequeño/a** klein
**Percentil, m.** Perzentile, f.
**Perdida de peso, f.** Gewichtsverlust, m.
**Perdida sanguinea, f.** Blutverlust m.
**Perdidas insensibles, f.** Perspiratio insensibilis, f.
**Perforación del Timpano, f.** Trommelfellperforation, f.
**perforado/a** perforiert
**Pericárdio, m.** Herzbeutel, m.
**Pericarditis, f.** Perikarditis, f.
**Pericóndrio, m.** Knorpelhaut, f.
**periférico/a** peripher
**Perilla, f. (SA)** Ohrläppchen, n.
**Perímetro cefálico, m.** Kopfumfang, m.
**Perímetro torácico, m.** Brustumfang, m.
**Periodo de alumbramiento, m.** Nachgeburtsperiode, f.
**Periodo expulsivo, m.** Austreibungsphase, f.
**Periostio, m.** Knochenhaut, f.
**Peritoneo, m.** Bauchfell, n.
**Peritonitis, f.** Peritonitis, f.
**Peroné, m.** Wadenbein, n.
**persistente** persistierend, anhaltend
**Personalidad multiple, f.** Multiple Persönlichkeit, f.
**Pertubación acustica, f.** Hörstörung, f.
**Pertubación visual, f.** Sehstörung, f.
**Pesadilla, f.** Alptraum, m.
**pesar** wiegen
**Peso elevado al nacer, m.** Übergewichtiges Neugeborenes, n.
**Pestañas, f.** Wimper, f.
**Peste, f.** Pest, f.
**Petequias, f.** Petechien, f.
**Petición de consulta, f.** Konsil, n.
**Pezón, m.** Brustwarze (weibliche), f.
**Piamadre, f.** Innere Hirnhaut, f.
**Picadura, f.** Insektenstich, m.
**Picadura de garrapata, f.** Zeckenbiss, m.
**Picadura de insecto, f.** Insektenstich, m.
**Pie, m.** Fuß, m.
**- P. de atleta, m.** Fußpilz, m.
**- P. equinovaro, m.** Klumpfuß, m.
**Piel del craneo, f.(SA)** Kopfhaut, f.
**Piel de gallina, f.** Gänsehaut, f.
**Pielonefritis, f.** Pyelonephritis, f.
**Pierna, f.** Bein, n.; Unterschenkel, m.
**Pijama (US), f.** Kittel, m.
**Píldora, f.** Pille, f.
**Píloro, m.** Pylorus, m.
**pinchar** stechen
**Pinza, f.** Pinzette, f.
**Piodermitis, f.** Pyodermie, f.
**Piojo, m.** Laus, f.
**Pionefrosis, f.** Pyonephrose, f.
**Piuria, f.** Pyurie, f.
**Placa (US), f.** Röntgenbild, n.
**Placas hiperqueratósicas, f.** Hyperkeratotische Plaques, fpl.
**Placenta, f.** Plazenta, f.
**- P. previa, f.** Placenta praevia, f.

**Planta del pie, f.** Fußsohle, f.
**Pleura, f.** Brustfell, n.
**Pleuresía, f. (SA)** Brustfellentzündung, f.; Pleuritis, f.
**Plexo, m.** Plexus, m.
**Pliegue inguinal, m.** Leistenbeuge, f.
**Pliegues interdigitales, m.** Fingerzwischenraum, m.
**poco frecuente** selten
**Poliarteritis nodosa, f.** Panarteriitis nodosa, f.
**Poliartropatia inflamatoria, f.** Entzündliche Polyarthropathie, f.
**Poliartrosis, f.** Polyarthrose, f.
**Policitemia vera, f.** Polycythaemia vera, f.
**Polidactilia, f.** Polydaktylie, f.
**Polidipsia, f.** Polydipsie, f.
**Polifagia, f.** Polyphagie, f.
**Polihidramnios, mpl.** Polyhydramnion, n.
**Polimialgia reumática, f.** Polymyalgia rheumatica, f.
**Polineuritis, f.** Polyneuritis, f.
**Polineuropatía, f.** Polyneuropathie, f.
**- P. alcohólica, f.** Alkohol-Polyneuropathie, f.
**- P. diabética, f.** Diabetische Polyneuropathie, f.
**Poliomielitis, f.** Poliomyelitis, f.
**Polipectomia, f.** Polypenentfernung, f.
**Pólipo, m.** Polyp, m.
**Pólipo de cavidad nasal, f.** Nasenpolyp, m.
**Poliradiculoneuropatia idiopatica, f.** Guillain-Barré-Syndrom, n.
**politraumatizado/a** politraumatisiert
**Pollaquiuria, f.** Pollakisurie, f.
**Polvo, m.** Pulver, n.
**Polvos, mpl.** Puder, n.
**Pomada, f.** Salbe, f.
**Pómulo, m.** Wangenbein, n.
**Portador de..., m.** Keimträger von ...., m.
**Postiza, f.** Künstliches Gebiss, n.
**postoperatorio** postoperativ
**Postración, f.** Ermüdbarkeit, f.; Schwäche, f.
**precipitante** beschleunigend
**precoz** frühzeitig
**predominar** vorherrschen
**Preeclampsia, f.** Präeklampsie, f.
**Presbiacusia, f.** Presbyakusis
**Presbiopia, f.** Presbyopie, f.
**prescribir** verschreiben
**Presentación cefálica, f.** Kopflage, f.
**Presentación de bregma, f.** Hoher Geradstand, m.
**Presentación de cara, f.** Gesichtslage, f.
**Presentación de extremidad pélvica, f.** Beckenendlage, f.
**Presentación de frente, f.** Scheitellage, f.; Stirnlage, f.
**Presentación de nalgas, f.** Beckenendlage, f.
**Presentación del fármaco, f.** Darreichungsform, f.
**Presentación fetal, f.** Einstellung des Fetus, f.
**Presentación podalica, f.** Steißlage, f.
**Prevención, f.** Prävention, f.; Krankheitsverhütung
**prevenir** verhindern, zuvorkommen
**previo/a** vor
**Priapismo, m.** Priapismus, m.
**Primigesta, f.** Erstgebärende, f.
**Primigravida, f.** Erstgebärende, f.
**Primipara, f.** Frau, die einmal geboren hat, f.
**producir** verursachen
**Profilaxis, f.** Prophylaxe, f.; Krankheitsverhütung, f.
**profundo/a** tief
**Prognosis, f.** Prognose, f.
**progresivo/a** fortschreitend
**Prolapso anal, m.** Analprolaps, m.
**Prolapso de útero, m.** Uterusprolaps, m.
**Prolapso mitral, m.** Mitralklappenprolaps, m.
**Prolapso rectal, m.** Rektumprolaps, m.
**prolongar** verlängern
**Próstata, f.** Vorsteherdrüse, f.
**Proteinuria, f.** Proteinurie, f.
**Proteus mirabilis, m.** Proteus mirabilis, m.
**provocar** verursachen
**Prueba de medicina nuclear, f.** Gammographie, f.
**Pruebas diagnósticas de piel y sensibilización, fpl.** Allergietestung, f.
**Pseudomonas,m.** Pseudomonas aeruginosa, m.
**Psicosis, f.** Psychose, f.
**- P. afectiva, f.** Affektive Psychose, f.

**- P. de tipo depresivo, f.** Depression, f.
**(P)sicoterapia, f.** Psychotherapie, f.
**Psoríasis, f.** Psoriasis vulgaris, f.
**Pterigion, m.** Pterygium, n.
**Ptosis, f.** Ptosis, f.
**Pubertad, f.** Pubertät, f.
**Puerperio, m.** Wochenbett, n.
**Pulga, f.** Floh, m.
**Pulgar, m.** Daumen, m.
**Pulmón, m.** Lunge, f.
**Pulmón de criadores de pajaros, m.** Vogelzüchterlunge, f.
**Pulmón de los granjeros, m.** Farmerlunge, f.
**Pulmones, m.** Lunge, f.
**Pulpa dental, f.** Zahnmark, n.
**Pulpejo, m.** Handballen, m.
**Punción lumbar, f.** Lumbalpunktion, f.
**Punción medular, f.** Knochenmarkpunktion, f.
**Punción venosa, f.** Venenpunktion, f.
**Punta, f.** Fußspitze, f.
**- P. de la nariz, f.** Nasenspitze, f.
**- P. del corazón, f.** Herzspitze, f.
**Punto de referencia, m.** Führender Teil des Fetus, m.
**Pupila, f.** Pupille, f.
**Púrpura, f.** Purpura, f.
**Púrpura trombicitopénica, f.** Thrombozytopenische Purpura, f.
**Pústula, f.** Pustel, f.

## Q

**Quemadura, f.** Verbrennung, f.
**Quemadura solar, f.** Sonnenbrand, m.
**quemarse** sich verbrennen
**Queratitis, f.** Keratitis, f.
**Queratoconjunctivitis, f.** Keratokonjunktivitis, f.
**Quiasma óptico, m.** Chiasma opticum, n.
**Quimoterapia, f.** Chemotherapie, f.
**Quiste, m.** Zyste, f.
**- Q. de la glándula Bartholin, m.** Bartholin-Zyste, f.
**- Q. folicular ovárico, m.** Follikelzyste des Ovars, f.
**- Q. ovárico, m.** Ovarialzyste, f.
**- Q. piloso, f.** Pilonidalzyste, f.
**- Q. renal, m.** Zyste der Niere, f.

## R

**Rabia, f.** Tollwut, f.
**Radio, m.** Speiche, f.
**Radiografía, f.** Röntgenbild, n.
**Radiografía simple de abdomen, f.** Abdomenleeraufnahme, f.
**Radioterapia, f.** Strahlentherapie, f.
**Raíz del diente, f.** Zahnwurzel, f.
**Rama, f.** Ast, m.
**rapido/a** schnell
**Raquitismo, m.** Rachitis, f.
**Rasgos cushingoides, m.** Striae, f.
**raspar** aufrauhen, kratzen
**Raya de la mano, f.** Handlinie, f.
**Rayos X, m.**[4] Röntgen, n.
**Razón, f.** Grund, Ursache, f.
**Reacción de adaptación, f.** Anpassungsstörung, f.
**Reacción de incompatibilidad ABO/RH, f.** AB0/RH-Unverträglichkeitsreaktion, f.
**realizar** vollziehen, durchführen
**Reanimación, f.** Reanimation, f.
**Rebote, m.** Rezidiv, n.
**Recaída, f.** Rückfall, m.
**Rechazo, m.** Abstoßung, f.
**rechinar de dientes** Zähne klappern
**recidivante** rezidivierend
**Recién nacido, m.** Neugeborenes, n.
**recoger** holen
**Recto, m.** Rektum, n.
**Rectorrágia, f.** Melena, f.
**Rectoscopia, f.** Rektoskopie, f.
**recurrentes** wiederkehrend
**redondo/a** rund
**referir** sich beziehen auf
**Reflujo esofágico, m.** Gastroösophageale Refluxkrankheit, f.
**Régimen, m.** (Behandlungs-) Schema, n.
**Región cardíaca, f.** Herzgegend, f.
**Región inguinal, f.** Leistengegend, f.
**Región temporal, f.** Schläfengegend, f.
**Regla, f.** Lineal, n.
**Rehabilitación, f.** Rehabilitationsmaßnahme, f.; Krankengymnastik, f.
**Relajación, f.** Entspannung, f.

[4] Anm: Gesprochen "ekis"

**Reposo, m.** Ruhe, f.
**requerer** erfordern
**resaltar** hervorragen, vorstehen
**resbalar** ausrutschen
**resecable** entfernbar
**Resección, f.** Resektion, f.
**Resfriado, m.** Erkältung, f.; Erkältungsssschnupfen, m.
**residual** zurückbleibend
**Resonáncia magnética (nuclear), f.** Magnetresonanztomographie (MRT), n.
**responder** antworten, reagieren
**Respuesta completa clínica, f.** Vollremission, f.
**Retención aguda de orina, f.** Akuter Harnverhalt, m.
**Retina, f.** Netzhaut, f.
**Retinopatía diabética, f.** Diabetische Retinopathie, f.
**retirar** zurückziehen
**Retirar los puntos** Fadenentfernung, f.
**Retraso de crecimiento/maduraturo, m.** Gedeihstörungen, f.
**Retraso mental, m.** Oligophrenie, f.; Intelligenzminderung, f.
**Reumatismo, m.** Rheumatische Erkrankung, f.; Rheumatismus, m.
**revelar** enthüllen
**Riesgo, m.** Risiko, n.
**Rigidez, f.** Rigidität, f.
**- R. articular, f.** Gelenksteife, f.
**Rinitis, f.** Rhinitis, f.
**Rinitis crónica, f.** Chronische Rhinitis, f.
**Riñón, m.** Niere, f.
**- R. atrófico, f.** Schrumpfniere, f.
**Rizartrosis, f.** Rhizarthrose, f.
**Rodilla, f.** Knie, n.
**rojo/a** rot
**Roncha, f.** Quaddel, f.
**Rosacea, f.** Rhinophym, n.
**Rostro, m.** Gesicht, n.
**Rotura (prematura) de las membranas, f.** (Vorzeitiger) Blasensprung, m.
**Rótula, f.** Kniescheibe, f.
**Rotura, f.** Riss, m.
**Rubéola, f.** Röteln, f.
**- R. congénita, f.** Rötelnembryopathie, f.
**Ruptura, f.** Riss, m.
**Ruptura (prematura) de membranas, f.** (Vorzeitiger) Blasensprung, m.

## S

**Sabanón, m.** Frostbeule, f.
**Saco lagrimal, m.** Tränensack, m.
**Sadomasoquismo, m.** Sadomasochismus, m.
**Saliva, f.** Speichel, m.
**Salivación, f.** Speichelfluss, m.
**Salmonelosis, f.** Salmonellose, f.
**Salpingitis, f.** Salpingitis, f.
**Salud, f.** Gesundheit, f.
**saludable** gesund
**sangrar** bluten
**Sangría, f.** Aderlass, m.
**Sarampión, m.** Masern, f.
**Sarcoidosis, f.** Sarkoidose, f.
**Sarcoma de Kaposi, f.** Kaposi-Sarkom der Haut, n.
**Sarna costrosa, f.** Krätze, f.; Scabies, f.
**Screening, m.** Screening, n.
**seccar** trocknen
**seco/a** trocken
**Secreción, f.** Sekretion, f.
**secretado/a** sezerniert
**Secuela, f.** Folgeerscheinung, f.
**Secuestro, m.** Sequester, m.
**segregado/a** getrennt
**segregar** trennen
**seguir** folgen
**Seguro contra la enfermedad, m.** Krankenversicherung, f.
**Seno, m.** Busen, m.
**Seno frontal, m.** Stirnbeinhöhle, f.
**Seno maxilar, m.** Kieferhöhle, f.
**Senos paranasales, m.** Nasennebenhöhlen, f.
**sentado/a** sitzend
**sentarse** sich setzen
**sentirse** sich fühlen
**Septicemia, f.** Sepsis, f.
**Septicemia estreptocócica, f.** Streptokokkensepsis, f.
**Septo nasales, m.** Nasenscheidewand, f.
**Sequedad, f.** Trockenheit, f.
**Sesión clínica, f.** Fortbildung, f.
**Sesión de quimioterapia, f.** Chemotherapie-Sitzung, f.
**Sesión de radioterapia, f.** Strahlentherapie-Sitzung, f.
**Seudoquiste, m.** Pseudozyste, f.
**severo/a** schwer
**Shock, m.** Schock, m.

**- S. anafiláctico, m.** Anaphylaktischer Schock, m.
**- S. cardiogénico, m.** Kardiogener Schock, m.
**- S. hipovolémico, m.** Hypovolämischer Schock, m.
**- S. traumático, m.** Traumatischer Schock, m.
**SIDA** AIDS
**Siderosis, f.** Siderose, f.
**Sien, f.** Schläfe, f.
**Sifilis, f.** Syphillis, f.
**Sigma, m.** Sigma, n.
**Signo de Köplick, m.** Koplicksche Flecken , mpl.
**Signo de la manzana, m.** Apfelbutzenzeichen, n.
**siguiente** folgend
**Simulador, m.** Simulant, m.
**Síncope, f.** Synkope, f.
**Sindactilia, f.** Syndaktylie, f.
**Síndrome, m.** Syndrom, n.
**- S. cerebelloso, m.** Kleinhirnsyndrom, n.
**- S. de abstinencia, m.** Drogenentzugssyndrom, n.
**- S. de Behçet, m.** Behçet-Krankheit, f.
**- S. de Budd-Chiari, m.** Budd-Chiari-Syndrom, n.
**- S. de cordón, m.** Schleudertrauma, n.
**- S. de Cushing, m.** Cushing-Syndrom, n.
**- S. de distress respiratorio, m.** Atemnotsyndrom (Respiratory distress syndrome), n.
**- S. de Fragilidad X, m.** Fragile X-Syndrom, n.
**- S. de Kawasaki, m.** Kawasaki-Syndrom, n.
**- S. de la Inmunodeficiencia Adquirida (SIDA), m.** AIDS
**- S. de laceración, m.** Mallory-Weiss-Syndrom, n.
**- S. de lavaina de los músculos rotadores del brazo/manguito rotadores** Läsion der Rotatorenmanschette, f.
**- S. de Marfan, m.** Marfan-Syndrom, n.
**- S. de Menière, m.** Ménière-Krankheit, f.
**- S. de niño maltrado, m.** Kindesmisshandlung, f.
**- S. de Raynaud, m.** Raynaud-Syndrom, n.
**- S. de tensión premenstrual, m.** Prämenstruelle Beschwerden, fpl.
**- S. de tronco, m.** Hirnstammsyndrom, n.
**- S. de Waterhouse-Friedrichsen, m.** Waterhouse-Friedrichsen-Syndrom, n.
**- S. del tunel carpiano, m.** Karpaltunnel-Syndrom, n.
**- S. Down, m.** Down-Syndrom, n.
**- S. hepatorenal, m.** Hepatorenales Syndrom, n.
**- S. Klinefelter, m.** Klinefelter-Syndrom, n.
**- S. nefrótico, m.** Nephrotisches Syndrom, n.
**- S. postflebítico, m.** Postthrombotisches Syndrom, n.
**- S. seco/de Sjögren, m.** Sicca / Sjögren-Syndrom, n.
**Singulto, m.(SA)/Hipo, m.** Singultus, m.; Schluckauf, m.
**Síntoma, m.** Symptom, n.
**Sinusitis, f.** Sinusitis, f.
**- S. esfenoidal, f.** Akute Entzündung der Keilbeinhöhle, f.
**- S. etmoidal, f.** Akute Entzündung der Siebbeinhöhle, f.
**- S. frontal, f.** Akute Entzündung der Stirnhöhle, f.
**- S. maxilar, f.** Akute Entzündung der Kieferhöhle, f.
**Siringobulbia, f.** Syringobulbie, f.
**Siringomelia, f.** Syringomyelie, f.
**Sistema nervioso, m.** Nervensystem, n.
**- S. n. central, m.** Zentrales Nervensystem, n.
**- S. n. periférico, m.** Peripheres Nervensystem, n.
**sistémico/a** systemisch
**Situación fetal, f.** Lage des Fetus, f.
**Situación longitudinal, f.** Längslage, f.
**Situación transversal, f.** Querlage, f.
**Situs inversus, m.** Situs inversus, m.
**solicitar** beantragen, anfordern
**Solitaria, f.** Bandwurm, m.
**Solución, f.** Lösung, f.
**Somatización, f.** Somatisierung (stendenz), f.
**Sombra sonográfica, f.** Schallschatten, m.

**Somnolencia, f.** Somnolenz, f.
**Sonambulismo, m.** Schlafwandeln, n.
**Sonda nasogástrica, f.** Magensonde, f.
**sondear** katheterisieren
**Sonografía, f.** Sonographie, f.
**Sordera, f.** Taubheit, f.
**sordo/a** taub
**Sordomudez, f.** Taubstummheit, f.
**Sospecha, f.** Verdacht, m.
**sospechoso/a** verdächtig
**suave** weich
**Subsidio de enfermedad, m.** Krankengeld, n.
**Sueño, m.** Schlaf, m.
**Sustitución de Válvula cardíaca, f.** Künstliche Herzklappe, f.
**Suelo de la pelvis, m.** Beckenboden, m.
**Suero, m.** Infusion, f.
**sugestivo/a de** hinweisend auf
**suicidarse/cometer suicidio** Selbstmord begehen
**Suicidio, m.** Selbstmord, m.
**Sumersión, f.** Untertauchen, n.
**superficial** oberflächlich
**Supervivencia, f.** Überlebensrate, f.
**suprimir** unterdrücken
**supurar** eitern
**suspender** aufheben, absetzen
**Sustancia, f.** Substanz, f.
**Sutura de bolsa de tabaco, f.** Tabaksbeutelnaht, f.
**suturar** nähen

## T

**Tabique nasal, m.** Nasenscheidewand, f.
**Tabique nasal desviado, m.** Nasenseptumdeviation, f.
**Tacto rectal, m.** Rektale Untersuchung, f.
**Tacto vaginal, m.** Vaginale Untersuchung, f.
**Talón, m.** Ferse, f.
**Tamaño, m.** Größe, f.
**Tapón de cera/cerumen, m.** Cerumen obturans, n.
**Taponamiento pericárdico, m.** Herzbeuteltamponade, f.
**Taquicardia, f.** Tachykardie, f.
**- T. paroxística, f.** Paroxysmale Tachykardie, f.
**- T. ventricular f.** Ventrikuläre Tachykardie, f.
**tartamudear** stottern
**Tartamudeo, m.** Stottern, n.
**Tejido, m.** Gewebe, n.
**Tellon, m.** Ferse, f.
**temblar** zittern
**Temblor (esencial), m.** (Essentieller) Tremor, m.
**Tendón, m.** Sehne, f.
**- T. de Aquiles, m.** Achillessehne, f.
**tener cuidado** aufpassen
**tener en cuenta** etwas beachten
**Tenómetro, m. (SA)** Blutdruckmessgerät, n.
**Terapia, f.** Therapie, f.
**- T. del lenguaje, f.** Logopädische Behandlung, f.
**- T. física, f.** Physiotherapie, f.
**Termómetro, m.** Fieberthermometer, n.
**Test de la Tuberculina, m.** Tuberkulose-Hauttest, m.
**Testículo, m.** Hoden, m.
**Tetania, f.** Tetanie, f.
**Tétanos, m.** Tetanus, m.
**Tetas (U), f.** Busen, m.
**Tetralogía de Fallot, f.** Fallot-Tetralogie, f.
**Tibia, f.** Schienbein, n.
**Tic, m.** Ticstörung, f.
**Tijeras, f.** Schere, f.
**Timo, m.** Thymus, m.
**Tímpano, m.** Trommelfell, n.
**Tiña, f.** Tinea, f.
**Tinitus, m.** Hörsturz, m.; Ohrensausen, n.
**tiritar** zittern
**Tiritona, f.** Zittern, n.
**Tiro, m.** Schuss, m.
**Tiroides, m.** Schilddrüse, f.
**Tiroiditis, f.** Thyreoiditis, f.
**Tobillo, m.** Sprunggelenk, n.
**Toma de sangre, f.** Blutentnahme, f.
**tomar la presión/tensión arterial** Blutdruckmessung, f.
**Tomografía computerizada, f.** Computertomographie, f.
**Tórax, m.** Brustkorb, m.; Brustraum, m.
**- T. flotante, m.** Instabiler Thorax, m.
**Torcedura, f.** Zerrung, f.
**torcerse** sich verdrehen
**Torsión ovárica, f.** Stieldrehung der Ovarien, f.

**Torsion testicular, f.** Hodentorsion, f.
**Torticolis, f.** Tortikollis, m.
**Tos ferina, f.** Keuchhusten, m.
**Toxoplasmosis, f.** Toxoplasmose, f.
**Tracto digestivo, m.** Verdauungstrakt, m.
**tragar** verschlucken
**Transfusión (de la sangre), f.** (Blut-) Transfusion, f.
**Transito intestinal, m.** Mager-Darm-Passage, f.
**transitorio** vorübergehend
**Transmisor de una enfermedad, m.** Krankheitsüberträger, m.
**Transplante de pelo, m.** Haartransplantation, f.
**Transplante de Válvula cardíaca, m.** Künstliche Herzklappe, f.
**Transplante renal, m.** Nierentransplantation, f.
**Tráquea, f.** Luftröhre, f.
**Traqueostoma, f.** Tracheostoma, n.
**Traqueotomía, f.** Tracheostomie, f.
**Trastorno, m.** Störung, f.
**- T. de acomodación, m.** Akkommodationsstörung, f.
**- T. de alimentación, m.** Essstörung, f.
**- T. de dependencia de la personalidad, m.** Persönlichkeitsstörung, f.
**- T. de disco, m.** Bandscheibenschaden, m.
**- T. de Gilles de la Tourette, m.** Gilles de la Tourette-Syndrom, n.
**- T. de Pánico, m.** Angststörung, f.
**- T. del comportamiento/de la conducta, m.** Verhaltensstörung, f.
**- T. del sueño, m.** Schlafstörung, f.
**- T. fóbico, m.** Phobie, f.
**- T. hiperactivo, m.** Hyperaktivitätssyndrom, n.
**- T. maníaco, m.** Manie, f.
**- T. neurótico, m.** Neurose, f.
**- T. obsesivo-compulsivo, m.** Zwangstörung, f.
**Trastornos de la hipófisis y de la regulación hipotalamica, mpl.** Störungen der Hypophyse und der Hypothalamus-Regulation, fpl.
**Trastornos menopáusicos, mpl.** Klimakterische Störung, f.
**Tratamiento, m.** Behandlung, f.
**- T. palliativo, m.** Palliativbehandlung, f.
**Trauma al nacer, m.** Geburtsverletzung, f.
**Triada de Gregg, f.** Greggsche Trias, f.
**Triocéfalo, m.** Peitschenwurm, m.
**Tripa (US), f.** Eingeweide, f.
**Trismo, m.** Mundsperre, f.
**Trismus mandibular, m.** Kiefersperre, f.
**Tromboangeitis obliterante, f.** Thrombangiitis obliterans, f.
**Trombocitopenia, f.** Thrombozytopenie, f.
**Tromboembolismo, m.** Thrombembolischer Verschluss, m.
**Tromboflebitis, f.** Thrombophlebitis, f
**Trombosis, f.** Thrombose, f.
**- T. de vena porta, f.** Pfortaderthrombose, f.
**- T. venosa (de Sinus), f.** (Sinus) venenthrombose, f.
**Trompa, f.(de Falopio)** Eileiter, m.
**Trompa de Eustaquio, f.** Tuba auditiva, f.
**Tronco, m.** Rumpf, m.
**- T. celíaco, m.** Truncus coeliacus, m.
**Tronco cerebral, m.** Hirnstamm, m.
**Tuberculoma, m.** Tuberkulom, n.
**Tuberculosis, f.** Tuberkulose, f.
**Tuberculostática, f.** Tuberkulostatikum, n.
**Tubo digestivo, m.** Verdauungstrakt, m.
**tumbarse** sich hinlegen
**Tumefacción, f.** Schwellung, f.
**- T. intracraneal, f.** Intrakranielle Raumforderung, f.
**Tumor, m.** Tumor, m.
**- T. de parto/caput, m.** Kephalhämatom, n.

## U

**Úlcera, f.** Hautgeschwür, n.
**- Ú. crónica, f.** Chronische Ulcera, npl.
**- Ú. de decúbito, f.** Dekubitalgeschwür, n.
**Úlcera duodenal, f.** Ulcus duodeni, n.
**- Ú. gástrica, f.** Ulcus ventriculi, n.
**- Ú. péptica, f.** Ulcus pepticum, n.
**- Ú. varicosa, f.** Ulcus cruris, n.
**ultimamente** endlich, schließlich
**Umbral doloroso, m.** Schmerzschwelle, f.
**Uña, f.** Fingernagel, m.

**Uña encarnada, f.** Unguis incarnatus, m.
**Uncinaria, f.** Hakenwurm, m.
**Ungüento, m.** Salbe, f.
**Uréter, m.** Harnleiter, m.
**Uretra, f.** Harnröhre, f.
**Uretritis, f.** Urethritis, f.
**urgente** dringend
**Urticaria, f.** Urtikaria,f.; Nesselfieber, n.
**usar** brauchen
**Útero, m.** Gebärmutter, f.
**util** nützlich
**Úvula, f.** Zäpfchen, n.

## V

**Vagina, f.** Scheide, f.
**Vaginismo, m.** Vaginismus, m.
**Vaina sinovial, f.** Sehnenscheide, f.
**Válvula, f.** Herzklappe, f.
**- V. aórtica, f.** Aortenklappe, f.
**- V. atrioventricular, f.** AV-Klappe, f.
**- V. mitral, f.** Mitralklappe, f.
**Valvulopatía, f.** Herzvitium, n.
**Variabilidad, f.** Abweichung, f.
**Varicela, f.** Windpocken, fpl.
**Varices, fpl.** Varizen, fpl.
**- V. esofágicas, fpl.** Ösophagusvarizen, fpl.
**Vasculitis, f.** Vaskulitis, f.
**Vaselina, f.** Gleitmittel, n.
**Vaso, m.** Gefäß, n.
**- V. linfático, m.** Lymphgefäß, n.
**Vejiga (urinaria), f** Harnblase, f.
**Vello, m.** Körperbehaarung, f.
**- V. tipo lanugo, m.** Lanugobehaarung, f.
**Velo palatino, m.** Gaumensegel, n.
**Vena, f.** Vene, f.
**- V. yugular, f.** Jugularisvene, f.
**Venas varicosas, fpl.** Varizen, fpl.
**Vendaje, f.** Verband, m.
**ventossear** blähen
**Ventrículo, m.** Ventrikel, m.
**Ventrículo (del corazón), m.** (Herz-) Kammer, f.
**Verruga, f.** Warze, f.
**- V. viral, f.** Viruswarze, f.
**Vértebra dorsal, f.** Brustwirbel, m.
**Vertex, m.** Scheitel, m.
**Vértice del pulmón, m.** Lungenspitze, f.
**Vértigo, m.** Schwindel, m.
**- V. de origen central, m.** Schwindel zentralen Ursprungs
**- V. paroxismal benigno, m.** Benigner paroxysmaler Schwindel, m.
**- V. periférico, m.** Peripherer Schwindel, m.
**- V. posicional, m.** Lagerungsschwindel, m.
**Vertrebra, f.** Wirbel, m.
**Vesícula, f.** Blase, f.; Bläschen, n.
**- V. biliar, f.** Gallenblase, f.
**- V. seminal, f.** Samenblase, f.
**- V. pulmonar, f.** Lungenbläschen, n.
**Vía linfática, f.** Lymphgefäß, n.
**Vía nerviosa, f.** Nervenbahn, f.
**Vía venosa,f.** Zugang, m.; Braunüle, f.
**- V. v. central, f.** Zentralvenöser Zugang, m.
**- V. v. permanente, f.** Intravenöser Zugang, m.
**Vías biliares, f.** Gallenwege, mpl.
**Vías urinarias, fpl.** Ableitende Harnwege, mpl.
**Víctima, f.** Opfer, n.
**Vida media, f.** Halbwertzeit, f.
**vigilar** bewachen, beachten
**Violación, f.** Vergewaltigung, f.
**Viruela, f.** Pocken
**Virus, m.** Virus, m.
**- V. de Ebstein-Barr, m.** Ebstein-Barr-Virus, m.
**- V. de la Inmuno-deficiencia Humana (VIH), m.** Humanes Immundefizienz-Virus (HIV)
**Visita, f.** Visite, f.
**Vista, f.** Augenlicht, n.
**- V. torcida, f. (US)** Schielen, n.
**visualizar** sichtbar machen
**Vitiligo, m.** Vitiligo, m.
**voluntario/a** freiwillig
**Vólvulo intestinal, m.** Volvulus, m.
**Vulvitis, f.** Vulvitis, f.

## Y

**Yersiniosis, f.** Yersiniose, f.
**Yeso, m.** Gips, m.
**Yeyuno, m.** Jejunum, n.

## Z

**Zumbidos, m.** Ohrensausen, n.

## A

**AB0/RH-Unverträglichkeitsreaktion, f.** Reacción de incompatibilidad ABO/RH, f.
**Abdeckung, f.** Cobertura, f.
**Abdomen, n.** Abdomen, m.
**- akutes A.** Abdomen agudo, m.
**Abdomenleeraufnahme, f.** Radiografía simple de abdomen, f.
**abhängig** dependiente
**Abhängigkeit, f.** Dependencia, f.
**Ableitende Harnwege, mpl.** Vías urinarias, fpl.
**Ablösung der Plazenta, f.** Desprendimiento placentario, m.
**Abmagerung, f.** Adelgazamiento, m.; Caquexia, f.
**Abort, m.** Aborto, m.
**Abschuppung, f.** Descamación, f.
**absetzen** suspender
**Absorption, f.** Absorción, f.
**Abstoßung, f.** Rechazo, m.
**Abszess, m.** Absceso, m.
**- A. der Lunge, m.** Absceso de pulmon, m.
**- perinephritischer A.** Absceso perinéfrico, m.
**Abweichung, f.** Desviación, f.,Variabilidad, f.
**abwesend** abolido/a, ausente
**Acetysalicylsäure, f.** Ácido acetilsalícico, m.
**Achalasie, f.** Acalasia de esófago, f.
**Achillessehne, f.** Tendón de Aquiles, m.
**Achondroplasie, f.** Condrodistrofia, f.
**Achselhöhle, f.** Axila, f.
**Adamsapfel, m.** Nuez (de Adán), f.
**Addison-Krise, f.** Crisis addisonianas, f.
**Adenom, m.** Adenoma, m.
**Adenoviren, mpl.** Adenovirus, m.
**Aderlass, m.** Sangría, f.
**Adipositas, f.** Obesidad, f.
**Adnexe, f.** Anejo, m.; Anexo, m.(SA)
**Affektive Psychose, f.** Psicosis afectiva, f.
**Agoraphobie, f.** Agorafobia, f.
**Agranulozytose, f.** Agranulocitosis, f.
**AIDS** Síndrome de la Inmunodeficiencia Adquirida (SIDA), m.
**Akkommodationsstörung, f.** Trastorno de acomodación, m.
**Akne, f.** Acné, f.
**Akromegalie, f.** Acromegalia, f.
**Aktinomykose, f.** Actinomicosis, f.
**akut** agudo/a
**Akuter Harnverhalt, m.** Retención aguda de orina, f.
**Akutes Abdomen, n.** Abdomen agudo, m.
**Akutes Nierenversagen, n.** Insuficiencia renal aguda, f.
**Alexie, f.** Alexia, f.
**Alkohol, f.** Alcohol, m.
**Alkohol-Embryopathie, f.** Embriopatia alcohólica, f.
**Alkoholgastritis, f.** Gastritis alcohólica, f.
**Alkoholische Kardiomyopathie, f.** Miocardiopatía alcohólica, f.
**Alkoholische Fettleber, f.** Hígado adiposo alcohólico, m.
**Alkoholische Hepatitis, f.** Hepatitis alcohólica aguda, f.
**Alkoholische Leberzirrhose, f.** Cirrosis hepática alcohólica, f.
**Alkohol-Polyneuropathie, f.** Polineuropatía alcohólica, f.
**Alkoholvergiftung, f.** Intoxicación alcohólica, f.
**Allergie, f.** Alergia, f.
**Allergietestung, f.** Pruebas diagnósticas de piel y sensibilización, fpl.
**Allgemeine psychiatrische Untersuchung, f.** Examen psiquiátrico general, m.
**Allgemeinuntersuchung (Ärztliche), f.** Chequeo, m.; Examen médico rutinario, m.
**Alopezia areata, f.** Alopecia areata, f.
**Alptraum, m.** Pesadilla, f.
**alt** anciano/a
**älter** anciano/a
**Alveole, f.** Alvéolo pulmonal, m.; Vesícula pulmonal, f.
**Alzheimer-Krankheit, f.** Enfermedad de Alzheimer, f.
**Amenorrhoe (Primäre), f.** Ausencia menstruación, f.
**Amnesie, f.** Amnesia, f.
**- Anterograde A., f.** Amnesia anterógrada, f.
**- Psychogene A., f.** Amnesia psicogenica, f.

**- Retrograde A., f.** Amnesia retrógrada, f.
**Amöbeninfektion, f.** Infección por amebas, f.
**Amöbenruhr, f.** Disentería amebia, f.
**Amphotericin B, n.** Anfotericina B, m.
**Ampulle, f.** Ampolla, f.
**Amputation, f.** Amputación, f.
**Amyloidose, f.** Amiloidosis, f.
**Amyotrophie (Neuralgische), f.** Amiotrofia (neuralgica), f.
**Amyotrophe Lateralsklerose, f.** Esclerosis lateral amiotrófica, f.
**Analabszess, m.** Absceso anal, m.
**Analfissur, f.** Fisura anal, f.
**Analfistel, f.** Fistula anal, f.
**Analprolaps, m.** Prolapso anal, m.
**Anämie, f.** Anemia, f.
**Anaphylaktischer Schock, m.** Shock anafiláctico, m.
**Anarthrie, f.** Anartria, f.
**Änderung, f.** Alteración, f.
**Anenzephalie, f.** Anencefalo, m.
**Aneurysma, n.** Aneurisma, m.
**Anfall (Epileptischer), m.** Crisis, f.; Ataque (epiléptica), f.
**anfallsartig** paroxístico/a
**anfordern** solicitar
**angeboren** congénito/a
**Angeborene Hydrozele, f.** Hidrocele congénito, m.
**Angeborene Trikuspidalklappenstenose, f.** Estenosis válvula tricúspide congénita, f.
**Angeborene Zytomegalie, f.** Infección congénita por Citomegalovirus, f.
**Angeborener Hydrozephalus, m.** Hidrocéfalo congénito, m.
**angebracht** adecuado/a
**Angina, f.** Angina, f.
**- stabile A., f.** Angina estable, f.
**- A. pectoris, f.** Angina de pecho, f.
**Angiographie, f.** Angiografía, f.
**Angioneurotisches Ödem, n.** Edema angioneurótico, m.
**Angststörung, f.** Estado de Ansiedad, m.; Trastorno de Pánico, m.
**anhaltend** persistente
**anheben** elevar
**anheften** pegar
**Anhydrose, f.** Anhidrosis, f.
**Ankylose eines Gelenkes, f.** Anquilosis articular, f.
**Anorexia nervosa, f.** Anorexia nerviosa, f.
**Anpassungsstörung, f.** Reacción de adaptación, f.
**ansteckend** contagioso/a
**anstrengen, nerven** liar
**Anterograde Amnesie, f.** Amnesia anterógrada, f.
**Antihistaminikum, n.** Antihistamínico, m.
**antworten** contestar
**Anus, m.** Ano, m.
**Aorta, f.** Aorta, f.
**Aortenaneurysma, n.** Aneurisma aórtico, m.
**Aortenisthmusstenose, f.** Coartación aórtica, f.
**Aortenklappe, f.** Válvula aórtica, f.
**Aortenklappeninsuffizienz, f.** Insuficiencia aórtica f.
**Aortenklappenstenose, f.** Estenosis aórtica, f.
**Apfelbutzenzeichen, n.** Signo, m.; Corazón, m. de la manzana
**Aphasie, f.** Afasia, f.
**Appendizitis, f.** Apendicitis, f.
**Apraxie, f.** Apraxia, f.
**arbeiten** obrar
**Arm, m.** Brazo, m.
**Arterie, f.** Arteria, f.
**Arteriitis, f.** Arteritis, f.
**Arthritis, f.** Artritis, f.
**- Eitrige A., f.** Artritis piógena, f.
**Arthropathie, f.** Artropatía, f.
**Arthrose, f.** Osteoartrosis, f.
**Ärztlich eingeleiteter Abort, m.** Aborto legal inducido, m.
**Ärztliche Allgemeinuntersuchung, f.** Examen médico rutinario, m.; Chequeo, m.
**Asphyxie, f.** Asfixia, f.
**Aspiration, f.** Aspiración, f.; Broncoaspiración, f.
**aspirieren** aspirar
**assoziiert** asociado/a
**Ast, m.** Rama, f.
**Asthma bronchiale, n.** Asma, m.
**- extrinsisch** extrinseco
**- intrinsisch** intrinseco
**Astigmatismus, m.** Astigmatismo, m.
**asymetrisch** asimétrico/a
**Ataxie (Hereditäre), f.** Ataxia cerebelosa, f.

**Atemnotsyndrom, n.** Síndrome de distress respiratorio, m.; Insuficiencia pulmonar, f.
**Atemstillstand, m.** Parada respiratoria, f.
**Atherosklerose, f.** Aterosclerosis, f.
**Ätiologie, f.** Etiología, f.
**Atopisches Ekzem, n.** Dermatitis atópica, f.
**Atresie der Gallengänge, f.** Atresia biliar, f.
**Atrioventrikulärer Block, m.** Bloqueo auriculo-ventricular, m.
**Atrophie der Haut, f.** Atrofia de la piel, f.
**atrophiert** atrófico/a
**auffinden** localizar
**aufgenommen werden, eintreten** ingresar
**aufheben** suspender
**Auflösung, f.** Lisis, f.
**Aufnahme, f.** Ingreso, m.
**aufpassen** tener cuidado
**aufrauhen** raspar
**aufregen** agobiar
**Aufregung, f.** Ansiedad, f.
**Augapfel, m.** Globo ocular, m.
**Auge, n.** Ojo, m.
**Augenabstand, m.** Distancia interocular, f.
**Augenbraue, f.** Ceja, f.
**Augenhintergrund, m.** Fondo del ojo, m.
**Augenhöhle, f.** Cuenca del ojo (U), f., Órbita, f.
**Augenkammer, f.** Cámara del ojo, f.
**Augenlicht, n.** Vista, f.
**Augenlid, n.** Párpado, m.
**Augenlidspalte, f.** Hendidura palpebral, f.
**Augenspiegel, m.** Oftalmoscópio, m.
**Ausdehnung, f.** Expansión, f.
**Ausfluss, m.** Flujo, m.
**- vaginaler Ausfluss, m.** Flujo vaginal, m.
**ausreichen** alcanzar
**ausrutschen** resbalar
**Ausschlag, m.** Erupción cutánea, f.
**ausschließen** descartar
**Äußere Hirnhaut, f.** Duramadre, f.
**Äußerer Gebärmuttermund, m.** Orificio del útero, m.
**Äußerer Gehörgang, m.** Oído, m.
**Ausstellung einer ärztlichen Bescheinigung, f.** Expedición de un certificado médico, fpl.
**ausstrahlen** irradiar
**Austreibungsphase, f.** Periodo expulsivo, m.
**autoimmun** autoinmune
**AV-Klappe, f.** Válvula atrioventricular, f.
**AV-Knoten, m.** Nódulo auriculoventricular, m.

## B

**ß-Blocker, m.** ß-bloqueante, m.
**Backenzahn, m.** Muela, f.
**Bakteriämie, f.** Bacteriemia, f.
**Bakterium, n.** Bacteria, f.
**Band, n.** Ligamento, m.
**Bänderriss, m.** Esguince, m.
**Bänderzerrung, f.** Digestión de ligamentos, f.
**Bandmaß, n.** Cinta métrica, f.
**Bandscheibe, f.** Disco intervertebral, m.
**Bandscheibendegeneration, f.** Degeneración disco intervertebral, f.
**Bandscheibenschaden, m.** Trastorno de disco, m.
**Bandscheibenvorfall, m.** Hernia discal, f.
**Bandwurm, m.** Solitaria, f.
**Barotrauma, n.** Barotrauma, m.
**Bartholin-Abszess, m.** Absceso de la glándula Bartholin, m.
**Bartholin-Zyste, f.** Quiste de la glándula Bartholin, m.
**Basalganglien, npl.** Los ganglios de la base, mpl.
**Basaliom, n.** Basalioma, f.
**Bauchdecke, f.** Pared abdominal, f.
**Bauchfell, n.** Peritoneo, m.
**Bauchhöhle, f.** Cavidad abdominal, f.
**Bauchnabel, m.** Ombligo, m.
**Bauchspeicheldrüse, f.** Páncreas, m.
**beachten** tener en cuenta
**beantragen** solicitar
**Becken, n.** Pelvis, f.
**Beckenboden, m.** Suelo de la pelvis, m.
**Beckenendlage, f.** Presentación de nalgas; de extremidad pélvica, f.

**Beckenknochen (paarige), m.** Huesos innominados, m.
**Bedarf, m.** Necesidad, f.
**bedeckt** obnubilado/a
**bedeuten** implicar
**(sich) befinden** hallarse
**Befruchtung (Künstliche), f.** Inseminación artificial, f.
**Befund, m.** Hallazgo, m.
**begünstigen** favorecer
**Behandlung, f.** Tratamiento, m.
**Behandlungs-Schema, n.** Pauta, f.; Régimen, m.
**behalten** mantener
**Behçet-Krankheit, f.** Síndrome de Behçet, m.
**Bein, n.** Pierna, f.
**beinhalten** contener
**Benigner paroxysmaler Schwindel, m.** Vértigo paroxismal benigno, m.
**beobachten** observar
**Beobachtung, f.** Observación, f.
**- B. bei Verdacht auf Krankheit, f.** Observación por sospecha de una enfermedad, fpl.
**Bescheinigung (Ausstellung einer ärztlichen), f.** Expedición de un certificado medico, fpl.
**beschleunigend** precipitante
**Betaisodonna, n.** Betadine, m.
**Bett hüten (das)** guardar cama
**Beugehaltung, f.** Hábito flexional, m.
**beugen (Das Knie)** doblar (la pierna)
**bewachen** vigilar
**beweisen** comprobar
**Bewusstseinstörung, f.** Alteración de la conciencia, f.
**(sich) beziehen auf** referir
**Bifaszikulärer Block, m.** Bloqueo bilateral de las ramas del fascículo, m.
**Bindehaut, f.** Conjuntiva, f.
**Biopsie, f.** Biópsia, f.
**biopsieren** biopsiar
**Biss, m.** Mordedura, f.
**- Rattenbiss, m.** Mordedura de Rata, f.
**- Hundebiss, m.** Mordedura de Perro, f.
**blähen** ventossear
**Blähungen, f.** Flatulencia, f.; Meteorismo, m.
**Bläschen, n.** Ampolla, f.; Bulla, f.; Vesícula, f.
**Blase, f.** Ampolla, f.; Bulla, f.; Vesícula, f.
**Blasenkatheterisation, f.** Cateterismo, m.
**Blasenmole, f.** Mola hidatiforme; vesiculosa, f.
**Blasensprung, m.** Amniorrexis, f.; Rotura/Ruptura de las membranas, f.
**blass** palido/a
**Bleibendes Gebiss, n.** Dentadura, f.
**blind** ciego/a
**Blinddarm, m.** Apéndice, m.; Ciego (SA), m.
**Blindheit, f.** Ceguera, f.
**blockieren** bloquear
**Blutdruckmessgerät, n.** Tenómetro, m.(SA); Esfigmomanómetro, m.
**Blutdruckmessung, f.** Tomar la presión; tensión arterial
**bluten** sangrar
**Blutentnahme, f.** Extracción, f.; Toma, f. de sangre
**Blutgerinnsel, n.** Coágulo, m.
**Blut-Hirn-Schranke, f.** Barrera hematocefálica, f.
**Bluthochdruck, m.** Hipertensión arterial, f.
**Bluttransfusion, f.** Transfusión de la sangre, f.
**Blutung, f.** Hemorragia, f.
**- B. aus dem äußeren Gehörgang, f.** Otorrea, f.
**- postportale B., f.** Hemorragia postpartal, f.
**Blutverlust, m.** Perdida sanguinea, f.
**Blutwäsche, f.** Depuración de la sangre, f.; Diálisis, f.
**Blutzucker, m.** Hiperglucemia, f.
**- erhöhter B., m.** Hiperglucemia, f.
**Borreliose, f.** Boreliosis, f.
**bösartig** maligno/a
**Bösartiges Melanom der Haut, n.** Melanoma maligna de piel, f.
**Botulismus, m.** Botulismo, m.
**Bradykardie, f.** Bradicardia, f.
**brauchen** usar
**Braunüle, f.** Abocat, m.
**breit** amplio/a; ancho/a
**Breitspektrumantibiotikum, n.** Antibiótico de amplio espectro, m.
**bremsen** frenar
**brennen** arder
**Bronchialkarzinom, n.** Npl. de bronquios, f.

**Bronchiektase, f.** Bronquiectasia, f.
**Bronchiolitis, f.** Bronquiolitis, f.
**Bronchitis, f.** Bronquitis, f.
**Bronchus, m.** Bronquio, m.
**Brucellose, f.** Brucelosis, f.
**Bruch, m.** Fractura, f.
**Brust, f.** Pecho, m.
**Brustbein, n.** Esternón, m.
**Brustdrüse, f.** Glándula mamaria, f.
**Brustfell, n.** Pleura, f.
**Brustfellentzündung, f.** Pleuresía, f.(SA); Pleuritis, f.
**Brustkorb, m.** Tórax, m.
**Brustraum, m.** Tórax, m.
**Brustumfang, m.** Perímetro torácico, m.
**Brustwarze (männlich), f.** Mamila, f.
**Brustwarze (weibliche), f.** Pezón, m.
**Brustwirbel, m.** Vértebra dorsal, f.
**Budd-Chiari-Syndrom, n.** Síndrome de Budd-Chiari, m.
**Bulimia nervosa, f.** Bulimia nerviosa, f.
**Bullöses Pemphigoid, n.** Penfigoide ampollosa, f.
**Bursitis, f.** Bursitis, f.
**Bursitis subacromialis, f.** Bursitis subacromialis, f.
**Busen, m.** Mama, f.; Seno, m.; Tetas (US), f.
**Butterfly, m.** Abocat, m.
**Bypass, m.** Bypass, m.
**B-Zell-Lymphom, n.** Linfoma de célula B, m.

## C

**Café-au-lait-Fleck, m.** Mancha de cafe con leche, f.
**Caissonkrankheit, f.** Enfermedad de buzo, f.
**Candidiasis, f.** Candidiasis, f.
**Cerumen obturans, n.** Tapón de cera / cerumen, m.
**Cervixkarzinom, n.** Npl. de cervix uterino, f.
**Chalazion, m.** Chalacion, m
**Chemotherapie, f.** Quimoterapia, f.
**Chemotherapie-Sitzung, f.** Sesión de quimioterapia, f.
**Chiasma opticum, n.** Quiasma óptico, m.
**Chlamydien, f.** Clamidia, f.
**Chloasma, n.** Cloasma, m.
**Choanalatresie, f.** Atresia coanal, f.
**Cholangitis, f.** Colangitis, f.
**- sklerosierende Cholangitis, f.** Colangitis esclerosante, f.
**Cholelithiasis, f.** Colelitiasis, f.
**Cholera, f.** Cólera, f.
**Cholesteatom, n.** Colesteatoma, m.
**Cholezystitis, f.** Colecistitis, f.
**- akute Cholezystitis, f.** Colecistitis aguda, f.
**- nicht durch Steine bedingte Cholezystitis, f.** Colecistitis alitiásica, f.
**Chondromalazie, f.** Condromalacia, f.
**Chorea Huntington, f.** Corea de Huntington, f.
**chronisch** crónico/a
**Clavulansäure, f.** Ácido clavulánico, m.
**Clostridium perfringens, n.** Clostridium perfringens, m.
**Cluster-Kopfschmerz, m.** Cefalea de Cluster/de Racimos, f.
**Colitis ulcerosa, f.** Enterocolitis ulcerosa, f.
**Colon irritabile, n.** Colon irritable, m.
**Computertomographie, f.** Tomografía computerizada, f.
**Corpus luteum, n.** Cuerpo luteo, m.
**Creme, f.** Crema, f.
**Creutzfeldt-Jakob Krankheit, f.** Enfermedad de Jacob-Creutzfeldt, f.
**Crohn-Krankheit, f.** Enteritis regional, f.
**Cushing-Syndrom, n.** Síndrome de Cushing, m.
**Cytomegalie, f.** Citomegália, f.

## D

**Dammriss unter der Geburt, m.** Desgarro perineal, m.
**- ersten bis vierten Grades, m.** primer a cuarto Grado, m.
**Dammschnitt, m.** Episiotomia, f.
**Darie´sche Krankheit, f.** Enfermedad de Darier, f.
**Darmfistel, f.** Fistula intestinal, f.
**Darmmilzbrand, m.** Ántrax gastrointestinal, m.
**Darmparasit, m.** Parásito intestinal, m.
**Darreichungsform, f.** Presentación del fármaco, f.
**Dauer, f.** Duración, f.
**Daumen, m.** Pulgar, m.

**Degeneration der Makula, f.** Degeneración macular, f.
**Dehnung, f.** Distensión, f.
**dekompensiert** descompensado/a
**Dekompressionskrankheit, f.** Enfermedad de buzo, f.
**Dekubitalgeschwür, n.** Úlcera de decúbito, f.
**Delir, n.** Delirio, m.
**Demenz, f.** Demencia, f.
**- frontotemporale D., f.** Demencia frontotemporal, f.
**- vaskuläre D., f.** Demencia arteriosclerótica, f.
**Dengue-Fieber, f.** Dengue, f.
**Depression, f.** Psicosis de tipo depresivo, f.
**Desinfektionsmittel, n.** Desinfectante, m.
**Diabetes insipidus, m.** Diabetes insípida, f.
**Diabetes mellitus, m.** Diabetes, m.
**- in der Schwangerschaft, m.** Diabetes melitus en Embarazo, m.
**- Typ I/II, m.** Diabetes de Tipo I/II, m.
**Diabetische Polyneuropathie, f.** Polineuropatía diabética, f.
**Diabetische Retinopathie, f.** Retinopatía diabética, f.
**Dialyse, f.** Diálisis, f.
**Diät-Beratung und -Überwachung, f.** Control y consejo dietéticos/Normas dietéticas, fpl.
**dick** grueso/a
**Dickdarm, m.** Intestino grueso, m.
**Dickdarmkrebs, m.** Npl. de colon, f.
**(Nacht)dienst, m.** Guardia, f.
**differenzieren** diferenciar
**Diphterie, f.** Difteria, f.
**Diplopie, f.** Diplopía, f.
**Dissektion der Aorta, f.** Disección aórtica, f.
**Disseminierung, f.** Diseminación, f.
**Distorsion, f.** Distensión, f.
**Divertikulitis, f.** Diverticulitis, f.
**Divertikulose des Darmes, f.** Divertículo intestinal, m.
**Divertikulose, f.** Diverticulosis, f.
**Dornfortsatz, m.** Espina, f.
**Dorsopathie, f.** Dorsopatía, f.
**Down-Syndrom, n.** Síndrome Down, m.
**Drainage, f.** Drenaje, m.
**Drillingsschwangerschaft, f.** Embarazo triple, m.
**dringend** urgente
**Drogenentzugssyndrom, n.** Síndrome de abstinencia, m.
**drosseln** frenar
**Drüse, f.** Glándula, f.
**Ductus Choledochus, m.** Colédoco, m.
**dünn** delgado/a; fino/a
**Dünndarm, m.** Intestino delgado, m.
**Dünndarmkrebs, m.** Npl. de intestino delgado, f.
**Dünndarmschlinge, f.** Asa del intestino delgado, f.
**Duodenalverschluss, m.** Obstrucción duodenal, f.
**Duodenitis, f.** Duodenitis, f.
**durch** a traves
**durchführen** realizar
**Dysarthrie, f.** Disartria, f.
**Dyslexie, f.** Dislexia, f.
**Dyspareunie, f.** Dispareunia, f.
**Dysphagie, f.** Disfagia, f.
**Dysphasie, f.** Disfasia, f.
**Dysurie, f.** Disuria, f

## E

**eben** liso/a
**Ebstein-Anomalie, f.** Anomalía de Ebstein, f.
**Ebstein-Barr-Virus, n.** Virus de Ebstein-Barr, m.
**Echinococcose, f.** Infección hepática por Equinococo granulosus, f.
**Echokardiographie, f.** Ecocardiografía, f.
**Eckzahn, m.** Colmillo, m.
**EEG, n.** Electroencefalograma, f.
**Effizienz, f.** Eficacia, f.
**Effloreszenz, f.** Lesión fundamental, f.
**Ei (Keimzelle), n.** Óvulo, m.
**Eichel, f.** Glande, f.
**Eierstock, m.** Ovario, m.
**Eileiter, m.** Trompa, f.(de Falopio)
**einfach** facil
**eingeklemmt** estrangulado/a
**eingeschmiert** empastado/a
**Eingeweide, f.** Asa, f.; Intestino, m.; Tripa (US), f.
**einnehmen** ingerir
**einreissen** desgarrar
**Einschneiden des Kopfes, n.** Coronación, f.

**Einstellung des Fetus, f.** Presentación fetal, f.
**Eisenmangel, m.** Ferropenia, f.
**Eisenmangelanämie, f.** Anemia por carencia de hierro, f.
**eitern** supurar
**Eitrige Arthritis, f.** Artritis piógena, f.
**Ejektionsfraktion, f.** Fracción de eyecíon, f.
**EKG, n.** Electrocardiografía, f.
**Eklampsie, f** Eclampsia, f.
**ektopisch** ectópico/a
**Ektropium, n.** Ectropion, m.
**Ekzem, n.** Eccema, m.
**Elektroenzephalogramm (EEG), n.** Electroencefalograma, f.
**Elektrokardiographie (EKG), n.** Electrocardiografía, f.
**Ellbogen, m.** Codo, m.
**Elle, f.** Cúbito, m.
**Ellenbeuge, f.** Flexura del codo, f.
**Embolie, f.** Embolia, f.
**Embryofetopathie, f.** Embriofetopatia, m.
**Emphysem, n.** Enfisema, m.
**Empyem, n.** Empiema, f.
**Encephalomyelitis disseminata, f.** Encefalomielitis aguda diseminada, f.
**endlich** ultimamente
**endogen** endogeno/a
**Endokard, n.** Endocardio, m.
**Endokarditis, f.** Endocarditis, f.
**Endometriose, f.** Endometriosis, f.
**Endoskopie, f.** Endoscopia, f.
**eng** estrecho/a
**Enge, f.** Istmo, m.
**Enophthalmus, m.** Enoftalmia, f.
**entdecken** detectar
**Enteroviren** Enterovirus, m.
**entfernbar** resecable
**enthüllen** revelar
**entlassen** dar la alta
**Entlassung, f.** Alta, m.
**Entlassung gegen ärztliche Rat, f.** Alta voluntario, m.
**Entspannung, f.** Relajación, f.
**entwickeln** evolucionar
**Entwicklung, f.** Evolución, f.
**entzündlich** inflamatorio/a
**Entzündliche Polyarthropathie, f.** Poliartropatia inflamatoria, f.
**Entzündung, f.** Inflamación, f.
**Enzephalitis, f.** Encefalitis, f.
**Enzephalomyelitis, f.** Encefalomielitis, f.
**Enzephalopathie, f.** Encefalopatía, f.
**- Hypertensive E., f.** Encefalopatía hipertensiva, f.
**Enzephalozele, f.** Encefalocele, m.
**Eosinophile Fasziitis, f.** Fascitis, f.
**Eosinophiles Lungeninfiltrat, n.** Eosinofilia pulmonar, f.
**Epidemie, f.** Epidemia, f.
**Epididymitis, f.** Epididimitis, f.
**Epidurale Blutung, f.** Hemorragia extradural, f.
**Epiglottitis, f.** Epiglotitis, f.
**Epilepsie, f.** Epilepsia, f.
**Epileptischer Anfall, m.** Crisis, f.; Ataque epiléptica, f.
**Epispadie, f.** Epispadie, f.
**Epistaxis, f.** Epistaxis, f.
**Epithelkörperchen, n.** Glándulas paratiroides, f.
**erfordern** requerer
**Erfrierung, f.** Congelación, f.
**erfunden** fictitio/a
**Erguss, m.** Derrame, m.
**erhängen** ahorcar
**erhöhen** aumentar
**erhöht** elevado/a
**Erhöhter Blutzucker, m.** Hiperglucemia, f.
**Erhöhung, f.** Elevación, f.; Aumento, m.
**Erkältung(sschnupfen), m.** Resfriado, m.; Enfriamiento, m.
**Erkrankung der motorischen Endplatte, fpl.** Enfermedades de la placa motora, fpl.
**Ermüdbarkeit, f.** Postración, f.
**Ernährung, f.** Alimentación, f.
**Erosion, f.** Erosión, f.
**Erreger, m.** Germen, m.
**Erregerspektrum, n.** Espectro, m.
**Erregung, f.** Excitación, f.
**erreichen** conseguir; alcanzar
**erschrecken** asustar
**Erstgebärende, f.** Primigesta, f.; Primigravida, f.
**Erstickung, f.** Asfixia, f.
**Ertrinken, n.** Ahogamiento, m.
**Erweiterung, f. der Zervix** Dilatación, f. del Cervix
**erworben** adquirido/a
**Erysipel, n.** Erisipel, m.
**Erythem, n.** Eritema, m.

**Erythema nodosum, n.** Eritema nodoso, m.
**Erythema toxicum, n.** Eritema toxico, m.
**Essentielle Hypertonie, f.** Hipertensión esencial, f.
**Essstörung, f.** Trastorno de alimentación, m.
**etablieren** establecer
**etwas beachten** tener en cuenta
**Exanthem, n.** Exantema, m.
**Exhibitionismus, m.** Exhibicionismo, m.
**Exophthalmus, m.** Exoftalmos, m.; Exoftalmia, f.
**Explosion, f.** Explosión, f.
**Exstirpation, f.** Exstirpación, f.
**Extensionshaltung, f.** Habito extensional, m.
**Extraktion mit Saugglocke, f.** Parto con vacuum, m.; Extración de Vacio, f.
**Extrasystolie, f.** Extrasístoles, fpl.
**Extrauteringravidität, f.** Embarazo ectópico, m.

## F

**Faden, m.** Hilo, m.
**Fadenentfernung, f.** Retirar los puntos
**Fall, m.** Caso, m.
**Fallot-Tetralogie, f.** Tetralogía de Fallot, f.
**Farbsehstörung, f.** Deficiencia en la vision de colores, f.
**Farmerlunge, f.** Pulmón de los granjeros, m.
**Faszikulationen, fpl.** Fasciculaciones, fpl.
**Fasziitis (Eosinophile), f.** Fascitis, f.
**Fazialisparese, f.** Parálisis (del nervio) facial/de Bell, f.
**fein** fino/a
**Femoralhernie, f.** Hernia femoral, f.
**Femur, m.** Fémur, m.
**Ferse, f.** Talón, m.; Tellon, m.
**Fessel, f.** Empeine, m.
**Fetale Mangelernährung, f.** Desnutrición fetal, f.
**fett** graso/a
**Fett, n.** Grasa, f.
**Fettembolie, f.** Embolia grasa, f.
**Fettleber (alkoholische), f.** Hígado adiposo alcohólico, m.
**Fetus, f.** Presentación fetal, f.
**feucht** humedo/a
**Feuchte, f.** Humedad, f.
**Fibromatose, f.** Fibromatosis, f.
**Fibrosklerose der Mamma, f.** Fibrosclerosis mammaria, f.
**Fieber, n.** Fiebre, f.
**- unbekannter Ursache, n.** Fiebre sin foco, f.
**Fieberkrampf, m.** Convulsión febril, f.
**Fieberthermometer, n.** Termómetro, m.
**finden** hallar
**Finger, m.** Dedo (de la mano), m.
**Fingerknöchel, m.** Nudillo, m.
**Fingernagel, m.** Uña, f.
**Fingerzwischenraum, m.** Pliegues interdigitales, m.
**Flanke, f.** Flanco, m.
**Fleisch, n.** Carne, m.
**Floh, m.** Pulga, f.
**fokal** focal
**Folgeerscheinung, f.** Secuela, f.
**folgen** seguir
**folgend** siguiente
**Follikelzyste des Ovars, f.** Quiste folicular ovárico, m.
**Fontanelle, f.** Fontanella, f.
**Fortbildung, f.** Sesión clínica, f.
**fortschreitend** progresivo/a
**Fragile X-Syndrom, n.** Síndrome de Fragilidad X, m.
**Fraktur, f.** Fractura, f.
**- offene F., f.** Fractura abierta, f.
**- geschlossene F., f.** Fractura cerrada, f.
**Frau, die einmal geboren hat, f.** Primipara, f.
**Frau, die mehrfach geboren hat, f.** Multipara, f.
**Frau, die noch nicht geboren hat, f.** Nulipara, f.
**freiwillig** voluntario/a
**Fremdkörper, m.** Cuerpo extraño, m.
**Fremdkörperaspiration, f.** Aspiración de un cuerpo extraño, f.
**Frontallappen, m.** Lóbulo frontal, m.
**Frontotemporale Demenz, f.** Demencia frontotemporal, f.
**Frostbeule, f.** Sabanón, m.
**Fruchtblase, f.** Bolsa de las aguas (SA), f.

**Fruchtwasser, n.** Líquido amniótico, m.
**Fruchtwasserembolie, f.** Embolia del líquido amniótico, m.
**Frühgeborenes, n.** Niño prematuro; Nacido pretérmino, m.
**frühzeitig** precoz
**fühlen** sentirse
**Führender Teil des Fetus, m.** Punto de referencia, m.
**fulminant** fulminante
**funktionierend** functionante
**Funktionsprüfung, f.** Estudio de función, m.
**Funktionsprüfung des Zentralnervensystems, f.** Exploración del cerebro/sistema nervioso central, f.
**Funktionsstörung des Ovars, f.** Disfunción ovárica, f.
**Furunkel, n.** Forúnculo, m.
**Fuß, m.** Pie, m.
**Fußknöchel, m.** Maléolo, m.
**Fußpilz, m.** Pie de atleta, m.
**Fußrücken, m.** Dorso del pie, m.
**Fußsohle, f.** Planta del pie, f.
**Fußspitze, f.** Punta, f.

## G

**Galaktorrhoe, f.** Galactorrea, f.
**Gallenblase, f.** Vesícula biliar, f.
**Gallenblasengang, m.** Conducto cístico, m.
**Gallenblasenkarzinom, n.** Npl. de tracto biliar, f.
**Gallenblasenstein, m.** Cálculo de vesícula biliar, m.
**Gallengang, m.** Colédoco, m.; Conducto biliar, m.
**Gallengangsstein, m.** Cálculo (del conducto) biliar, m.
**Gallengrieß, m.** Arenillas biliares, fpl.; Barro biliar, m.
**Gallensteinileus, m.** Ileo biliar, m.
**Gallensteinkolik, f.** Cólico hepático, m.
**Gallenwege, mpl.** Vías biliares, f.
**Gammographie, f.** Prueba de medicina nuclear, f.
**Ganglion, n.** Ganglión, m.
**Gangrän, f.** Ectima gangrenoso, m.; Gangrena, f.
**Gangstörung, f.** Anormalidad de la marcha, f.
**Gänsehaut, f.** Piel de gallina, f.
**Gastritis, f.** Gastritis, f.
**Gastroösophageale Refluxkrankheit, f.** Reflujo esofágico, m.
**Gastroskopie, f.** Gastroscopia, f.
**Gaumen (hart), m.** Paladar (duro), m.
**Gaumenbogen, m.** Cavidad amigdalina, f.
**Gaumenmandel, f.** Amígdala palatina, f.
**Gaumensegel, n.** Velo palatino, m.
**Gaumenspalte, f.** Fisura palatina, f.
**Gebiss (Bleibendes), n.** Dentadura, f.
**gebären** nacer/dar a luz
**Gebärmutter, f.** Útero, m.; Matriz, f.
**Gebärmutterhals, m.** Cuello uterino, m.
**Gebärmuttermund (Äußerer), m.** Orificio del útero, m.
**Gebärmutterschleimhaut, f.** Mucosa uterina, f.
**Gebärmuttersenkung, f.** Descenso de la matriz, m.
**gebrochen** fraccionado/a
**Geburt, f.** Parto, m.
**- komplizierte G., f.** Parto distócico, m.
**- spontane G., f.** Parto espontáneo, m.
**- unkomplizierte G., f.** Parto eutócico, m.
**Geburtshindernis durch Fehllage des Fetus, n.** Obstrucción por malposición del feto, f.
**Geburtsverletzung, f.** Trauma al nacer, m.
**Gedeihstörungen, f.** Retraso de crecimiento/maduraturo, m.
**Gefäß, n.** Vaso, m.
**gefüllt** empastado/a
**Gehirn, n.** Cerebro, m.
**Gehirnerschütterung, f.** Conmoción cerebral, f.
**Gehör, n.** Oído, m.
**Gehörgang (Äußerer), m.** Oído, m.
**Gehörknöchelchen, n.** Huesecillo, m.
**gelb** amarillo
**Gelbfieber, n.** Fiebre amarilla, f.
**Gelenk, n.** Articulación, f.
**Gelenkerguss, m.** Derrame articular, m.
**Gelenkhöhle, f.** Cavidad articular f.
**Gelenkkapsel, f.** Cápsula articular f.

**Gelenkknorpel, m.** Cartílago articular f.
**Gelenkkontraktur, f.** Contractura articular, f.
**Gelenkschmerz, m.** Dolor articular, m.
**Gelenksteife, f.** Rigidez articular, f.
**generalisiert** generalidado/a; generalizado/a
**Genetische Beratung, f.** Diagnóstico prenatal, m.; Consejo genético, m.
**Geradstand (Hoher), m.** Presentación de bregma, f.
**Gesäß, n.** Nalgas, f.
**Geschlechtskrankheit, f.** Enfermedad venérea, f.
**Geschlechtsorgan (Männliches), n.** Aparato reproductivo masculino, m.
**Geschlechtsorgan (Weibliches), n.** Aparato reproductivo femenino, m.
**Geschlossene Fraktur, f.** Fractura cerrada, f.
**geschützt** cuidado/a
**Gesicht, n.** Cara, f.; Rostro, m.
**Gesichtsfelddefekt, m.** Defecto del Campo Visual, m.
**Gesichtslage, f.** Presentación de cara, f.
**Gestank, m.** Olor, m.
**Gestationsalter, n.** Edad de gestación, f.
**Gestationshypertonie, f.** Hipertensión transitoria del embarazo, f.
**gesund** saludable
**Gesundheit, f.** Salud, f.
**Gesundheitsvorsorgeuntersuchung, f.** Control de salud rutinario, m.
**getrennt** segregado/a
**Gewebe, n.** Tejido, m.
**Gewichtsverlust, m.** Perdida de peso, f.
**gewissenhaft** meticuloso/a
**Gicht, f.** Gota, f.
**Gichtkranker, m.** Gotoso, m.
**Gilles de la Tourette-Syndrom, n.** Trastorno de Gilles de la Tourette, m.
**Gips, m.** Yeso, m.
**Glaskörper, m.** Cuerpo vítreo, m.
**Glaskörperblutung, f.** Hemorragia en el cuerpo vítreo, f.
**glatt** liso/a
**Glatte Muskulatur, f.** Músculo liso / involuntario
**Glatze, f.** Calva, f.; Calvicie, f.
**Glaukom, n.** Glaucoma, m.
**Gleitmittel, n.** Vaselina, f.
**Gliedmaße, f.** Miembro, m.
**Gonarthrose, f.** Gonartrosis, f.
**Gonorrhoe, f.** Gonorrea, f.
**Grand-mal-Status, m.** Estatus de Gran mal, m.
**grau** gris
**Greggsche Trias, f.** Triada de Gregg, f.
**Grippe, f.** Gripe, f.; Influenza, f.
**groß** alto/a
**Größe, f.** Tamaño, m.
**Großzehe, f.** Dedo gordo, m.
**Grund, m.** Causa, f.; Razón, f.
**Guillain-Barré-Syndrom, n.** Poliradiculoneuropatia idiopatica, f.; Síndrome de Guillain-Barré
**Gummimann (bei Katalepsie), m.** Hombre de Goma, m.
**gutartig** benigno/a
**Gynäkologische Untersuchung, f.** Examen ginecológico, m.

## H

**Haarausfall, m.** Caída del pelo, f.
**Haare, npl.** Pelo, m.; Cabello, m.
**Haartransplantation, f.** Transplante de pelo, m.
**Habituelle Luxation, f.** Luxación recurrente, f.
**Haemophilus influenza, m.** Haemofilus influenza, f.
**Hakenwurm, m.** Uncinaria, f.; Lombriz de gancho, f.
**Halbwertzeit, f.** Vida media, f.
**Hallux rigidus, m.** Dedo gordo del pie varo, m.
**Hallux valgus m.** Juanete, m.
**Halluzination, f.** Alucinación, f.
**- akustisch** Alucinación acústica, f.
**- optisch** Alucinación óptica, f.
**Hals, m.** Cuello, m.
**Halsschlagader, f.** Carotida, f.; Arteria carótida, f.
**Halsschmerzen, f.** Dolor en la garganta, m.
**halten** mantener
**Haltung des Fetus, f.** Hábito, m.; Actitud, f. fetal
**Hämangiom, n.** Hemangioma, f.
**Hämarthros, n.** Hemartrosis, f.
**Hämatom, n.** Hematoma, f.; Cardenal, m.
**Hämatothorax, m.** Hemotórax, m.

**Hämaturie, f.** Hematuria, f.
**Hämoperikard, n.** Hemopericardio, m.
**Hämoptoe, f.** Hemoptisis, f.
**Hämorrhoidalknoten, m.** Nodulo hemorroidal, m.
**Hämorrhoiden, fpl.** Hemorroides, fpl.; Almorranas, fpl.(U/SA)
**Hand, f.** Mano, f.
**Handballen, m.** Pulpejo, m.
**Handfläche, f.** Palma, f.
**Handgelenk, n.** Muñeca, f.
**Handgriff, m.** Maniobra, m.(SA)
**Handlinie, f.** Raya de la mano, f.
**Handrücken, m.** Dorso de la mano, m.
**Handschuhe, f.** Guantes, m.
**Harnblase, f.** Vejiga (urinaria), f
**Harnblasendivertikel, n.** Divertículo vesical, m.
**Harnblasenkarzinom, n.** Npl. de vejiga, f.
**Harninkontinenz, f.** Incontinencia de orina, f.
**Harnleiter, m.** Uréter, m.
**Harnröhre, f.** Uretra, f.
**Harnröhrenstriktur, f.** Estenosis uretral, f.
**Harnröhrenverschluss, m.** Obstrucción uretral, f.
**Harnverhalt (Akuter), m.** Retención aguda de orina, f.
**Harnwege (ableitende), mpl.** Vías urinarias, fpl.
**hart** duro/a
**Hasenscharte, f.** Labio leporino, m.
**häufig** frecuente
**Hautabszess, m.** Absceso de la piel, m.
**Hautblässe, f.** Palidez, f.
**Hautgeschwür, n.** Ulcera, f.
**Hautmilzbrand, m.** Ántrax cutáneo, m.
**Heberden-Knoten, m.** Nódulo de Heberden, m.
**heilbar** curable
**Heilung, f.** Alivio, f.; Curación, f.
**Hemiplegie, f.** Hemiplejia, f.
**Hepatitis, f.** Hepatitis, f.
**- Alkoholische H.** Hepatitis alcohólica, f.
**Hepatorenales Syndrom, n.** Síndrome hepatorenal, m.
**Hereditäre Ataxie, f.** Ataxia cerebelosa, f.
**Hernie, f.** Hernia, f.
**- H. angeboren** Hernia congenita, f.
**- H. inguinalis, f.** Hernia inguinal, f.
**- H. inkarzeriert** Hernia incarcerada, f.
**- H. nicht reponierbar** Hernia irreductible, f.
**- H. reponierbar** Hernia reductible, f.
**- H. stranguliert** Hernia estrangulada, f.
**Herpes, m.** Herpes, m.
**- chronisch perianal, m.** Herpes-perianal crónico, m.
- **simplex Typ I und II, m.** Herpes-simple tipo I y II, m.
**- zoster, m.** Herpes zoster, m.
**hervorragen** resaltar
**Herz, n.** Corazón, m.
**Herzbeklemmung, f.** Opresión cardíaca, f.
**Herzbeutel, m.** Pericárdio, m.
**Herzbeutelerguss, m.** Derrame pericárdico, m.
**Herzbeuteltamponade, f.** Taponamiento pericárdico, m.
**Herzgegend, f.** Región cardíaca, f.
**Herzinfarkt, m.** Infarto cardíaco, m.
**Herzinnenhaut, f.** Endocardio, m.
**Herzinsuffizienz, f.** Insuficiencia cardíaca, f.
**- Linksherzinsuffizienz, f.** Insuficiencia cardíaca de lado izquierdo, f.
**- Rechtsherzinsuffizienz, f.** Insuficiencia cardíaca de lado derecho, f.
**Herzkammer, f.** Ventrículo (del corazón), m.
**Herzkatheter, m.** Cateter cardíaco, m.; Cateterismo del corazón, m.
**Herzklappe, f.** Válvula, f.
**- Künstliche H., f.** Transplante, m.; Sustitución, f. de Válvula cardíaca
**Herzkrankheit (Chronische ischämische), f.** Cardiopatia (isquémica crónica), f.
**Herzkranzgefäß, n.** Coronaria, f.
**Herz-Lungenmaschine, f.** Corazón-pulmón artificial, m.
**Herzmuskel, m.** Músculo cardíaco, m.
**Herzneurose, f.** Neurosis cardíaca, f.
**Herzohr, n.** Orejuela del corazón, f.
**Herzrhythmusstörung, f.** Disrritmia / Arritmia cardíaca, f.
**Herzschrittmacher, m.** Marcapasos, m.; Dispositivo cardíaco, m.(SA)
**Herzspitze, f.** Punta del corazón, f.
**Herzstillstand, m.** Fallo cardíaco, m.

**Herzverfettung, f.** Degeneración adiposa del corazón, f.
**Herzversagen, n.** Fallo cardíaco, m.
**Herzvitium, n.** Valvulopatía, f.
**Herzvorhof, m.** Aurícula, f.
**Hiatushernie, f.** Hernia hiatal, f.
**(sich) hinlegen** echarse / tumbarse
**Hinterkopf, m.** Occipucio, m.
**hinweisend auf** sugestivo/a de
**Hirnabszess, m.** Absceso cerebral, m.
**Hirnblutung, f.** Hemorragia intracraneal, f.
**Hirndruck, m.** Hipertensión intracraneal, f.
**Hirnhaut (Weiche), f.** Meninge, f.
**Hirnhaut (Äußere), f.** Duramadre, f.
**Hirninfarkt, m.** Accidente vascular cerebral isquemico, m.; Infarto cerebral, m.; Ictus, m.; Oclusíon, f.; Estenosis, de las arterias precerebrales (SA), f.
**Hirnnerv, m.** Nervio craneal, m.
**Hirnnerven, mpl.** Pares craneales, mpl.
**Hirnödem, n.** Edema cerebral, m.
**Hirnstamm, m.** Tronco cerebral, m.
**Hirnstammsyndrom, n.** Síndrome de tronco, m.
**Hirntumor, m.** Npl. de cerebro, f.
**Hirnwindung, f.** Circunvolución cerebral, f.
**Hirschsprung-Krankheit, f.** Enfermedad de Hirschsprung, f.
**Hirsutismus, m.** Hirsutismo, m.
**Hitzschlag, m.** Golpe de calor, m.
**HIV** Virus de la Inmunodeficiencia Humana (VIH), m.
**Hoden, m.** Testículo, m.
**Hodenkrebs, m.** Npl. de testículo, f.
**Hodensack, m.** Bolsa testicular, f.; Escroto, m.
**Hodentorsion, f.** Torsion testicular, f.
**Hodgkin-Krankheit, f.** Enfermedad de Hodgkin, f.
**hoch** alto/a
**Höhe, f.** Nivel, m
**Hoher Geradstand, m.** Presentación de bregma, f.
**Hohlraum, m.** Hueco, m.
**holen** recoger
**Hordeolum, n.** Orzuelo, m.
**Hornhaut, f.** Córnea, f.
**Hornhautschwiele, f.** Callosidad, f.
**Hörprüfung und Untersuchung der Ohren, f.** Examen de oído y audición, m.
**Hörstörung, f.** Pertubación acustica, f.
**Hörsturz, m.** Tinitus, m.
**Hüfte, f.** Cadera, f.
**Hüftgelenk, n.** Articulación de la cadera, f.
**Hühnerauge, n.** Callo, m.; Ojo de Gallo, m.(US)
**Hühnerbrust, f.** Pecho de Gallina, f.
**Humanes Immundefizienz-Virus (HIV)** Virus de la Inmunodeficiencia Humana (VIH), m.
**Hundebandwurmkrankheit, f.** Infección hepática por Equinococo granulosus, f.
**Hundebiss, m.** Mordedura de Perro, f.
**hungrig** hambriento/a
**Hydronephrose, f.** Hidronefrosis, f.
**Hydrops fetalis, m.** Hidrops fetalis, m.
**Hydroureter, m.** Hidroureter, f.
**Hydrozele, f.** Hidrocele, f.
**Hydrozele (Angeborene), f.** Hidrocele congénito, m.
**Hydrozephalus, m.** Hidrocefalia, f.
**- angeborener** Hidrocéfalo congénito, m.
**Hyperaktivität, f.** Hiperactividad, f.
**Hyperaktivitätssyndrom, n.** Trastorno hiperactivo, m.
**Hyperaldosteronismus, m.** Hiperaldosteronismo, m.
**Hyperemesis gravidarum, f.** Hiperemesis gravida, f.
**Hyperkeratotische Plaques, fpl.** Placas hiperqueratósicas, f.
**Hyperparathyreoidismus, m.** Hiperparatiroidismo, m.
**Hypertelorismus, m.** Hipertelorismo orbital, m.
**Hypertensive Enzephalopathie, f.** Encefalopatia hipertensiva, f.
**Hyperthyreose, f.** Hipertireoidismo, m.
**Hypertonie, f.** Hipertensión, f.
**- essentielle H.** Hipertensión esencial, f.
**- portale H.** Hipertensión portal, f.
**- pulmonale H.** Hipertensión pulmonar, f.
**Hypertrophische Pylorusstenose, f.** Estenosis pilorica hipertrófica, f.

**Hyperventilation, f.** Hiperventilación, f.
**Hyphen** Hifas, f.
**Hypochondrie, f.** Hipocondria, f.
**Hypoglykämie, f.** Hipoglucemia, f.
**Hypoparathyreoidismus, m.** Hipoparatiroidismo, m.
**Hypophyse, f.** Hipófisis, f.
**Hypophyseninsuffizienz, f.** Hipopituitarismo, f.
**Hypospadie, f.** Hipospadia, f.
**Hypothermie, f.** Hipotermia, f.
**Hypotonie, f.** Hipotensión, f.
**Hypovolämischer Schock, m.** Shock hipovolémico, m.
**Hysterektomie, f.** Histerectomía, f.
**Hysterie, f.** Histeria, f.

## I

**Ikterus, m.** Ictericia, f.
**Ileostoma, n.** Ileostoma, f.
**Ileum, n.** Íleo, m.; Ileum, m.
**Ileus, m.** Obstrucción intestinal f.; Íleo, m.
**- paralytischer Ileus, m.** Íleo paralítico, m.
**Immunität, f.** Inmunidad, f.
**immunkompetent** inmunocompetente
**Immunsuppression, f.** Inmunosupresión, f.
**immunsupprimiert** inmunodeprimido
**Impetigo, m.** Impétigo, m.
**- I. contagiosa, f.** Impétigo contagioso, m.
**implizieren** implicar
**Impotenz, f.** Impotencia, f.
**- organischen Ursprungs, f.** Impotencia de Origen orgánico, f.
**induriert** indurado/a
**Infektion, f.** Infección, f.
**infektiös** infeccioso/a
**Infektiöse Mononukleose, f.** Mononucleosis infecciosa, f.
**Infusion, f.** Suero, m.
**Injektion, f.** Inyección, f.
**Inkontinenz, f.** Incontinencia, f.
**Innenohr, m.** Oído, m.
**Innere Hirnhaut, f.** Piamadre, f.
**Insektenstich, m.** Picadura, f. (de insecto)
**Inselzellen, f.** Islote de celulas beta, f.
**Instabiler Thorax, m.** Tórax flotante, m.
**Insulin, n.** Insulina, f.
**Insulindosierung, f.** Pauta de insulina, f.
**Intelligenzminderung, f.** Oligofrenia, f.
**Intrakranielle Raumforderung, f.** Tumefacción, f.; Masa, f. intracraneal
**Intrakranielle Verletzung, f.** Lesión intracraneal, f.
**Intrauterine Mangelentwicklung, f.** Crecimiento intrauterino retardado, m.
**Intravenöser Zugang, m.** Cánula intravenosa, f.; Vía venosa permanente, f.
**Intrazerebrale Blutung, f.** Hemorragia intracerebral, f.
**Invagination, f.** Intususpección intestinal, f.
**In-Vitro-Fertilisation, f.** Fecundación in vitro, f.
**Iod, n.** Iodo, m.
**Iridozyklitis, f.** Iridociclitis, f.
**ischämisch** isquémico/a
**Ischämische Erkrankungen des Herzens, f.** Enfermedad isquémica del corazón, f.
**Ischämische Kardiopathie, f.** Cardiopatía isquémica, f.
**- chronische i. K., f.** Cardiopatia isquémica crónica, f.
**Ischialgie, f.** Ciática, f.
**isokor** isocórico/a
**isoliert** aislado/a
**Isthmus, m.** Istmo, m.

## J

**Jejunum, n.** Yeyuno, m.
**Jugularisvene, f.** Vena yugular, f.
**Jungfernhäutchen, n.** Himen, m.; Membrana virginal, f.
**Juvenile Spondylitis ankylosans, f.** Poliartritis crónica juvenil, f.

## K

**kachektisch** caquéctico/a
**Kachexie, f.** Caquexia, f.
**Kaiserschnitt, m.** Cesárea, f.
**kalt** frio/a

**Kammerflattern, n.** Aleteo/Flúter ventricular, m.
**Kammerflimmern, n.** Fibrilación ventricular, f.
**Kapillare, f.** Capilares, mpl.
**Kaposi Sarkom (der Haut), n.** Sarcoma de Kaposi, n.
**Kapsel, f.** Cápsula, f.
**Karbunkel, n.** Carbunco, m.
**Kardiogener Schock, m.** Shock cardiogénico, m.
**Kardiomegalie, f.** Cardiomegalia, f.
**Kardiomyopathie, f.** Miocardiopatía, f.
**Kardiomyopathie (Alkoholische), f.** Miocardiopatía alcohólica, f.
**Kardiovaskuläre Funktionsprüfung, f.** Estudios de función cardiovascular, mpl.
**Karpaltunnel-Syndrom, n.** Síndrome del tunel carpiano, m.
**Karzinom, n.** Carcinoma, m.
**Kataplexie, f.** Cataplejia, f.
**Katarakt (senil), m.** Catarata (senil), f.
**Katheter, m.** Catéter, m.
**katheterisieren** sondear
**Kauapparat, m.** Aparato masticador, m.
**Kaumuskel, m.** Masticador, m.
**Kawasaki-Syndrom, n.** Síndrome de Kawasaki, m.
**Kehle, f.** Garganta, f.
**Kehlkopf, m.** Laringe, f.
**Kehlkopfdeckel, m.** Epiglotis, f.
**Keimträger von.., m.** Portador de.. m.
**Keloid, n.** Cicatriz queloide, f.
**Kephalhämatom, n.** Tumor de parto/caput, m.; Hematoma subgaleana, f.
**Keratitis, f.** Queratitis, f.
**Keratokonjunktivitis, f.** Queratoconjunctivitis, f.
**Kernikterus, m.** Icterícia nuclear, f.
**Ketoazidose, f.** Cetoacidosis, f.
**Keuchhusten, m.** Tos ferina, f.
**Kieferhöhle, f.** Seno maxilar, m.
**Kiefernhöhlenentzündung, f.** Sinusitis maxilar, f.
**Kiefersperre, f.** Trismus mandibular, m.
**Kinderlähmung, f.** Parálisis infantil, f.; Poliomielitis, f.
**Kindesmisshandlung, f.** Síndrome de niño maltrado, m.
**Kindheit, f.** Infancia, f.
**Kindsbewegungen, f.** Movimientos fetales, m.
**Kinetose, f.** Mareo por movimiento, m.
**Kinn, n.** Barbilla, f.; Mentón, m.
**Kittel, m.** Bata, f.; Pijama (UA), f.
**klassifizieren** clasificarse
**kleben** pegar
**klebrig** pegagoso/a
**Klebsiella** Bacilo de Freidlander, m.
**klein** pequeño/a, chico/a
**Kleiner Finger, m.** Dedo meñique / auricular, m.
**Kleinhirn, n.** Cerebelo, m.
**Kleinhirnsyndrom, n.** Síndrome cerebelloso, m.
**Klimakterische Störung, f.** Trastornos menopausicos, mpl.
**Klinefelter-Syndrom, n.** Síndrome Klinefelter, m.
**Klumpfuß, m.** Pie equinovaro, m.
**Knie, n.** Rodilla, f.
**Kniegelenk, n.** Articulación de la rodilla, f.
**Kniekehle, f.** Corva, f.; Hueco popliteo, m.
**Kniescheibe, f.** Rótula, f.; Choquezuela, f.(SA)
**Knochen, m.** Hueso, m.
**Knochenbau, m.** Densidad osea, f.
**Knochenhaut, f.** Periostio, m.
**Knochenmark, n.** Médula ósea, f.
**Knochenmarkpunktion, f.** Punción medular, f.
**Knorpel, m.** Cartílago, m.
**Knorpelhaut, f.** Pericóndrio, m.
**Knorpelriss, m.** Desgarro de cartílago, m.
**Knoten, m.** Nódulo, m.; Nudosidad, f. (SA)
**Koagulopathie, f.** Defectos de la Coagulación, m.
**Kolik, f.** Cólico, m.
**Kollaps, m.** Colapso, m.
**Kolon, n.** Colon, m.
**Koloskopie, f.** Colonoscopia, f.
**Kolpitis, f.** Colpitis, f.
**Koma, n.** Coma, m.
**(de-)kompensiert** (des-)compensado/a
**Komplikation, f.** Complicación, f.
**Komplizierte Geburt, f.** Parto distócico, m.
**Konjunktivitis, f.** Conjunctivitis, f.
**Konsil, n.** Petición de consulta, f.

**Kontaktdermatitis, f.** Dermatitis de contacto, f.
**Kontraindikation, f.** Contraindicación, f.
**Kontrasteinlauf, m.** Enema opaco, m.
**Kopf, m.** Cabeza, f.
**Kopfhaar, n.** Cabello, m.
**Kopfhaut, f.** Cuero cabelludo, m.; Piel del cráneo, f.(SA)
**Kopflage, f.** Presentación cefálica, f.
**Kopfschmerz, m.** Cefalea, f.
**Kopfumfang, m.** Perímetro cefálico, m.
**Kopfverformung, f.** Deformidad de la cabeza, f.
**Koplicksche Flecken , mpl.** Signo de Köplick, m.
**Koronararterie, f.** Coronaria, f.
**Körperbehaarung, f.** Vello, m.
**Körperhöhle, f.** Cavidad, f.
**korrigieren** corregir
**Koxarthrose, f.** Coxartrosis, f.
**Krampf, m.** Calambre, m.; Convulsión, f.
**Krampfanfall, m.** Convulsión, f.
**Krankengeld, n.** Subsidio de enfermedad, m.
**Krankengymnastik, f.** Fisioterapia, f.; Rehabilitación
**Krankenhaus, n.** Hospital, m.
**- in ein Krankenhaus aufnehmen** Admitir en un hospital
**Krankenhausaufenthalt, m.** Estancia hospitalaria, f.
**Krankenhauseinweisung, f.** Hospitalización, f.
**Krankenhauskosten** Gastos de hospital, mpl.
**Krankenkasse, f.** Caja de (seguro contra la) enfermedad, f.
**Krankenversicherung, f.** Seguro contra la enfermedad, m.
**Krankheit, f.** Enfermedad, f.
**Krankheitsbild, n.** Sintomatología, f.; Cuadro morboso, m.(SA)
**Krankheitsentwicklung, f.** Patogénesis, f.
**Krankheitsherd, m.** Foco infeccioso, m.
**Krankheitsüberträger, m.** Transmisor de una enfermedad, m.
**Krankheitsverhütung, f.** Profilaxis, f.; Prevención, f.
**Krankheitszeichen, n.** Marcador de una enfermedad, m.
**Krätze, f.** Sarna costrosa, f.; Escabicidas, f.(SA)
**kratzen** raspar
**Kreislauf, m.** Circulación, f.
**Kreislauferkrankung, f.** Enfermedad del sistema cardiocirculatorio, f.
**Kreislaufkollaps, m.** Colapso cardiocirculatorio, m.
**Krone (Zahn), f.** Corona, f.
**Kruste, f.** Costra, f.
**Kryptokokkose, f.** Critpococosis, f.
**Kugelschreiber, m.** Bolígrafo, m.
**Künstliche Befruchtung, f.** Inseminación artificial, f.
**Künstliche Herzklappe, f.** Transplante, m.; Sustitución, f. de válvula cardiáca
**Künstliche Körperöffnung, f.** Apertura artificial, f.
**Künstliches Gebiss, n.** Postiza, f.
**kurz** corto/a
**Kyphose, f.** Cifosis, f.

## L

**Lage des Fetus, f.** Situación fetal, f.
**Lagerungsschwindel, m.** Vértigo posicional, m.
**Lähmung, f.** Parálisis, f.
**Laktation, f.** Lactancia, f.
**Laktoseintoleranz, f.** Intolerancia a la Lactosa, f.
**lallen** balbucear
**Lampe, f.** Lámpara, f.
**lang** largo/a
**langsam** lento/a
**Längslage, f.** Situación longitudinal, f.
**Lanugobehaarung, f.** Vello tipo lanugo, m.
**Laparoskopie, f.** Laparoscopia, f.
**Lärmschädigungen des Innenohres, f.** Daño del oído por ruido, m.
**Laryngitis, f.** Laringitis, f.
**Laryngospasmus, m.** Espasmo laríngeo, m.
**Larynxödem, n.** Edema laríngeo, m.
**Läsion der Rotatorenmanschette, f.** Síndrome de lavaina de los músculos rotadores del brazo / manguito rotadores
**Lateralsklerose (Amyotrophische), f.** Esclerosis lateral amiotrófica, f.
**Laus, f.** Piojo, m.
**Lebensmittelvergiftung, f.** Intoxicación alimentaría, f.

**Leber, f.** Hígado, m.
**Leberabszess, m.** Absceso hepático, m.
**Leberfibrose, f.** Fibrosis del hígado, f.
**Leberfleck, m.** Lunar, m.; Mancha hepática, f.(SA)
**Leberfunktionsprüfung, f.** Estudios de función tiroidea, mpl.
**Leberinfarkt, m.** Infarto hepático, m.
**Leberlappen, m.** Lóbulo hepático, m.
**Leberversagen, n.** Necrosis hepática, f.
**Leberzellkarzinom, n.** Npl. de hígado, f.
**Leberzirrhose, f.** Cirrosis hepática, f.
**- alkoholische L., f.** Cirrosis hepática alcohólica, f.
**Legionellose, f.** Legionelosis, f.
**Leiche, f.** Cadaver, m.
**leicht** leve; facil
**leiden an** padecer de
**Leishmaniose, f.** Leismaniasis, f.
**Leiste, f.** Ingle, f.
**Leistenband, n.** Ligamento inguinal, m.
**Leistenbeuge, f.** Pliegue inguinal, m.
**Leistengegend, f.** Región inguinal, f.
**Leistenhernie, f.** Hernia inguinal, f.
**Leistungsabfall, m.** Bajo rendimiento, m.
**leistungsfähig** eficaz
**Leopoldscher Handgriff, m.** Maniobras de Leopold, f.
**Lepra, f.** Lepra, f.
**Leprakranker, m.** Leproso, m.
**Leptospirose, f.** Leptospirosis, f.
**Leukämie, f.** Leucemia, f.
**- Lymphatische L.** Leucemia linfoide, f.
**- Myeloische L.** Leucemia mieloide, f.
**Leukodystrophie, f.** Leucodistrofia, f.
**Level, n.** Nivel, m
**Lichen ruber planus, m.** Liquen plano, m.
**lichtempfindlich** fotoreactivo/a
**liegend** echado/a; en decúbito
**limitiert** limitado/a
**Lineal, n.** Regla, f.
**Linksherzinsuffizienz, f.** Insuficiencia cardíaca de lado izquierdo f.
**Linksschenkelblock, m.** Bloqueo de rama izquierda del fascículo, m.
**Linse, f.** Cristalino, m.
**Lippe, f.** Labio, m.
**Lippenspalte, f.** Labio partido, m.
**Listeriose, f.** Listeriosis, f.
**Lobärpneumonie, f.** Neumonía lobar, f.
**Lochien, fpl.** Lóquios, mpl.
**Logopädische Behandlung, f.** Terapia del lenguaje, f.
**Lokales Anästhetikum, n.** Anestésico local, m.
**Lordose, f.** Lordosis, f.
**Lösung, f.** Solución, f.
**Lotion, f.** Locción, f.
**Luftembolie, f.** Embolia gaseosa, f.
**Luftröhre, f.** Tráquea, f.
**Lumbalpunktion, f.** Punción lumbar, f.
**Lunge, f.** Pulmón, m.; Pulmones, m.
**Lungenbläschen, n.** Vesícula, f.; Alvéolo, f. pulmonar
**Lungenembolie, f.** Embolia pulmonar, f.
**Lungenentzündung, f.** Neumonía, f.
**Lungenerkrankung (Chronisch obstruktive), f.** Enfermedad pulmonar obstructiva cronica, f.
**Lungenflügel, m.** Lóbulo del pulmón; Lóbulos pulmonares, m.
**Lungenfunktionsprüfung, f.** Estudios de función pulmonar, mpl.
**Lungeninfiltrat (Eosinophiles), n.** Eosinofilia pulmonar, f.
**Lungenkapillare, f.** Capilares pulmonares, m.
**Lungenlappen, m.** Lóbulo del pulmón; Lóbulos pulmonares, m.
**Lungenmilzbrand, m.** Ántrax pulmonar, m.
**Lungenödem, n.** Edema pulmonar, m.
**Lungenspalte, f.** Cisura pulmonar, f.
**Lungenspitze, f.** Vértice del pulmón, m.
**Lungenstauung, f.** Congestión, f.; Hipostasis, f. (SA) pulmonar
**Lupus erythematodes (Systemischer), m.** Lupus Eritematoso Sistémico, m.
**Luxation, f.** Luxación, f.
**- Habituelle L.** Luxación recurrente, f.
**Lyme-Krankheit, f.** Enfermedad de Lyme, f.
**Lymphadenitis, f.** Linfadenitis, f.
**Lymphangiom, n.** Linfangioma, m.
**Lymphatische Leukämie, f.** Leucemia linfoide, f.

**Lymphgefäß, n.** Vaso linfático, m.; Vía linfática, f.
**Lymphknoten, m.** Ganglio linfático, m.
**Lymphknotenschwellung, f.** Adenopatia, f.
**Lymphödem, n.** Linfedema, m.
**Lymphom, n.** Linfoma, m.
**Lyse, f.** Lisis, f.

## M

**Made, f.** Cresa, f.
**Madenwurm, m.** Oxiuros, m.
**Magen, m.** Estómago, m.
**Magen-Darm-Passage, f.** Transito intestinal, m.
**Magendilatation, f.** Dilatacíon del estómago, f.
**Magendivertikel, m.** Divertículo gástrico, m.
**Magenkarzinom, n.** Npl. de estómago, f.
**Magenkurvatur, f.** Curvatura del estómago, f.
**Magensonde, f.** Sonda nasogástrica, f.
**Magenspülung, f.** Lavado gástrico, m.
**Magenverstimmung, f.** Indigestión, f.
**Magnetresonanztomographie (MRT), n.** Resonáncia magnética (nuclear), f.
**Makroglossie, f.** Macroglosia, f.
**Makula, f.** Mancha, f.; Mácula, f.
**Malabsorption, f.** Malabsorción intestinal, f.
**Malaria, f.** Paludismo, m.
**Mallory-Weiss-Syndrom, n.** Síndrome de laceración, m.
**Mammakarzinom, n.** Carcinoma/Npl. de mama, f.
**Mangel, m.** Falta de, f.; Carencia de, f.; Déficit de, m.
**Mangelernährung (Fetale), f.** Desnutrición fetal, f.
**Manie, f.** Trastorno maniáco, m.
**Männliche Geschlechtsorgane, npl.** Aparato reproductivo masculino, m.
**Marfan-Syndrom, n.** Síndrome de Marfan, m.
**Masern, f.** Sarampión, m.
**maskieren** enmascarar
**mäßig** moderado/a
**Mastoid, n.** Mastoide, m.
**Mastoiditis, f.** Mastoiditis, f.
**Meckel-Divertikel, n.** Divertículo Meckel, m.
**Megakolon, n.** Megacolon, m.
**Mehrlingsgeburt, f.** Parto multiple, m.
**Mehrlingsschwangerschaft, f.** Embarazo multiple, m.
**Mekonium, n.** Meconio, m.
**Mekoniumaspiration, f.** Aspiración meconial, f.
**Mekoniumileus, m.** Obstrucción por meconio, f.
**Melanom der Haut (Bösartiges), n.** Melanoma (maligna) de piel, f.
**Melena, f.** Rectorrágia, f.
**Membran, f.** Membrana, f.
**Ménière-Krankheit, f.** Síndrome de Menière, m.
**Meningismus, m.** Meningismo, m.
**Meningitis, f.** Meningitis, f.
**Meningokokkeninfektion, f.** Meningococica, f.
**Meniskusriss, m.** Desgarro de menisco (interno), m.
**Meniskusschädigung, f.** Alteración del menisco, f.
**Mesenterium, n.** Mesenterio, m.
**Mesotheliom, n.** Npl. de pleura, f.
**Messerstich, m.** Cuchillada, f.; Navajada, f.
**Migräne, f.** Migraña, f.
**Mikrozephalie, f.** Microcéfalo, m.
**Milchzahn, m.** Diente de leche, m.
**Milz, f.** Bazo, m.
**Milzabszess, m.** Absceso esplénico, m.
**Missed abortion, f.** Aborto diferido, m.
**Mitralklappe, f.** Válvula mitral, f.
**Mitralklappeninsuffizienz, f.** Insuficiencia mitral, f.
**Mitralklappenprolaps, m.** Prolapso mitral, m.
**Mitralklappenstenose, f.** Estenosis mitral, m.
**Mittel, n.** Medida, f.
**Mittel der Wahl, n.** Farmaco de elección, m.
**Mittelohr, m.** Oído medio, m.
**Mittelohrentzündung, f.** Otitis media, f.
**Mittelschmerz, m.** Mittelschmerz, m.
**Morbidität, f.** Morbilidad, f.

**Morbus Basedow, m.** Enfermedad de Graves/Basedow, f.
**Morbus Cushing, m.** Enfermedad de Cushing, f.
**Mortalität, f.** Mortalitad, f.
**Mouches volantes, f.** Moscas volantes, f.
**Müdigkeit, f.** Cansancio, m.
**Multiple Persönlichkeit, f.** Personalidad multiple, f.
**Multiple Sklerose, f.** Esclerosis multiple, f.
**Mumps, m.** Parotiditis, f.; Paperas, f.
**Mundbodenkarzinom, n.** Npl. del suelo de la boca, f.
**Mundhöhle, f.** Cavidad oral/bucal, f.
**Mundschleimhaut, f.** Mucosa bucal, f.
**Mundsoor, m.** Candidiasis oral, f.
**Mundsperre, f.** Trismo, m.
**Mundspiegel, m.** Especulo bucal, m.(SA)
**Muskel, m.** Músculo, m.
**Muskelansatz, m.** Inserción muscular, f.
**Muskelatrophie, f.** Atrofia del músculo, f.
**Muskelriss, m.** Desgarro muscular, m.
**Muskelschwund, m.** Atrofia muscular, f.; Debilidad del músculo, f.
**Muskelzerrung, f.** Distorsión de un músculo, m.
**Muttermal, n.** Peca, f.; Nevus, m.
**Myalgie, f.** Mialgia, f.
**Myasthenia gravis, f.** Miastenia grave, f.
**Myelitis, f.** Mielitis, f.
**Myeloische Leukämie, f.** Leucemia mieloide, f.
**Mykobakterien, npl.** Micobacterias, f.
**Mykose, f.** Micosis, f.
**Myokard, n.** Miocardio, m.
**Myokardinfarkt, m.** Infarto miocardio, m.
**Myokarditis, f.** Miocarditis, f.
**Myoklonus, m.** Mioclonus, m.
**Myopie, f.** Miopia, f.
**Myositis, f.** Miositis, f.
**Myxödem, n.** Mixedema, m.

## N

**Nabel, m.** Ombligo, m.
**Nabelhernie, f.** Hernia paraumbilical, f.
**Nabelschnur, f.** Cordón umbilical, m.
**Nachgeburtsperiode, f.** Periodo de alumbramiento, m.
**Nachtblindheit, f.** Ceguera nocturna, f.
**Nachtdienst haben** estar de guardia
**nächtlich** nocturno/a
**Nachuntersuchung, f.** Examen de seguimiento, m.; Control, m.
**nachweisen** comprobar
**Nacken, m.** Nuca, f.
**Nadel, f.** Aguja, f.
**Nagelbett, n.** Lecho, m.; Alvéo, m. de la uña
**nähen** cocer; suturar
**Narbe, f.** Cicatriz, f.
**Narbenbruch, m.** Hernia por cicatriz, f.
**Narkolepsie, f.** Narcolepsia, f.
**Nasenbeinfraktur, f.** Fractura de la base del craneo, f.
**Nasenflügel, m.** Aleta nasal, f.
**Nasenhöhle, f.** Fosa nasal, f.; Cavidad nasal, f.
**Nasenknorpel, m.** Cartílago de la nariz, m.
**Nasenloch, n.** Orificio nasal, m.
**Nasennebenhöhlen, f.** Senos paranasales, m.
**Nasenpolyp, m.** Pólipo de cavidad nasal, f.
**Nasenrücken, m.** Dorso de la nariz, m.
**Nasenscheidewand, f.** Septo nasales, m.; Tabique nasal, m.
**Nasenschleimhaut, f.** Mucosa nasal, f.
**Nasenseptumdeviation, f.** Tabique nasal desviado, m.
**Nasenspitze, f.** Punta de la nariz, f.
**Nasenwurzel, f.** Base de la nariz, f.
**nass** mojado/a
**Naevus, m.** Nevus, m.
**Nebenniere, f.** Glándula suprarrenal, f.
**Nebenniereninsuffizienz, f.** Insuficiencia corticoadrenal, f.
**Nebenwirkung, f.** Efecto secundario, m.
**Nekrose, f.** Necrosis, f.
**Nekrotisierende Faszitis, f.** Fascitis necrotizante, f.

**Nephrotisches Syndrom, n.** Síndrome nefrótico, m.
**Nerv, m.** Nervio, m.
**nerven** agobiar, liar
**Nervenbahn, f.** Vía nerviosa, f.
**Nervensystem, n.** Sistema nervioso, m.
**Nervosität, f.** Nerviosismo, m.
**Nesselfieber, n.** Urticaria, f.
**Netz, n.** Epiplón, m.
**- Kleines Netz, n.** Epiplón menor, m.
**- Großes Netz, n.** Epiplón mayor, m.
**Netzhaut, f.** Retina, f.
**Netzhautablösung, f.** Desprendimiento retina, f.
**Netzhautblutung, f.** Hemorragia retiniana, f.
**Neugeborenes, n.** Recién nacido, m.; Lactante, m.
**Neuralgie, f.** Neuralgia, f.
**Neuralgische Amyotrophie, f.** Amiotrofia neuralgica, f.
**Neuritis, f.** Neuritis, f.
**Neuritis optica, f.** Neuritis optica, f.
**Neurodermitis, f.** Neurodermitis, f.
**Neuropathia vestibularis, f.** Neuronitis vestibular, f.
**Neurose, f.** Trastorno neurótico, m.
**Niere, f.** Riñón, m.
**Nierenabszess, m.** Absceso renal, m.
**Nierenbecken, n.** Pelvis renal, f.
**Nierenfunktionsprüfung, f.** Estudios de función renal, mpl.
**Niereninsuffizienz, f. (Chronische)** Insuficiencia renal (crónica) f.
**Nierenkapsel, f.** Cápsula renal, f.
**Nierenkolik, f.** Cólico renal, m.
**Nierenstein, m.** Cálculo de riñon m.
**Nierentransplantation, f.** Transplante renal, m.
**Nierenversagen (Akutes), n.** Insuficiencia renal (aguda), f.
**Niesen, n.** Estornudo, m.
**Niveau, n.** Nivel, m
**Non-Hodgkin-Lymphom, n.** Linfosarcoma, f.
**Notizbuch, n.** Librito, m.
**nüchtern** en ayuna
**nützlich** util
**Nystagmus, m.** Nistagmo, m.

## O

**Oberarm, m.** Brazo, m.
**Oberarmknochen, m.** Húmero, m.
**oberflächlich** superficial
**Oberkiefer, m.** Maxilar, m.; Hueso maxilar superior, m.
**Oberlippenbart, m.** Bigote, m ; Mostacho, m.
**Oberschenkel, m.** Muslo, m.
**(Chronisch) obstruktive Lungenerkrankung, f.** Enfermedad pulmonar obstructiva (crónica), f.
**Ödem, n.** Edema, m.
**- Angioneurotisches Ö., n.** Edema angioneurotico, m.
**Offene Fraktur, f.** Fractura abierta, f.
**öffnen** abrir
**Öffnung, f.** Orificio, m.
**ohnmächtig werden** desmayarse
**Ohr, n.** Oreja, f.
**Ohrensausen, n.** Tinitus, m.; Zumbidos, m.
**Ohrenschmalz, m.** Cerumen, m.; Cerilla de los oídos, f.(SA)
**Ohrläppchen, n.** Lóbulo de la oreja, m.; Perilla, f.(SA)
**Ohrloch, n.** Orificio externo del conducto auditivo, m.
**Ohrmuschel, f.** Pabellón del oído, m.
**Ohrschnecke, f.** Cóclea, f.
**Ohrspiegel, m.** Otoscópio, m.
**Oligohydramnion, n.** Oligohidramnios, mpl.
**Oligophrenie, f.** Retraso mental, m.; Oligofrenia, f.
**Oophoritis, f.** Ooforitis, f.
**Opfer, n.** Víctima, f.
**Optikusatrophie, f.** Atrofia óptica, f.
**Orchitis, f.** Orquitis, f.
**Organ, n.** Órgano, m.
**Ösophagitis, f.** Esofagitis, f.
**Ösophagusachalasie, f.** Acalasia de esófago, f.
**Ösophagusatresie, f.** Atresia esofágica, f.
**Ösophagushernie, f.** Hernia esofágica, f.
**Ösophaguskarzinom, n.** Npl. del esófago, f.
**Ösophagusvarizen, fpl.** Varices esofágicas, fpl.
**Osteochondrose der Wirbelsäule, f.** Osteocondrosis vertebral, f.
**Osteogenesis imperfecta, f.** Osteogenesis imperfecta, f.
**Osteomalazie , f.** Osteomalacia, f.
**Osteomyelitis, f.** Osteomielitis, f.

**Osteoporose, f.** Osteoporosis, f.
**Otitis, f.** Otitis, f.
**Otitis externa, f.** Otitis externa, f.
**Otosklerose, f.** Otosclerosis, f.
**Ovarialkarzinom, n.** Npl. de ovario, f.
**Ovarialzyste, f.** Quiste ovárico, m.

## P

**Palliativbehandlung, f.** Tratamiento palliativo, m.
**Palpitationen, fpl.** Palpitaciones, fpl.
**Panaritium, n.** Panadizo, m.
**Panarteriitis nodosa, f.** Poliarteritis nodosa, f.
**Panenzephalitis, f.** Panencefalitis esclerósate aguda, f.
**Pankreaskarzinom, n.** Npl. de pancreas, f.
**Pankreasschwanz, m.** Cola del páncreas, f.
**Pankreatitis, f.** Pancreatitis, f.
**Papel, f.** Pápula, f.
**Paralytischer Ileus, m.** Ileo paralitico, m.
**Paraplegie, f.** Paraplejia, f.
**Parathyphus, m.** Paratifo, m.
**Parenterale Ernährung, f.** Nutrición parenteral, f.
**Parkinson-Krankheit, f.** Enfermedad de Parkinson, f.
**Paroxysmale Tachykardie, f.** Taquicardia paroxística, f.
**passager** pasajero/a
**Patienten betreuen, behandeln (einen)** attender un paciente
**Peitschenwurm, m.** Triocéfalo, m.; Lombriz de letigo, f.
**Pemphigus (vulgaris), n.** Pénfigo (vulgar), m.
**Penis, m.** Pene, m.; Miembro (viril), m.
**perforiert** perforado/a
**Perikarditis, f.** Pericarditis, f.
**Perinephritischer Abszess, m.** Absceso perinefrico, m.
**peripher** periférico/a
**Peripherer Schwindel, m.** Vértigo periferico, m.
**Peripheres Nervensystem, n.** Sistema nervioso periférico, m.
**Peritonitis, f.** Peritonitis, f.
**persistierend** persistente
**Persönlichkeitsstörung, f.** Trastorno de dependencia de la personalidad, m.
**Perspiratio insensibilis, f.** Perdidas insensibles, f.
**Perzentile, f.** Percentil, m.
**Pest, f.** Peste, f.
**Petechien, f.** Petequias, f.
**Petit-mal-Status, m.** Estatus de Petit mal, m.
**Pflaster, n.** Esparadrapo, m.
**Pfortaderthrombose, f.** Trombosis de vena porta, f.
**Phaeochromozytom, n.** Feocromocitoma, m.
**Phakomatose, f.** Facomatosis, f.
**Phänomen, n.** Fenómeno, m.
**Phantomschmerz, m.** Dolor fantasmo, m.
**Pharyngitis, f.** Faringitis, f.
**Phimose, f.** Fimosis, f.
**Phlebitis, f.** Flebitis, f.
**Phlegmone, f.** Flemon, m.
**Phobie, f.** Trastorno fóbico, m.
**Photoallergische Reaktion, f.** Fotodermatitis, f.
**Physiotherapie, f.** Terapia física, f.
**Pickel, m.** Grano, m.
**Piepser, m.** Busca, m.
**Pille, f.** Píldora, f.
**Pilonidalzyste, f.** Quiste piloso, f.
**Pilz, m.** Hongo, m.
**Pinzette, f.** Pinza, f.
**Placenta praevia, f.** Placenta previa, f.
**Plasmozytom, n.** Mieloma multiple, f.
**Plastische Chirurgie, f.** Cirurgía plástica, f.
**Plazenta, f.** Placenta, f.
**Pleuraerguss, m.** Derrame pleural, m.
**Pleuritis, f.** Pleuritis, f.
**Plexus, m.** Plexo, m.
**plötzlich** brusco/a; de repente
**Plötzlicher Herztod, m.** Paro cardíaco, m.; Muerte subita, f.
**Plötzlicher Kindstod, m.** Muerte súbita de niños, f.
**Pneumocystis carinii** Neumocistis carinii, m.
**Pneumonie, f.** Neumonía, f.
**- gekammerte P., f.** Neumonía cavitada, f.
**- interstitielle P., f.** Neumonía intersticial, f.
**(Spontan) Pneumothorax, m.** Neumotórax, m.; Neumotorax (espontáneo), m.
**Pocken** Viruela, f.
**Poliomyelitis, f.** Poliomielitis, f.

**politraumatisiert** politraumatizado/a
**Pollakisurie, f.** Pollaquiuria, f.
**Polyarthropathie (Entzündliche), f.** Poliartropatia (inflamatoria), f.
**Polyarthrose, f.** Poliartrosis, f.
**Polycythaemia vera, f.** Policitemia vera, f.
**Polydaktylie, f.** Polidactilia, f.
**Polydipsie, f.** Polidipsia, f.
**Polyhydramnion, n.** Polihidramnios, mpl.
**Polymyalgia rheumatica, f.** Polimialgia reumática, f.
**Polyneuritis, f.** Polineuritis, f.
**Polyneuropathie, f.** Polineuropatia, f.
**- Alkoholpolyneuropathie, f.** Polineuropatía alcohólica, f.
**- Diabetische P., f.** Polineuropatía diabética, f.
**Polyp, m.** Pólipo, m.
**Polypenentfernung, f.** Polipectomia, f.
**Polyphagie, f.** Polifagia, f.
**Portale Hypertonie, f.** Hipertensíon portal, f.
**Postmenopausenblutung, f.** Hemorragia postmenopáusica, f.
**postoperativ** postoperatorio
**Postpartale Blutung, f.** Hemorragio postpartal, f.
**Postthrombotisches Syndrom, n.** Síndrome postflebítico, m.
**Potter-Syndrom, n.** Enfermedad quística renal, f.
**Präeklampsie, f.** Preeclampsia, f.
**Präexzitations-Syndrom, n.** Excitación auriculoventricular anómala, f.
**Prämenstruelle Beschwerden, fpl.** Síndrome de tensíon premenstrual, m.
**Pränatales Screening, n.** Cribaje prenatal, f.
**Prävention, f.** Prevención, f.
**Prellung, f.** Contusión, f.
**Presbyakusis** Presbiacusia, f.
**Presbyopie, f.** Presbiopia, f.
**Priapismus, m.** Priapismo, m.
**Primäre Amenorrhoe, f.** Ausencia de menstruación, f.
**Prognose, f.** Prognosis, f.
**Prophylaxe, f.** Profilaxis, f.
**Prostatahyperplasie, f.** Hiperplasia prostática, f.
**Prostatakarzinom, n.** Npl. de próstata, f.
**Proteinurie, f.** Proteinuria, f.
**Proteus mirabilis, m.** Proteus mirabilis, m.
**Pseudomonas aeruginosa, m.** Pseudomonas, m.
**Pseudozyste, f.** Seudoquiste, m.
**Psoriasis vulgaris, f.** Psoríasis, f.
**psychiatrische Untersuchung (Allgemeine), f.** Examen psiquiátrico (general), m.
**Psychogene Amnesie, f.** Amnesia psicogénica, f.
**Psychose, f.** Psicosis, f.
**- Affektive P., f.** Psicosis afectiva, f.
**Psychotherapie, f.** (P)sicoterapia, f.
**Pterygium, n.** Pterigion, m.
**Ptosis, f.** Ptosis, f.
**Pubertät, f.** Pubertad, f.
**Puder, n.** Polvos, mpl.
**Puerperalfieber, n.** Fiebre puerperal, f.
**Pulmonale Hypertonie, f.** Hipertensión pulmonar, f.
**Pulmonalklappenatresie, f.** Atresia congénita de la válvula pulmonar, f.
**Pulmonalklappeninsuffizienz, f.** Insuficiencia pulmonal, f.
**Pulmonalklappenstenose, f.** Estenosis pulmonal, f.
**Pulver, n.** Polvo, m.
**Pupille, f.** Pupila, f.
**Purpura, f.** Púrpura, f.
**- Thrombozytopenische P., f.** Púrpura trombicitopénica, f.
**Pustel, f.** Pústula, f.
**Pyelonephritis, f.** Pielonefritis, f.
**Pylorus, m.** Píloro, m.
**Pylorusstenose (Hypertrophische), f.** Estenosis pilorica (hipertrófica), f.
**Pyodermie, f.** Piodermitis, f.
**Pyonephrose, f.** Pionefrosis, f.
**Pyurie, f.** Piuria, f.

## Q

**Quaddel, f.** Roncha, f.
**Quergestreifte Muskulatur, f.** Músculo estriado; voluntario; esquelético
**Querlage, f.** Situación transversal, f.

## R

**Rachen, m.** Faringe, f.; Garganta, f.
**Rachitis, f.** Raquitismo, m.
**raten** aconsejar
**Rattenbiss, m.** Mordedura de Rata, f.
**Raynaud-Syndrom, n.** Síndrome de Raynaud, m.
**reagieren** responder
**Reanimation, f.** Reanimación, f.
**Rechtsschenkelblock, m.** Bloqueo de rama derecha del fasciculo, m.
**Rechtsherzinsuffizienz, f.** Insuficiencia cardíaca de lado derecho, f.
**Reflexhammer, m.** Martillo, m.
**Refluxkrankheit, f.** Reflujo esofágico, m.
**Regenbogenhaut, f.** Iris, f.
**Rehabilitationsmaßnahme, f.** Rehabilitación, f.
**reif** maduro/a
**Reifgeborenes, n.** Nacido a término
**Reiter-Krankheit, f.** Enfermedad de Reitter, f.
**Reizleitungsstörung, f.** Anomalia de la conducción cardíaca, f.
**Rektalabszess, m.** Absceso rectal, m.
**Rektale Untersuchung, f.** Tacto rectal, m.
**Rektoskopie, f.** Rectoscopia, f.
**Rektum, n.** Recto, m.
**Rektumkarzinom, n.** Npl. de recto, f.
**Rektumprolaps, m.** Prolapso rectal, m.
**Renale Osteodystrophie, f.** Osteodistrofia renal, f.
**Resektion, f.** Resección, f.
**Respiratorische Insuffizienz, f.** Insuficiencia respiratoria, f.
**Retinopathie, f.** Retinopatía, f.
**- Diabetische R., f.** Retinopatía diabética, f.
**Retrograde Amnesie, f.** Amnesia retrógrada, f.
**Rezidiv, n.** Rebote, m.
**rezidivierend** recidivante
**Rh/ABO-Isoimmunisierung, f.** Isoinmunización RH/ABO
**Rheumabad, n.** Balneario antirreumático, m.
**Rheumaknoten, m.** Nódulo reumatoideo, m.
**Rheumatische Erkrankung, f.** Reumatismo, m.
**Rheumatisches Fieber, n.** Fiebre reumática, f.
**Rheumatismus, m.** Reumatismo, m.
**(Chronische) Rhinitis, f.** Rinitis (crónica), f.
**Rhinophym, n.** Rosacea, f.
**Rhizarthrose, f.** Rizartrosis, f.
**riechen** oler
**Riesenwuchs, m.** Gigantismo, m.
**Riesenzellarteriitis, f.** Arteritis de celulas gigantes, f.
**Rigidität, f.** Rigidez, f.
**Rippe, f.** Costilla, f.
**Rippenbogen, m.** Arco costal, m.
**Rippenserienfraktur, f.** Multiples fracturas costales, fpl.
**Risiko, n.** Riesgo, m.
**Risikofaktor, m.** Factor de riesgo, m.
**Risikoschwangerschaft, f.** Embarazo de alto riesgo, m.
**Riss, m.** Rotura, f.; Ruptura, f.
**Röntgen, n.** Rayos X [Anm.: gesprochen: ekis], m.
**Röntgenbild, n.** Radiografía, f.; Placa (US), f.
**Röntgenuntersuchung, f.** Examen radiológico, m.
**rot** rojo/a
**Röteln, f.** Rubéola, f.
**Rötelnembryopathie, f.** Rubéola congénita, f.; Embriofetopatia rubeólica, f.
**Rötung, f.** Enrojecimiento, m.
**Rückbildung des Uterus, f.** Involución uterina, f.
**Rücken, m.** Dorso, m.; Espalda, f.
**Rückenmark, n.** Médula espinal, f.
**Rückenmarksflüssigkeit, f.** Líquido cefalorraquídeo, m.
**Rückfall, m.** Recaída, f.
**Rückgrat, n.** Espina dorsal, f.
**Ruhe, f.** Reposo, m.
**Ruhelosigkeit, f.** Inquietud, f.
**Ruhr, f.** Disentería, f.
**Rumpf, m.** Tronco, m.
**rund** redondo/a

## S

**Sack, m.** Bolsa, f.
**Sadomasochismus, m.** Sadomasoquismo, m.

**Sakroiliakalgelenk, n.** Articulación sacroiliaca, f.
**Salbe, f.** Pomada, f.; Ungüento, m.
**Salmonellose, f.** Salmonelosis, f.
**Salpingitis, f.** Salpingitis, f.
**Samenblase, f.** Vesícula seminal, f.
**Samenleiter, m.** Conducto espermático/deferente, m.
**Sarkoidose, f.** Sarcoidosis, f.
**Sauerstoffmaske, f.** Mascarilla de oxígeno, f.
**Scabies, f.** Ascariasis, f.; Sarna costrosa, f.; Escabicidas, f.(SA)
**Schädelbasis, f.** Base del cráneo, m.
**Schädelbasisfraktur, f.** Fractura de la base del craneo, f.
**Schädelbein, n.** Hueso craneal, m.
**Schädeldachfraktur, f.** Fractura boveda craneal, f.
**Schädeldecke, f.** Calota, f.
**Schädelhöhle, f.** Cavidad craneal, f.
**schaden** dañar
**Schallschatten, m.** Sombra sonográfica, f.
**Schambein, n.** Hueso pubis, m.
**Schamlippen, f.** Labios (de la vulva), m.
**- Grosse Schamlippen, f.** Labios mayores, mpl.
**- Kleine Schamlippen, f.** Labios menores, mpl.
**Scharlach, m.** Escarlatina, f.
**Scheide, f.** Vagina, f.
**Scheitel, m.** Vertex, m.
**Scheitellage, f.** Presentación de frente, f.
**Schenkelhalsfraktur, f.** Fractura del cuello de femur, f.
**Schere, f.** Tijeras, f.
**Schielen, n.** Estrabismo, m.; Vista torcida, f. (UGS)
**Schienbein, n.** Tibia, f.; Espina tibial, f.; Espinilla, f.
**Schilddrüse, f.** Tiroides, m.; Glándula tiroides, f.
**Schilddrüsenfunktionsprüfung, f.** Estudios de función del hígado, mpl.
**Schilddrüsenkarzinom, n.** Npl. de tiroides, f.
**Schilddrüsenlappen, m.** Lóbulo tiroide, m.
**Schildknorpel, m.** Cartílago tiroideo, m.
**Schizophrenie, f.** Esquizofrenia, f
**Schlaf, m.** Sueño, m.
**Schlafapnoe, f.** Apnea del sueño, f.
**Schläfe, f.** Sien, f.
**Schläfenbein, n.** Hueso temporal, m.
**Schläfengegend, f.** Región temporal, f.
**Schlafkrankheit, f.** Enfermedad del sueño, f.
**Schlaflosigkeit, f.** Insomnio, m.; Agripnia, f.
**Schlafstörung, f.** Trastorno del sueño, m.
**Schlafwandeln, n.** Sonambulismo, m.
**Schlaganfall, m.** Ataque apoplético, m.(SA)/de apoplejia, m.; Ictus, m.
**Schleimbeutel, m.** Bolsa sinovial, f.
**Schleimhaut, f.** Mucosa, f.
**Schleudertrauma, n.** Síndrome de cordón, m.
**schließen** cerrar; concluir
**schließlich** ultimamente
**Schlottergelenk, n.** Articulación flotante, f.(SA)
**Schluckauf, m.** Hipo, m.
**Schlüsselbein, n.** Clavícula, f.
**schmeicheln** lisonjar
**Schmerz, m.** Dolor, m.
**schmerzen** doler
**Schmerzschwelle, f.** Umbral doloroso, m.
**Schmorl-Knötchen, n.** Nódulo Schmorl, m.
**schneiden** cortar
**Schneidezahn, m.** Diente incisivo, m.
**schnell** rapido/a
**Schnellender Finger, m.** Dedo en gatillo, m.
**Schnupfen, m.** Catarro, m.
**Schock, m.** Shock, m.; Choque, m.
**- Anaphylaktischer S., m.** Shock anafiláctico, m.
**- Hypovolämischer S., m.** Shock hipovolémico, m.
**- Kardiogener S., m.** Shock cardiogénico, m.
**- Traumatischer S., m.** Shock traumático, m.
**Schreibstift, m.** Bolígrafo, m.
**Schrumpfniere, f.** Riñón atrófico, f.
**Schulter, f.** Hombro, m.
**Schulterblatt, n.** Escápula, f.; Omóplato, m.
**Schultergelenk, n.** Articulación del húmero, f.

**Schuppe, f.** Caspa, f.; Escama, f.
**schuppend** descamativo/a
**Schuss, m.** Tiro, m.; Disparo, m.
**schützen** cuidar
**schwach** debil; escasa
**Schwäche, f.** Postración, f.
**Schwangere, f.** Gestante, f.
**Schwangerschaft, f.** Embarazo, m.
**Schwangerschaftsproteinurie, f.** Enfermedad renal en Embarazo, f.
**Schwangerschaftsödem, n.** Edema en Embarazo, m.
**Schwangerschaftsstreifen, m.** Estrias gravidicas, f.
**Schwankung, f.** Oscilacíon, f.
**Schwellung, f.** Hinchazón, f.; Tumefacción, f.
**schwer** grave; severo/a
**schwierig** dificil
**Schwindel, m.** Vértigo, m.
**- Benigner paroxysmaler S., m.** Vértigo paroxismal benigno, m.
**- Peripherer S., m.** Vértigo periférico, m.
**- S. zentralen Ursprungs** Vértigo de origen central, m.
**Screening, n.** Búsqueda, f.; Cribaje, f.; Screening, m.
**Seborrhoisches Ekzem, n.** Dermatitis seborreica, f.
**Sehne, f.** Tendón, m.
**Sehnenscheide, f.** Vaina sinovial, f.
**Sehnerv, m.** Nervio óptico, m.
**Sehstörung, f.** Pertubación visual, f.
**Sekretion, f.** Secreción, f.
**Selbstmord, m.** Suicidio, m.
**Selbstmord begehen** suicidarse; cometer suicidio
**selten** poco frecuente
**Sepsis, f.** Septicemia, f.
**Sequester, m.** Secuestro, m.
**setzen** sentarse
**Sexuelle Verhaltensstörungen, fpl.** Desviación sexual, f.
**Sexueller Missbrauch, m.** Abuso sexual, m.
**sezerniert** secretado/a
**Siamesische Zwillinge** Gemelos acoplados, m.
**Sicca/Sjögren-Syndrom, n.** Síndrome seco/de Sjögren, m.
**sich befinden** hallarse
**sich beziehen auf** referir
**sich fühlen** sentirse
**sich hinlegen** echarse
**sich hinlegen** tumbarse
**sich klassifizieren** clasificarse
**sich setzen** sentarse
**sich verbrennen** quemarse
**sich verdrehen** torcerse
**Sichelzellenkrankheit, f.** Anemia depranocitica, f.
**Sicherheit, f.** Certeza, f.
**sichtbar machen** visualizar
**Sick-Sinus-Syndrom, n.** Enfermedad del seno, f.
**Siderose, f.** Siderosis, f.
**Sigma, n.** Sigma, m.
**Simulant, m.** Simulador, m.
**Singultus, m.** Singulto, m.(SA); Hipo, m.
**Sinus-Knoten, m.** Nódulo sinusal, m.
**Sinusitis, f.** Sinusitis, f.
**Sinusvenenthrombose, f.** Trombosis venosa (de Sinus), f.
**Situs inversus, m.** Situs inversus, m.
**sitzend** sentado/a
**Skalpierungsverletzung, f.** Herida abierta de cuero cabeludo, m.
**Skoliose (Kypho-), f.** (Cifo-)Escoliosis, f.
**Skorbut, m.** Escorbuto, m.
**sofortig** inmediate
**Somatisierung(stendenz), f.** Somatización, f.
**Somnolenz, f.** Somnolencia, f.
**Sonnenbrand, m.** Quemadura solar, f.
**Sonnenstich, m.** Insolación, f.
**Sonographie, f.** Sonografía, f.; Ecografía, f.
**Spannungskopfschmerz, m.** Cefalea tensional, f.
**Spannungspneumothorax, m.** Neumotórax por tensión, m.
**spärlich** escaso/a
**Spasmus, m.** Espasmo, m.
**Spastische Zerebralparese, f.** Parálisis cerebral, f.
**Speiche, f.** Radio, m.
**Speichel, m.** Saliva, f.
**Speicheldrüse, f.** Glándula salivar/parótida, f.
**Speichelfluss, m.** Salivación, f.
**Speiseröhre, f.** Esófago, m.
**Spermatozele, f.** Espermatocele, f.
**Sphinkter, m.** Esfínter, m.
**Spina bifida, f.** Espina bifida, f.

**Spinalganglion, n.** Ganglio espinal, m.
**Spondylitis ankylosans, f.** Espondilitis anquilosante, f.
**Spondylolisthesis, f.** Espond lolistesis, f.
**Spondylolyse, f.** Espondilolisis, f.
**Spondylose, f.** Espondilosis, f.
**spontan** espontaneo/a
**Spontanabort, m.** Aborto espontáneo, m.
**(Spontan)geburt, f.** Parto (espontáneo), m.
**Spritze, f.** Jeringa, f.
**Sprue (Tropische), f.** Esprue tropical, f.
**Sprunggelenk, n.** Tobillo, m.; Articulación tibiotarsiana, f.
**spülen** irrigar
**Spulwurm, m.** Áscaris, f.
**Stabile Angina, f.** Angina estable, f.
**Stammfettsucht, f.** Obesidad truncal, f.
**Standard, m.** Estándar, m.
**Staphylokokken** Estafilococo, m.
**stark** excesiva
**Status asthmaticus, m.** Estatus asmático, m.
**Stauschlauch, m.** Goma, m. [Anm: In Spanien und Südamerika wird meist ein Gummischlauch verwendet}
**(Chronische) Stauungsleber, f.** Congestión pasiva hepática (crónica), f.
**Stauungspapille, f.** Papiledema m.
**stechen** pinchar
**stehend** parado/a
**steigen** elevar
**Stein, m.** Cálculo, m.
**Steißlage, f.** Presentación podalica, f.
**Stenose, f.** Estenosis, f.
**Stenose der Aorta, f.** Estenosis congénita aórtica, f.
**Sterilisierung, f.** Esterilización, f.
**Sterilität bei Anovulation, f.** Esterilidad asociada con Anovulación, f.
**Sterilität beim Mann, f.** Esterilidad masculina, f.
**Sterilität bei der Frau, f.** Esterilidad feminina, f.
**Steroid, n.** Corticoides, mpl.
**Stethoskop, n.** Fonendo, m.; Estetoscopio, m.
**Stieldrehung der Ovarien, f.** Torsión ovárica, f.
**Stiernacken, m.** Cuello de bufalo, m.
**stillen** amamantar
**Stimmband, n.** Cuerda vocal, f.
**Stimmgabel, f.** Diapasón, m.
**Stimmritze, f.** Glotis, f.
**stinken** oler
**stinkend** fetido/a
**Stirn, f.** Frente, f.
**Stirnbein, f.** Hueso frontal, m.
**Stirnbeinhöhle, f.** Seno frontal, m.
**Stirnhöhlenentzündung, f.** Sinusitis frontal, f.
**Stirnlage, f.** Presentación de frente, f.
**Störung, f.** Molestias, f.; Trastorno, m.
**Störungen der Hypophyse und der Hypothalamus-Regulation, fpl.** Trastornos de la hipofisis y de la regulación hipotalamica, mpl.
**Stoß, m.** Golpe, m.; Empujón, m.
**stottern** tartamudear
**Stottern, n.** Tartamudeo, m.; Babuceo, m.
**Strabismus (paralyticus), m.** Estrabismo (paralítico), m.
**Strahlentherapie, f.** Radioterápia, f.
**Strahlentherapie-Sitzung, f.** Sesión de radioterápia, f.
**Strangulation, f.** Estrangulación, f.
**Streptokokken** Estreptococo, m.
**Streptokokkensepsis, f.** Septicemia estreptocócica, f.
**Stressinkontinenz, f.** Incontinencia de estrés, f.
**Striae, f.** Rasgos cushingoides, m.; Estrias violaceas, f.
**Stridor, m.** Estridor, m.
**Struma, f.** Bocio, m.
**Stuhlgang haben (US)** obrar
**Stuhlinkontinenz, f.** Incontinencia fecal, f.
**stumm** mudo/a
**Stummheit, f.** Mudez, f.
**Stupor, m.** Estupor, m.
**Sturz, m.** Caída, f.
**Sturzgeburt, f.** Parto precipitado, m.
**Subarachnoidalblutung, f.** Hemorragia subaracnoidea, f.
**Subdurale Blutung, f.** Hemorragia subudural, f.
**Substanz, f.** Sustancia, f.
**Symptom, n.** Síntoma, m.
**Syndaktylie, f.** Sindactilia, f.
**Syndrom, n.** Síndrome, m.
**Synkope, f.** Síncope, f.

**Syphillis, f.** Sifilis, f.
**Syringobulbie, f.** Siringobulbia, f.
**Syringomyelie, f.** Siringomelia, f.
**systemisch** sistemico/a
**Systemische Sklerose, f.** Esclerosis sistémica, f.
**Systemischer Lupus erythematodes, m.** Lupus eritematoso sistémico, m.

## T

**Tabaksbeutelnaht, f.** Sutura de bolsa de tabaco, f.
**Tablette, f.** Comprimido, m.
**Tachykardie, f.** Taquicardia, f.
**Tasche, f.** Bolsa, f.
**Tätlicher Angriff, m.** Ataque, m.
**taub** sordo/a
**Taubheit, f.** Sordera, f.
**Taubstummheit, f.** Sordomudez, f.
**Taumel, m.** Mareo, m.
**teilweise** parcial
**Tetanie, f.** Tetania, f.
**Tetanus, m.** Tétanos, m.
**Tetraplegie, f.** Cuadraplejia, f.
**Therapie, f.** Terapia, f.
**Thorax, m.** Tórax, m.
**- Instabiler T., m.** Tórax flotante, m.
**Thrombangiitis obliterans, f.** Tromboangeitis obliterante, f.
**Thrombembolischer Verschluss, m.** Tromboembolismo, m.
**Thrombophlebitis, f** Tromboflebitis, f.
**Thrombose, f.** Trombosis, f.
**Thrombozytopenie, f.** Trombocitopenia, f.
**Thrombozytopenische Purpura, f.** Púrpura trombicitopenica, f.
**Thymus, m.** Timo, m.
**Thyreoiditis, f.** Tiroiditis, f.
**Ticstörung, f.** Tic, m.
**tief** bajo/a; profundo/a
**Tinea, f.** Tiña, f.
**Tinea pedis, f.** Dermatofitosis del pie, f.
**Tod, m.** Muerte, m.; Fallecimiento, m.
**Tollwut, f.** Rabia, f.
**Tonsillitis, f.** Amigdalitis, f.
**Tortikollis, m.** Torticolis, f.
**tot** muerto/a
**Toxische Wirkung von Alkohol, f.** Efecto tóxico de alcohol, m.
**Toxoplasmose, f.** Toxoplasmosis, f.
**Tracheostoma, n.** Traqueostoma, f.
**Tracheostomie, f.** Traqueotomía, f.
**Tränenbein, n.** Hueso lacrimal, m.
**Tränendrüse, f.** Glándula lacrimal, f.
**Tränenfluss, m.** Lagrimeo, m.
**Tränensack, m.** Saco lagrimal, m.
**Traumatischer Schock, m.** Shock traumático, m.
**Tremor (Essentieller), m.** Temblor (esencial), m.
**trennen** segregar
**Trifaszikulärer Block, m.** Bloqueo trifascicular, f.
**Trigeminusneuralgie, f.** Neuralgia de Trigémino, f.
**Trikuspidalklappeninsuffizienz, f.** Insuficiencia tricuspidea, f.
**Trikuspidalklappenstenose, f.** Insuficiencia tricuspidea, f.
**trocken** seco/a
**Trockenheit, f.** Sequedad, f.
**trocknen** seccar
**Trommelfell, n.** Membrana timpánica, f.; Tímpano, m.
**Trommelfellperforation, f.** Perforación del Timpano, f.
**Tropfen, m.** Gota, f.
**Tropische Sprue, f.** Esprue tropical, f.
**Truncus coeliacus, m.** Tronco celíaco, m.
**Tuba auditiva, f.** Trompa de Eustaquio, f.
**Tuberkulom, n.** Tuberculoma, m.
**Tuberkulose, f.** Tuberculosis, f.
**Tuberkulose-Hauttest, m.** Test de la Tuberculina, m.
**Tuberkulostatikum, n.** Tuberculostática, f.
**Tumor, m.** Tumor, m.
**Tupfer, m.** Gasa, f.; Compresa, f.
**Turner-Syndrom, n.** Disgenesia gonadal, f.
**Typhus, m.** Fiebre tifoidea, f.
**T-Zell-Lymphom, n.** Linfoma de célula T, m.

## U

**Übergewichtiges Neugeborenes, n.** Peso elevado al nacer, m.
**Überlaufblase, f.** Orina por rebosamiento, f.
**Überlebensrate, f.** Supervivencia, f.
**überschießend** exagerado/a
**übertrieben** exagerado/a

**(Chronische) Ulcera, npl.** Úlcera (crónica), f.
**Ulcus cruris, n.** Úlcera varicosa, f.
**Ulcus duodeni, n.** Úlcera duodenal, f.
**Ulcus pepticum, n.** Úlcera péptica, f.
**Ulcus ventriculi, n.** Úlcera gástrica, f.
**unangebracht** inadecuado/a
**Unbeweglichkeit, f.** Inmovilicación, f.
**Unfall, m.** Accidente, m.
**Unfruchtbarkeit, f.** Infertilidad, f.
**ungenau** impreciso/a
**Unguis incarnatus, m.** Uña encarnada, f.
**unheilbar** incurable
**Unkomplizierte Geburt, f.** Parto eutócico, m.
**unmittelbar** inmediatamente; inmediate
**Unregelmäßiger Zyklus, m.** Ciclo menstrual irregular, m.
**unreif** inmaduro/a
**Unreife (Extreme), f.** Inmaduridad (extrema), f.
**Unterarm, m.** Antebrazo, m.
**unterdrücken** suprimir
**Unterkiefer, m.** Mandíbula, f.; Hueso maxilar inferior, m.
**Unterschenkel, m.** Pierna, f.
**Untersuchung, f.** Examen, m.
**Untersuchungskurs, m.** Curso clínico, m.
**Untertauchen, n.** Sumersión, f.
**Ureterstein, m.** Cálculo de uréter, m.
**Urethritis, f.** Uretritis, f.
**Urin, m.** Orina, f.
**urinieren** orinar
**Ursache, f.** Razón, f.
**Ursprung, m.** Focalidad, f.
**Urtikaria, f.** Urticaria, f.
**Uterusausschabung, f.** Legrado, m.
**Uterusmyom, n.** Mioma uterina, f.
**Uterusprolaps, m.** Prolapso de útero, m.

## V

**Vaginale Untersuchung, f.** Tacto vaginal, m.
**Vaginaler Ausfluss, m.** Flujo vaginal, m.
**Vaginismus, m.** Vaginismo, m.
**Varizen, fpl.** Varices, fpl.; Venas varicosas, fpl.
**Vaskuläre Demenz, f.** Demencia arteriosclerotica, f.
**Vaskulitis, f.** Vasculitis, f.
**Vene, f.** Vena, f.
**Venenpunktion, f.** Punción venosa, f.
**Venenthrombose (Sinus), f.** Trombosis venosa (de Sinus), f.
**venösen Zugang legen (einen)** canalizar una via venosa
**Ventrikel, m.** Ventrículo, m.
**Ventrikelseptumdefekt, m.** Comunicación intraventricular, f.; Defecto de tabique ventricular, m.
**Ventrikuläre Tachykardie, f.** Taquicardia ventricular f.
**Verätzung, f. durch Säure/Lauge** Cauterzación de Àcido/Lejía, f.
**Verband, m.** Vendaje, f.
**verbessern** mejorar
**Verbrechen, n.** Crimen, m.
**(sich) verbrennen** quemarse
**Verbrennung, f.** Quemadura, f.
**Verbrühung, f.** Escaldadura, f.
**verbunden sein mit** asociar
**Verdacht, m.** Sospecha, f.
**verdächtig** sospechoso/a
**Verdauung, f.** Digestión, f.
**Verdauungstrakt, m.** Tracto digestivo, m.; Tubo digestivo, m.
**verdeckt** obnubilado/a
**verdrängen** desplazar
**(sich) verdrehen** torcerse
**Vergewaltigung, f.** Violación, f.
**vergiften** envenenar
**Vergiftung, f.** Envenamiento, m.; Intoxicación, f.
**- durch Blei, f.** por plomo, f.
**- durch Strichnin, f.** por estricnina, f.
**vergrößern** aumentar
**Verhaltensstörung, f.** Trastorno del comportamiento/de la conducta, m.
**verhindern** impedir; prevenir
**Verkalkungen, f.** Calcificaciones, f.
**(sich) verkleiden** disfrasar
**verlängern** prolongar
**Verlängerung, f.** Alargamiento, m.
**Verlaufskontrolle, f.** Evolución, f.
**Verletzung, f.** Herida, f.; Lesión, f.
**vermeiden** evitar
**Vernachlässigung, f.** Descuido, m.; Negligencia, f.
**verringern** disminuir
**verrücken** desplazar
**verschieden** diverso/a
**verschlechtern** empeorar

**Verschlechterung, f.** Empeoramiento, m.
**verschlucken** tragar
**Verschluss, m.** Obstrucción, f.; Bloqueo, m.; Oclusión, f.
**- V. der A. centralis retinae, m.** Oclusion vascular retiniana, f.
**- V. der Tuba auditiva, m.** Obstrucción de la Trompe de Eustaquio, f.
**verschreiben** prescribir
**Verstauchung, f.** Esguince, m.
**Verstreichen, n. der Zervix** Borramiento, m. del Cervix
**verursachen** producir; provocar
**Vervielfachung, f.** Ampliación, f.
**Verwachsung, f.** Brida, f.; Adhesión, f.; Adherencia, f.
**vielfältig** multiples
**Vierlingsschwangerschaft, f.** Embarazo cuadruple, m.
**Virus, m.** Virus, m.
**Viruspneumonie, f.** Neumonía viral/vírica, f.
**Viruswarze, f.** Verruga viral, f.
**Visite, f.** Visita, f.
**Visite machen** pasar sala
**Visusprüfung und Untersuchung der Augen, f.** Examen de ojos y vista, m.
**Vitalkapazität, f.** Capacidad vital, f.
**Vitaminmangel, m.** Carencia de Vitamina, f.
**Vitiligo, m.** Vitiligo, m.
**Vogelzüchterlunge, f.** Pulmón de criadores de pajaros, m.
**Vollbart, m.** Barba, f.
**Vollmondgesicht, n.** Cara de luna llena, f.
**Vollremission, f.** Respuesta completa clínica, f.
**vollziehen** realizar
**Volvulus, m.** Vólvulo intestinal, m.
**vor** previo/a
**Vorderkammer, f.** Cámara anterior, f.
**vorherrschen** predominar
**Vorhofflattern, n.** Aleteo/Flúter auricular, m.
**Vorhofflimmern, n.** Fibrilación auricular, f.
**Vorhoffseptumdefekt, m.** Comunicación intraauricular, f.; Defecto de tabique auricular, m.
**Vorsorgeuntersuchung, f.** Control, m.; Examen preventivo, m.
**vorstehen** resaltar
**Vorsteherdrüse, f.** Próstata, f.
**vorübergehend** transitorio
**Vorzeitiger Blasensprung, m.** Rotura/Ruptura prematura de membranas, f.
**Vulvitis, f.** Vulvitis, f.

## W

**Wachstum, n.** Crecimiento, m.
**Wade, f.** Pantorrilla, f.
**Wadenbein, n.** Peroné, m.; Pantorrilla, f.
**Wange, f.** Mejilla, f.; Carillo, m.
**Wangenbein, n.** Pómulo, m.
**warm** caliente
**Warze, f.** Verruga, f.
**wässrig** acuoso/a
**Waterhouse-Friedrichsen-Syndrom, n.** Síndrome de Waterhouse-Friedrichsen, m.
**Wegener-Granulomatose, f.** Granulomatosis de Wegener, f.
**wehtun** doler
**Wehe, f.** Contracción, f.
**Weibliche Geschlechtsorgane, npl.** Aparato reproductivo femenino, m.
**weich** blando/a; suave, molde
**Weiche Hirnhaut, f.** Meninge, f.
**weiß** blanco/a
**Whipple-OP, f.** DPC de Whipple, f.
**wiederkehrend** recurrentes
**wiegen** pesar
**Wimper, f.** Pestañas, f.
**Windeldermatitis, f.** Dermatitis de pañal, f.
**Windpocken, f.** Varicela, f.
**Wirbel, m.** Vertrebra, f.
**Wirbelbogen, m.** Arco vertebral, m.
**Wirbelgelenk, n.** Articulación vertebral, m.
**Wirbelkanal, m.** Canal vertebral / raquídeo, m.
**Wirbelkörper, m.** Cuerpo vertebral, m.
**Wirbelsäule, f.** Columna vertebral, f.
**wirksam** eficaz
**Wochenbett, n.** Puerperio, m.
**Wurm, m.** Lombriz, m.

## Y

**Yersiniose, f.** Yersiniosis, f.

## Z

**Zahn, m.** Diente, m.
**Zähne klappern** rechinar de dientes
**Zahnfleisch, n.** Encía, f.
**Zahnhals, m.** Cuello del diente, m.
**Zahnkrone, f.** Corona, f.
**Zahnmark, n.** Pulpa dental, f.
**Zahnreihe, f.** Hilera de dientes, f.
**Zahnschmelz, m.** Esmalte de dientes, m.
**Zahnwurzel, f.** Raíz del diente, f.
**Zahnzwischenraum, m.** Intersticio dental, m.
**Zangenextraktion, f.** Parto con forceps, m.
**Zäpfchen, n.** Úvula, f.
**Zecke, f.** Garrapata, f.
**Zeckenbiss, m.** Picadura de garrapata, f.
**Zeh, m.** Dedo del pie, m.
**Zeichen, n.** Fenómeno, m.
**Zeigefinger, m.** Índice, m.
**zellulär** celular
**Zentrales Nervensystem, n.** Sistema nervioso central, m.
**Zerebralparese, f.** Parálisis cerebral, f.
**Zerrung, f.** Torcedura, f.; Distorsión, f.
**Zervix, f.** Cervix, f.
**Zervixinsuffizienz, f.** Incontinencia de cervix, f.
**Zirkel, m.** Compás, m.
**Zirkumzision, f.** Circuncisión, f.
**- Z. als Routinemaßnahme, f.** Circuncisión rutinaria, f.
**- Z. aus rituellen Gründen, f.** Circuncisión ritual, f.
**zittern** temblar; tiritar
**Zittern, n.** Tiritona, f.
**Zöliakie, f.** Enfermedad celiaca, f.(Intolerancia al gluten)
**Zucker im Urin, m.** Glucosuria, f.
**zufällig** accidental
**Zugang, m.** Via venosa,f.
**- Zugang legen** coger una via (venosa)
**- Zentralvenöser Zugang, m.** Via venosa central, f.
**Zunahme, f.** Incremento, m.
**Zunge, f.** Lengua, f.
**Zungenbein, n.** Hueso hioides, m.
**zurückbleibend** residual
**zurückziehen** retirar
**zusammenhängend** asociado/a
**zuvorkommen** prevenir
**zusätzlich** complementario/a
**Zwangstörung, f.** Trastorno obsesivo-compulsivo, m.
**Zwerchfell, n.** Diafragma, m.
**Zwerchfellhernie, f.** Hernia diafragmática, f.
**Zwergwuchs, m.** Enanismo, m.
**Zwillinge, f.** Gemelos, m.
**Zwillingsschwangerschaft, f.** Embarazo gemelar, m.
**Zwölffingerdarm, m.** Duodeno, m.
**zyanotisch** cianotico/a
**Zyklus (Unregelmäßiger), m.** Ciclo menstrual (irregular), m.
**Zyste, f.** Quiste, m.
**Zyste der Niere, f.** Quiste renal, m.
**Zystitis, f.** Cistitis, f.
**Zystoskopie, f.** Cistoscopia, f.
**Zytomegalie (Angeborene), f.** Infección congénita por Citomegalovirus, f.